한국어로 내려온
New Bible

새로운 성경

제121권

8부 | 총10부

하얀마음

하나님 말씀 중에서

1. 사랑의 하나님

- 세상을 창조하신 하나님은 모두를 사랑하신다. 인간만 특별히 더 사랑하지 않고, 우주 만물을 다 똑같이 사랑하신다. 그러니 하나님이 창조하신 천지 만물과 화친하고, 미물까지도 소중히 대하라.

- 하나님은 특정 종파나 민족만을 더 사랑하지 않으신다. 자기 자신만 구원받겠다는 욕심을 버리고, 자기 종파만 구원받는다는 편협한 교리에서 벗어나야 한다. 종파를 초월해서, 모두를 사랑하라.

- 원수까지 사랑하라 했으니, 이 세상에 사랑하지 못할 자가 누가 있겠는가? 종파가 다르다고 해서 부모 형제와 원수처럼 지내는 자는 인간의 근본을 모르는 자다. 가장 가까운 가족부터 사랑할 때 남도 진심으로 사랑할 수 있다.

- 한 사람을 원수같이 생각하던 마음에서 사랑하는 마음으로 돌리면, 자기 자신의 마음이 가장 기쁘고 행복하다. 하나님께서는 인간의 마음속에 무거움이 없이 기쁘고 행복한 삶을 살기를 바라신다.

- 이웃을 "내 몸처럼" 사랑하라 했으니, 마지막 한 장 남은 천국의 티켓도 이웃에게 양보하라. 자기 중심적인 신앙에서 벗어나서 남을 위해 살아야 한다.

- 독초도, 약초도, 이단도 사탄도 천사도 다 필요하기에 존재한다. 독초일지라도 극소량을 사용해서 생명을 살릴 수 있고, 약초라 하더라도 남용하면 생명을 잃을 수 있다.

- 세상 모든 것을 명약으로 활용하는 것은 인간의 지혜에 달렸다. 어떤 것이든 어떤 사람이든 적재적소에 꼭 필요한 명약으로 승화시키라.

- 사탄도 이단도 천사도 모두 하나님의 주관하에 존재한다. 진정한 하나님의 백성은 사탄과 마귀까지도 감화시켜서 천사로 거듭나게 한다.

2. 기도

- 하나님은 인간의 생각까지 모두를 다 알고 계신다. 우리의 소원도 이미 알고 계시기에, 소원의 기도를 할 필요가 없다. 우리가 받을 자격이 되면 내려 주신다.

- 죄를 짓고 아무리 회개를 해도 용서받지 못한다. 도둑질한 자는 용서해 달라고 기도하고, 도둑맞은 자는 도둑을 잡게 해 달라고 기도하면, 공의의 하나님은 누구의 편에 서시겠는가?

- 자기가 잘못한 것은 그 사람에게 직접 갚고 용서를 구하라. 그가 용서하면 하나님도 용서하신다. 땅에서 매면 하늘에서도 매이고, 땅에서 풀리면 하늘에서도 풀리는 이치다.

- "회당에서 기도하지 말고 골방에서 기도하라" 했다. 눈에 보이는 골방이 아니라, 골방과 같이 고요한 마음이다. 잡념을 버리고 하나님을 향해 마음을 집중하며, 사랑하고 용서하는 아름다운 생각만 나오도록 하라.

- "두드리면 열릴 것이다." 하는 것은 육의 소원을 위해 두드리라는 것이 아니라, 진리의 깨달음을 얻기 위해 두드리라는 것이다.

- 기도하는 방법: 생활 속에서 수시로 기도하는 삶을 살아야 한다.

- "저의 죄를 용서하여 주옵소서." 하는 회개의 기도를 하라.
- 범사에 "하나님! 감사합니다." 하라. 현재 가진 것에 감사하며, 과욕하지 말라. 자기 노력 이상의 것을 더 갖고자 기도하는 것은 도둑놈심보다. 공의의 하나님은 각자 노력한 만큼 주신다.
- "하나님 뜻대로 살아가겠나이다." 하며 마음의 각오를 다지라.

- 기도는 하나님의 말씀을 받아서 "행하는 것"이다. 하나님이 계심을 굳건히 믿고, 하늘을 향하여 한 점 부끄럼 없이 사는 삶 자체가 가장 위대한 기도이며, 삶이 곧 예배다.

3. 지도자

- 똑같이 사랑한다는 말을 해도, 순수하게 하는 말은 천사의 말이지만, 사기 쳐서 재산을 가로채려고 하는 말은 사탄의 말이다.

- 종교 지도자가 아무리 훌륭한 설교를 해도, 신도의 재물을 거둬서 더 큰 교회를 짓고 자기의 부귀영화를 바라며 설교하면 사탄의 가르침이 된다.

- "저희 교회는 만원사례요, 믿음은 다 같으니 이웃의 개척 교회에 가서 예배를 드리시오." 하며, 이웃 교회의 부흥을 먼저 생각하여 제 신도를 보내는 종교 지도자가 있다면 그를 따르라. 그가 하나님의 사랑을 실천하는 자다.

- "부자가 천국에 들어가는 것은 낙타가 바늘구멍을 통과하는 것보다 더 힘들다" 하였거늘, 지금의 교회에서는 부자가 되기만을 기도하고 소원하니, 이는 곧 천국을 포기하고 지옥 행 열차의 티켓을 사는 것과 같다.

- 예수는 빈손이었다. 종교 지도자가 예수보다 더 호화롭고 편안하게 살아간다면 잘못된 것이다. 부귀영화와 명예를 바라는 자는 절대로 갈 수 없는 좁고 협착한 길이 종교 지도자의 길이다.

- 종교 지도자는 유리로 비춰 봐 한 점의 부끄러움이 없이 살아야 한다. 의식주도 직접 일해서 해결하고, 예수의 가르침과 행함을 그대로 따라야 한다.

- 종말은 없다. 지금의 잘못 가는 종교 집단에게만 종말이 있다. 보이지 않는 하나님은 보이는 육의 종말은 관여하지 않으신다. 환경 파괴로 인간이 스스로 멸망을 자초하는 것이다. 종파끼리 싸우기 전에, 무너진 인성을 바로잡고 지구의 몸살을 해결하는 데 뜻을 모으는 게 급선무다.

4. 성전이란

- 이 세상 자체가 하나님께서 만드신 성전이다. 자연보다 더 아름다운 성전이 있는가? 보이는 건물이 성전이 아니라, 성스러운 마음가짐이 성전이다.

- 반석 위에 교회를 지으라 했다. 지상의 단단한 돌은 인간이 쪼갤 수 있으나, 마음속의 굳은 결의는 세상 무엇으로도 쪼갤 수 없다. 바르고 굳건한 믿음으로 성경의 가르침을 실천하는 것이 마음의 반석 위에 교회를 짓는 것이다.

- 손으로 지은 건물의 교회에 모여서 복음을 전하는 것이 아니라, 교회를 개인과 가정에 심어 주어야 한다. 무너지고 부서지는 건물을 짓지 말고, 마음속에 영원히 불변하는 참진리의 교회를 지으라.

5. 십계명

- 십계명은 인간이 죽어서 반드시 통과해야만 하는 열 개의 관문이다.
- 부모를 공경하지 아니한 자는 "네 부모를 공경하라." 하는 제5계명의 관문이 열리지 않으니 구원받을 수 없다.
- 살인, 간음, 거짓, 우상 등의 나머지 계명도 마찬가지다.

- 십계명은 하나님의 친필이다. 모기소리만 한 하나님의 음성이라도 들어 보겠다고 여기저기 찾아 헤매지 말고, 십계명부터 암송하고 지키라.

- 십계명은 영혼을 구원하는 양식이며, 십계명을 지키는 것이 구원을 받는 길이다. 인간이기에 지키고자 노력하고 또 노력한다면 지킬 수 있다.

- 십계명을 지키고 천사처럼 아름답게 살아가는 그 마음 하나면 세상에 이루어지지 않는 것이 없다.

6. 보물

- 하나님은 재물이 아니라 우리의 마음을 받으신다. 사랑을 실천하며 천사처럼 변하는 마음이 하나님께 바치는 보물이다.

- 보이지 않는 하나님께 재물을 바치려 하지 말고, 너희를 길러 준 부모에게 용돈 드리고, 찾아뵙고, 효성을 다하라. 그것이 하나님께 효도하는 것이다.

- 하늘에는 선과 악의 창고가 있다. 자기 창고에 선이 많으면 천국으로 구원을 받고, 악이 많으면 심판받아 지옥으로 간다. 그것이 바로 "선한 일을 행한 자는 생명의 부활로, 악한 일을 행한 자는 심판의 부활로" 나오는 것이다.

- "선악과를 따먹지 말라"는 것은 양심을 지키라는 것이다. 선과 악을 구분할 수 있는 양심을 최초에 인간에게 주셨다. 선한 열매는 취하고, 악한 열매는 버리며, 양심에 비추어 부끄럼 없는 삶을 살아가라.

- 가장 작은 거짓말을 하지 않고, 가장 작은 죄를 짓지 않으며, 가장 작은 선행을 하고, 가장 작은 악행을 멀리하는 것이 율법의 일점 일획도 빠뜨리지 말고 다 지키는 삶을 사는 것이다.

7. 우상

- 박물관에 있는 불상은 하나의 예술품이다. 그 조각품에 대고 제 소원을 빌 때 우상숭배가 된다. 십자가라 하여도 그 앞에서 소원을 빈다면 우상숭배하는 것이며, 하나님께 소원을 빈다면 하나님을 우상으로 전락시키는 것이다.

- 지금 기복신앙에 젖어 있는 모든 사람이 우상 앞에 절을 하고 있다. 조각품을 우상이라며 파괴하지 말고, 네 마음속에 있는 욕심의 우상을 무너트리라.

- 생수를 약초가 먹으면 약을 만들고 독사가 먹으면 독을 만든다. 같은 성경을 봐도 선한 지도자는 신도를 천사로 만드는 데 활용한다. 그러나 욕심이 가득한 지도자는 재물을 거두어들여 제가 부귀영화를 누리는 데 악용한다. 그가 바로 성경을 우상숭배의 도구로 전락시키는 거짓 선지자다.

- 성경을 한 획도 빼거나 더하지 말라는 것은, 그 가르침을 빠트리지 말고 온전히 지키라는 것이다. 성경 속에서 자기에게 유리한 구절만 보는 것은, 자기에게 불리한 구절들을 빼 버리는 것이다. 믿음이 제일이요, 행함은 구원과는 관계없다는 것은 자신에게 유리한 쪽으로 성경을 악용하는 것이다.

- 진정한 종교 지도자는 종파에 관계없이 어떤 종파든 어떤 책이든 접하고 보고 깨우쳐 견문을 넓히도록 인도한다. 참진리를 모르고 자신이 없는 자가 남을 이단이라며 배척하고, 신도들의 눈과 귀를 가린다.

8. 예수

- 예수의 재림은 없다. 예수가 다시 온다 해도, 과연 누가 그를 예수라고 믿겠는가? 예수와 같은 삶의 행함이 곧 예수의 재림이다. 각자 모두가 "재림 예수"가 되는, 차원 높은 믿음으로 가야 한다.

- 예수는 "주여 주여 하지 말고, 아버지의 뜻대로 행하라"고 했다. 예수가 전한 하나님의 뜻이 곧 "길이요, 진리요, 생명"이며, 그 가르침이 예수의 보혈처럼 소중한 것이다. 예수를 믿는 것은, 예수의 가르침을 믿고 따르는 것이다.

- 예수는 낮은 자로서 만백성을 섬기고자 했다. 만나는 모든 사람을 다 하나님이라 생각하라. 돈을 벌수록 겸손하고, 높은 지위를 얻을수록 낮아지라.

- 예수는 종파를 만들지 않았다. 인간이 만든 종교와 인간의 교리를 따르지 말고, 예수를 통해 전한 하나님의 참진리를 연구하고 따르라.

- 예수가 2천 년 전에 만백성을 위해 죽었으니, 지금 이 땅에는 예수의 가르침대로 사는 천사만 존재해야 한다. 예수가 죽어 가면서 바란 것은 만백성이 천사가 되어 예수의 자리를 채워 주는 것이지, 지금과 같이 재물을 바치면서 중언부언 제 소원만을 비는 백성들을 바란 것이 아니다.

9. 구원

- 천사가 사는 천국에는 천사만 갈 수 있으니, 천사 같은 마음을 길러야 한다.

- "천국 열쇠를 네게 주리니 땅에서 무엇이든지 매면 하늘에서도 매일 것이라" 했다. 땅에서 천사같이 사는 자가 하늘에서도 천사가 되어 천국에 들어간다. 모든 사람에게 천사같다는 말을 듣는 삶을 살아야 한다.

- 천사의 곱고 아름다운 마음은 부모를 공경하고 어른을 어른으로 대접하는 데에서 출발한다. 효도하는 자는 형제와 화목하게 지내기에 가정이 화목해지고, 이웃과 화목해지고, 국가가 화목해지고, 온 인류가 화목해진다.

- 그러므로 지상의 아름다운 소왕국은 가정에서부터 이루어야 한다.

- 선택된 14만 명만 구원받는 것이 아니라, 천사처럼 변하고자 하는 14만 명을 기초로 온 인류가 천사처럼 거듭나는 영적인 개혁이 시작되는 것이다.

- 천 년에 걸쳐서 하늘에서 이루어진 것같이 이 세상을 낙원으로 만들어, 만백성이 지상의 천국에서 살다가 죽어서 그대로 하늘의 천국으로 들어가는, 영원한 지상 낙원을 건설하는 것이 하나님의 계획이다.

- **이것이 구약과 신약에 이어 "새로운 성경"으로 역사하시는 하나님의 창조의 완성이다.**

- 지금의 믿음으로 구원받을 수 있다면 그 길을 가라. 그러나 자신이 없다면 하나님께서 직접 내리신 160권의 "새로운 성경"을 읽고 구원의 길을 보라!

하나님 머리말씀

이 새로운 성경을 읽는 너희 모두는
이 율법에 따라 행하면 영원히 구원받을 것이니라.

너희 인간이 수년, 수십 년, 평생
성서를 공부하고 기도하는 것은
하늘나라 나의 곁으로 오고 싶은 소망일진대,

몇천 년 전의 너희 인성과 생각이
지금의 너희와는 판이하게 다르니,

꺾여 가고 병들어 가는 너희를 고칠 수 있는 길은,
오늘 내가 선지자에게 내리는 새로운 성경과 같이
너희가 변화되는 것뿐이니라.

나의 예수가 태어난 것처럼
내가 아들 선지자를 선택하여
나의 새로운 성경을 온 세계에 전하고자 하니,

묵은 것은 버리고 새로운 것은 취하여,
너희 모두는
'여호와 하나님! 저의 죄를 용서하여 주옵소서.'
하는 기도문으로 기도하고, 죄를 뉘우치라.

이 새로운 성경은
수천 년간 내려온 성서를 요약한 것이니,
너희는 이 책을 정독하여 쉽게 깨달음을 얻고,
이대로 실천하여 하늘에 오르라.

대역자 머리말

■ 하나님의 율법을 지키는 선지자로 선택을 받도다.

저는 남들처럼 그저 열심히 살아온 평범한 사람이었습니다. 그러나 50대 중반에 사업에 실패하여 많은 부채에 시달렸으며, 건강도 악화되어 눈이 잘 안 보이고, 걷기도 어렵고, 두통이 심해서 잠을 이룰 수 없는 고통의 나날을 보냈습니다. 그때 제가 선택할 수 있는 것은 육의 삶을 끝내는 길뿐이었습니다.

죽기 직전에 그동안에 죄를 지은 이들에게 용서를 빌고 인생을 끝내기로 작정하였습니다. 어려서부터 지은 죄를 빌고 빌다 보니 끝이 없었고, 죽음으로도 그 많은 죄를 용서받을 길이 없다는 생각에 하염없이 눈물이 흘렀습니다. 그 순간 '재래식 화장실의 구더기는 죄를 짓지 않는데, 나는 인간으로서 구더기만도 못한 삶을 살았구나.' 하는 생각이 들면서 괴로움에 몸부림칠 때, 갑자기 하나님의 음성이 들렸습니다.

"나는 여호와 하나님이니라. 너는 십계명을 암송하고 내가 내려 주는 메시지를 받아 책으로 만들어 만백성을 구하라." 하시며, 제 눈을 손으로 문지르게 하시고, 아픈 머리와 다리를 손으로 두드리게 하셨습니다. 그러고 나니 눈도 잘 보이고 걸을 수 있었으며 머리의 통증도 말끔히 낫게 되었습니다. 그때부터 십계명을 암송하고 나면 들려주시는 말씀을 기록하였고, 1999년 8월부터 2004년 7월까지 권당 288쪽, 총 160권을 받아서 "새로운 성경"이라는 책으로 펴내게 되었습니다.

그러한 저에게 죽기보다도 힘든 길이 시작되었습니다. 모든 교인들이 저에게 사탄이요, 이단이요, 악마요, 마지막 시대에 온 거짓 선지자라 하면서 공격하였고, 저를 짐승을 보듯이 대하는가 하면, 편협한 종교 지도자들의 선동으로 신도들이 이 책을 직접 읽어 보고 평가할 기회마저 막아 버렸습니다. 그래서 하나님의 말씀을 세상에 내는 데 많은 어려움을 겪으며, 피를 토하는 심정으로 책을 전하고 있습니다.

그러나 아무리 인간의 힘으로 막으려 해도, 하나님의 뜻이 세상에 전해지는 위대한 역사는 계속될 것입니다. 책으로 전해지는 "하나님의 말씀"은 세상 끝날까지 항상 우리와 함께하실 것입니다. 사람은 죽어도, 책에 기록된 말씀은 영원히 남으니까요.

■ 따뜻한 실천

하나님께서는 어려운 사람들에게 삶의 터전을 마련해 주고, 미래를 열어 주는 것을 기뻐하십니다. 어려운 이웃이 스스로 자립할 수 있도록 이끌어 주는 것이 진정으로 이웃을 돕는 것이라고 말씀하셨습니다. 그래서 일자리가 없는 제자들에게 작은 사업장을 만들어 주는 "달란트 사업"을 하고 있습니다. 식당, 반찬 가게 등을 차려 주고, 기존의 어려운 사업장이 자립할 수 있도록 돕고 있습니다(커피숍, 미용실, 의상실 등).

하나님께서는 교회에 나와서 모든 시간과 재물을 쏟기를 원하지 않으시고, 그 시간과 재물을 교육에 투자하여 스스로 미래를 열어 가기를 원하십니다. 그래서 제때 공부하지 못한 제자들에게 학업을 이어 가도록 하였습니다. 중화요리 주방장을 하며 초등학교 검정고시부터 공부하여 2012년에 방통대를 졸업한 36세 남성, 만학도들의 2년제 중학교에 입학해서 2007년에 명지대학을 졸업한 38세 여성, 중학교 검정고시를 시작으로 숭의여자대학을 졸업한 47세 여성 등이 있습니다. 그밖에도 많은 제자들에게 나이를 초월하여 배우고 깨우쳐서 사회 속의 당당한 일원이 되도록 인도하고 있습니다.

학자금 대출로 힘겨워하는 젊은이들을 위해 "따뜻한 바람 장학회"를 발족하여(2016년 12월) 대출받은 학자금 전액을 매월 갚아 주고 있습니다. 또한, 다문화 가정을 위해 "다문화 가족 랜드"를 조성하여, 각종 시설을 무료로 활용하도록 하고 있습니다.

이러한 따뜻한 실천이 아직은 미약합니다. 그러나 책의 수입이 늘고, 저와 뜻을 같이하는 분들이 늘어나면 계속 확대할 것입니다. 지도자로서 신도의 재물을 헌금으로 거둬들여 착복하는 것이 아니라, 하나님께서 기뻐하시는 일에 사용하도록 중매 역할만 하며 살아가고자 합니다. 이런 제가 과연 사탄이고 이단인가요? 하나님께서 기뻐하시는 일이라면, 저에게 사탄이라 하든 거짓 선지자라 하든 굽히지 않고 실천해 나갈 것입니다.

끝으로, 일상의 삶 속에서 "지금 내가 하는 행동이 과연 하나님께서 기뻐하실까, 슬퍼하실까?" 생각하고, 매사에 하나님께서 기뻐하시는 길을 택하기 바랍니다. 교회에 모여서 집단적으로 예배 드리는 것이 아니라, 개인이나 가정 단위로 새로운 성경을 읽어 스스로 깨우치고 그대로 행하면 충분합니다. 그것이 마음속에 성전을 짓고, 신령과 진정으로 예배 드리는 길입니다. 그러면 천국의 문에 들어서게 됩니다.

2017.2.1.

하나님 말씀 대역자 김용철

차 례

- 하나님 말씀 중에서 ... 3
- 하나님 머리말씀 ... 9
- 대역자 머리말 ... 10
- 차　례 ... 12
- 십 계 명 ... 14

2003년 12월 ... 15

금요일

8,924 _ 2003년 12월 26일 23시 41분......... *15*

토요일

8,925 _ 2003년 12월 27일 0시................. *16*
8,926 _ 2003년 12월 27일 0시 06분.......... *17*
8,927 _ 2003년 12월 27일 07시 40분......... *19*
8,928 _ 2003년 12월 27일 07시 48분......... *21*
8,929 _ 2003년 12월 27일 07시 52분......... *23*
8,930 _ 2003년 12월 27일 08시............... *24*
8,931 _ 2003년 12월 27일 08시 05분......... *26*
8,932 _ 2003년 12월 27일 08시 09분......... *28*
8,933 _ 2003년 12월 27일 08시 18분......... *29*
8,934 _ 2003년 12월 27일 08시 29분......... *31*
8,935 _ 2003년 12월 27일 11시 34분......... *32*
8,936 _ 2003년 12월 27일 11시 40분......... *36*
8,937 _ 2003년 12월 27일 11시 49분......... *38*
8,938 _ 2003년 12월 27일 11시 53분......... *40*
8,939 _ 2003년 12월 27일 11시 59분......... *41*
8,940 _ 2003년 12월 27일 12시 05분......... *43*
8,941 _ 2003년 12월 27일 12시 11분......... *45*
8,942 _ 2003년 12월 27일 12시 18분......... *46*
8,943 _ 2003년 12월 27일 12시 22분......... *49*
8,944 _ 2003년 12월 27일 12시 28분......... *50*

일요일

8,945 _ 2003년 12월 28일 07시 33분......... *51*
8,946 _ 2003년 12월 28일 07시 37분......... *54*
8,947 _ 2003년 12월 28일 07시 43분......... *55*
8,948 _ 2003년 12월 28일 07시 50분......... *56*
8,949 _ 2003년 12월 28일 07시 56분......... *58*
8,950 _ 2003년 12월 28일 08시 05분......... *59*
8,951 _ 2003년 12월 28일 08시 16분......... *62*
8,952 _ 2003년 12월 28일 08시 21분......... *64*
8,953 _ 2003년 12월 28일 08시 27분......... *65*
8,954 _ 2003년 12월 28일 11시 48분......... *67*

월요일

8,955 _ 2003년 12월 29일 06시 51분.........70
8,956 _ 2003년 12월 29일 06시 56분.........71
8,957 _ 2003년 12월 29일 07시 02분.........72
8,958 _ 2003년 12월 29일07시 08분..........74
8,959 _ 2003년 12월 29일 07시 19분.........76
8,960 _ 2003년 12월 29일 07시 24분.........78
8,961 _ 2003년 12월 29일 07시 48분.........79
8,962 _ 2003년 12월 29일 07시 59분.........81
8,963 _ 2003년 12월 29일 08시 05분.........84
8,964 _ 2003년 12월 29일 08시 11분.........85
8,965 _ 2003년 12월 29일 11시 38분.........87
8,966 _ 2003년 12월 29일 11시 43분.........89
8,967 _ 2003년 12월 29일 11시 53분.........90
8,968 _ 2003년 12월 29일 11시 58분.........93
8,969 _ 2003년 12월 29일 12시 02분.........95
8,970 _ 2003년 12월 29일 12시 07분.........96
8,971 _ 2003년 12월 29일 12시 12분.........97
8,972 _ 2003년 12월 29일 12시 15분.........99
8,973 _ 2003년 12월 29일12시 19분........100
8,974 _ 2003년 12월 29일 12시 22분........101
8,975 _ 2003년 12월 29일 13시..............102
8,976 _ 2003년 12월 29일 13시 05분........104

화요일

8,977 _ 2003년 12월 30일 06시 42분........106
8,978 _ 2003년 12월 30일 06시 46분........107
8,979 _ 2003년 12월 30일 06시 52분........109
8,980 _ 2003년 12월 30일 06시 58분........110
8,981 _ 2003년 12월 30일 07시 02분........112
8,982 _ 2003년 12월 30일 07시 06분........113
8,983 _ 2003년 12월 30일 07시 15분........114
8,984 _ 2003년 12월 30일 07시 21분........117
8,985 _ 2003년 12월 30일 07시 27분........118
8,986 _ 2003년 12월 30일 10시 08분........120
8,987 _ 2003년 12월 30일 10시 15분........122
8,988 _ 2003년 12월 30일 10시 21분........124
8,989 _ 2003년 12월 30일 10시 29분........126
8,990 _ 2003년 12월 30일 10시 37분........128
8,991 _ 2003년 12월 30일 10시 44분........130
8,992 _ 2003년 12월 30일 10시 55분........132
8,993 _ 2003년 12월 30일 10시 59분........134
8,994 _ 2003년 12월 30일 11시 03분........136
8,995 _ 2003년 12월 30일 11시 06분........137
8,996 _ 2003년 12월 30일 11시 18분........138
8,997 _ 2003년 12월 30일 11시 25분........139
8,998 _ 2003년 12월 30일 11시 31분........142
8,999 _ 2003년 12월 30일 11시 37분........144
9,000 _ 2003년 12월 30일 11시 40분........145
9,001 _ 2003년 12월 30일 11시 49분........146
9,002 _ 2003년 12월 30일 11시 53분........148
9,003 _ 2003년 12월 30일 11시 59분........150

부 록 ... 153

【하나님께서 가르쳐 주신 운동】 153

간 행 사 ... 154

십계명

이 책은 십계명을 암송하고 나면 내려 주시는 "하나님의 음성"을 듣고 그대로 받아쓴 기록입니다. 하나님께서 십계명을 모세에게 내려 주셨지만, 그것은 만백성에게 내려 주신 것입니다. 마찬가지로 이 책의 모든 말씀도 저에게 내려 주셨지만, 만백성 각자에게 들려주시는 말씀입니다. 여러분도 이 책을 접할 때마다 십계명을 암송하고 나서 정독해 주시기 바랍니다.

제일은, 너는 나 외에는 다른 신들을 네게 있게 말지니라.
제이는, 너를 위하여 새긴 우상을 만들지 말고, 또 위로 하늘에 있는 것이나, 아래로 땅에 있는 것이나, 땅 아래 물 속에 있는 것의 아무 형상이든지 만들지 말며, 그것들에게 절하지 말며, 그것들을 섬기지 말라.
제삼은, 너는 너의 하나님 여호와의 이름을 망령되이 일컫지 말라.
제사는, 안식일을 기억하여 거룩히 지키라.
제오는, 네 부모를 공경하라.
제육은, 살인하지 말지니라.
제칠은, 간음하지 말지니라.
제팔은, 도적질하지 말지니라.
제구는, 네 이웃에 대하여 거짓 증거하지 말지니라.
제십은, 네 이웃의 집을 탐내지 말지니라.

나 여호와가 존재함을 믿는 그 자체가 구원의 길에 들어서는 기본이요, 근본이며, 나의 새로운 성경을 가슴에 안고 정독하는 자, 반석 위에 서서 하늘에 오르는 찬란한 빛을 보게 되는 영광을 얻게 됨이니라. 진정 나를 따르고 믿는 자는 감히 사탄이나 마귀도 근접하지 못하느니라.

〈하나님 말씀〉

2003년 12월

8,924 번째 하나님 말씀

2003년 12월 26일 23시 41분

1 사랑하는 나의 아들아!
2 "네, 아버님! 말씀하옵소서."
3 너희들이 믿음의 길이요, 하늘에 오르는 그 길을 선택하는 것, 그와 같은 것을 어찌하여 종교 집단의 그 수와 가지고 있는 물질이요, 그 방대함과 웅장함에, 그리고 그들의 손으로 지은 죄의 온상인 그 건물에 의하여 그를 보고 믿음의 길을 선택하는가?
4 그리하지 말라 전하라.
5 지금의 모든 나의 백성이 그와 같은 외형을 보고 믿음의 길이요, 하늘에 오르는 길을 선택한다면, 그것보다 더 불행하고 가련한 백성이 없음을 너희들은 알아야 할 것이니라.
6 너희들이 참진리요, 아름다운 그 길을 찾지 아니하며, 죄의 온상인 웅대한 건물이요, 웅장한 행사요, 그와 같은 것에 현혹되어 지금 믿음의 길을 선택하고 있음이니,
7 이것이 얼마나 잘못된 것이며 얼마나 잘못 생각하고 가는 것인가를 너희들은 깨우쳐야 할 것이니라.
8 지금 그보다 더 불행한 백성은 세상에 없음을 알라.
9 그와 같은 백성은 무엇인 줄 알겠느냐?
10 참진리요, 믿음이라는 그 이유가 너희들이 참진리를 찾아 구원하겠다는 그 중대함이 아니요,
11 그저 남들이 믿으니까, 그리고 대중적으로 많은 사람이 거기서 웅성거리니까, 많은 사람의 힘이 있으니까, 그리하여 너희들은 그럴 것이라 생각하고 그와 같은 길을 선택하는 것이니,
12 그것은 믿음의 조건이요, 믿음의 이유가 되지 못하며, 정녕 너희들이 구원을 받고자 하는 갈구하는 뜻과는 전혀 관계도 없는 그와 같은 길을 선택하는 것이니, 그 백성이 얼마나 가련한가를 깨우쳐 주기 위하여 나의 법전에 그 모든 내용을 기록하여 전함이니, 너희들은 알라.
13 그리도 너희들이 갈구하고 모두를 다 바쳐 구원의 길을 오며 나에게 오고자 하나, 그와 같은 길도 볼 수 없는 자들이 너희들임을 알아야 할 것이니라.
14 그와 같이 웅장한 것이요, 외형에 따라 선택하는 것은 거기에는 계산된 것이요, 인간의 욕심이 그득히 차 있는 자들이기 때문이니라.
15 그러니 그와 같은 자들이기 때문에 눈이 있어도 그를 보지 못하는 어리석은 자요, 귀가 있어도 듣지 못하는 것이니, 너희들이 바로 얼마나 불행한 백성인가를 알아야 할 것이니라.
16 이 세상에 눈에 보이는 것이 무엇이며 눈에 보이는 그 웅장함이 무엇이던가?
17 창조주 나 여호와가 역사한 것을 그 의미를 생각한다면, 너희들이 인간으로 역사한 그 웅대함이요, 웅장한 것

은 아무것도 아니거늘,
18 어찌하여 모든 자연의 돌아가는 것, 자연에 성전을 만드는 것, 그 속에서 일부분도 되지 않는 것, 그저 바람에 날려갈 것 같은 그것이 너희들에게 그리도 웅장하며 위대하며 그리도 크게 보이던가?
19 그러니 너희들이 어리석은 백성들이니라.
20 그와 같은 것을 볼 때, 너희들이 자연의 운영하는 것, 자연의 돌아가는 것, 자연의 형태를 내가 역사한 것을 본다면,
21 정녕 그것은 아무것도 아니요, 떨어지는 낙엽만큼도 아니 되는 것을 보고 너희들이 거기에 마음이 끌려 거기에 대하여 믿음을 감이니, 그것이 얼마나 어리석은 백성인가를 너희들은 깨우쳐 주도록 그리하며, 나의 법전을 읽는 백성 너희들은 알라.
22 정녕 너희들이 나에게 오고자 하는 그 길이 아니요, 그 믿음의 이유가 과연 어디에 있으며 믿음을 시작하는 그 발단이 어디에 있는가?
23 시작부터 잘못된 것이 너희들이기 때문이니, 참진리를 보지도 못하고 듣지도 못하는 것이 너희들이니라.
24 그리 눈이 있어도 참진리의 찬란한 빛을 보지 못함이니, 진정한 길을 가지 아니한다면 무엇이더냐?
25 그 반대의 길을 가며 비진리를 쫓아가는 자이니, 그는 나에게 오르는 길이 아니요, 지옥이라는 낭떠러지로 떨어지는 길이라는 것을 절대 잊지 말라.

8,925 번째 하나님 말씀

2003년 12월 27일 0시

1 사랑하는 나의 아들아!
2 "네, 아버님! 말씀하옵소서."
3 너희들이 그리 갈구하고 바라는 영원히 죽지 아니하며 거듭나는 그와 같은 세상이요, 나의 나라에 너희들이 오고자 하는 자는 사랑으로써 모두가 다 이루어지지 아니하면 아니 됨을 알라 전하라.
4 너를 따르는 제자들, 또한 나의 법전을 읽고 깨우친 만백성, 너희들은 정녕 거듭나는 나의 나라의 그 세상에 오고자 한다면 사랑으로써 모두가 다져지고 이루어져야 함을 절대 잊지 말라.
5 그 사랑을 실천함을 깨달아 행하는 것은 너희가 베풀면서 살아가는 그와 같은 생활 속에서, 반복되는 그 속에서 다져진다는 것 또한 알아야 할 것이니라.
6 너희들이 하늘에 오르고자 한다면 사랑으로써 다져져야 하며 그 사랑으로써 뭉쳐져야 함이니,
7 그 사랑으로써 뭉쳐지는 것은 너희들이 육의 세상에 살면서 그를 깨달은 자는 행하고 실천하는 것을 반복하며, 베풀고 베푸는 것을 너희들이 생활 속에 젖어 계속 행할 때 그와 같은 것을 이룰 수 있다는 것을 알아야 할 것이니라.
8 너희들이 베푸는 것을 거듭하며 사랑하며 역사함을 계속 반복하고 반복하지 아니하면 너희들은 정녕 변화될 수

없으며 너희들의 마음 자체가 다스려
질 수 없다는 것을 알아야 할 것이니
라.
9 그러니 나 여호와가 너희들에게 말함
이니, 너희들은 스스로 깨닫고 실천하
고 행하는 그리고 베푸는 그와 같은
것을 반복하도록 너의 제자들에게 그
리 전하도록 하라.
10 모든 종교 집단이요, 지도자들이 가르
치기를, 인간 세상에서 행하는 것은
너희들의 구원과는 관계없다 그리 말
하나, 너희들이 사랑을 실천하는 것이
요, 사랑이 곧 나에게 오르는 그 길이
니, 그것이 바로 무슨 뜻이냐?
11 너희들이 육에서 실천하고 행하는 그
와 같은 삶, 그것만이 모두가 나에게
와 심판을 받는 기본이요, 근본이라
내가 하였음이니라.
12 그러니 나의 아들을 따르는 제자들이
요, 그리고 나의 법전을 읽고 깨우친
너희들은 육의 세상에 살면서 너희들
이 베푸는 것을 반복하고 반복하는 그
생활 속에서 사랑이라는 것을 싹트게
하며,
13 그 싹은 서서히 자람이니, 그가 자라
네 마음을 다 다스릴 수 있는 그와 같
은 때가 되는 것만이 너희들이 나에게
오르는 것이라는 것을 절대 잊어서는
아니 될 것이니라.
14 지금의 모든 백성이 그와 같이 소중한
행함을 소홀히 하며, 오로지 말로써만
모두를 다 이룰 수 있으며 모두를 역
사할 수 있다는 것, 그와 같이 생각하
는 그것이 잘못되었음을 너희들은 알
라.
15 그것으로써는 절대 나에게 오를 수 없
으며, 하늘에 오르는 그 빛도 볼 수 없
으며, 너희들이 나를 볼 수도 없으며,
심판대에 설 수 없다는 것을 알아야
할 것이니라.
16 그리하여 내가 나의 아들을 통하여 나
의 법전에 다시 한 번 기록하여 너희
들에게 전함이니, 너희들이 영원히 사
는 하늘나라 나의 천국에 오고자 한다
면 사랑으로써 뭉쳐진 그와 같은 삶을
살지 아니하면 아니 됨이니 그리 알라.
17 내가 하늘에 오르는 자, 천사가 되지
아니하면 올 수 없다 하며, 거기에 잡
석이 끼어 있는 자는 쓸 수 없다 그리
하였음이니라.
18 보석이요, 진주도 완벽한 것이요, 완
전한 것이 아니면 아니 되듯이, 내가
그와 같은 자가 아니면 올 수 없다 했
음을 너희들은 알라.
19 그러니 너희들은 사랑으로써 뭉쳐지
고 또 뭉쳐지고 다져지는 그와 같은
역사가 이루어지지 아니하면 절대 오
를 수 없다는 것을 명심하고 또 명심
하도록 그리하라.
20 이것이 내가 너희들에게 내리는 사랑
이요, 너희들에게 가르치는 깨우침이
요, 그리고 너희들이 나에게 올 수 있
는 그와 같은 것을 너희들에게 전함이
니 이를 알라.

8,926 번째 하나님 말씀

2003년 12월 27일 0시 06분

1 사랑하는 나의 아들아!
2 "네, 아버님! 말씀하옵소서."

3 너희들이 높은 곳을 오름이니, 거기에
는 인간이 무엇을 만들었느냐?
4 계단이라는 것을 만들어 놓지 아니하
였더냐?
5 그러나 급하다 해서 그 계단을 몇 개
씩 뛰어넘어서 정상에 오를 수 있는
것이 아니니라.
6 한 계단 한 계단 차분히 걸어오는 자,
그를 다지고 오는 자, 꾸준히 오는 자
만이 거기에 역사할 수 있는 것이니라.
7 그저 마음이 조급하고 급하다 하여 그
를 몇 개씩 뛰어넘어 정상에 오를 수
있는 그와 같은 것이 아님을 너는 알
아야 할 것이니라.
8 네가 나에게 모든 백성을 안내하고
인도하는 것 또한 다 그와 같은 삶 속
에서 이루어짐을 절대 잊지 말며, 너
는 그리 알아야 할 것이니라.
9 또한, 내가 너에게 오늘 다시 한 번 명
함이니, 너희들이 그 높은 계단을 만
들어 놓고 하나하나 밟고 오는 자가
끝까지 올 수 있으며, 그를 너희들이
뛰어넘어서 올 수 없는 것이라 내가
하지 아니하였더냐?
10 나 여호와가 지금 160권의 법전을 세
상에 내려보내, 이것이 하얀 눈과 같
이 세상을 덮으며, 모든 백성이 이를
보고 깨우치는 역사를 하는 것을 나의
아들 너는 알 것이니라.
11 네가 가는 길, 네가 역사하는 것은 다
준비되었음이니, 시간이 되고 때가 되
면 너는 그 모두를 다 이룰 수 있는 것
이니라.
12 그러니 네가 조급하게 생각하지 말며,
불안하게 생각하지 말라.
13 모두가 다 준비되어 있는 것을, 너는
그저 오기만 하면 되는 것이니라.
14 그러니 네가 역사할 것은 기본이 있으
며, 나 여호와가 큰 틀이요, 그 모두는
다 준비해 놓았음이니, 너는 이제 그
대로 오기만 하면 되는 것이니라.
15 네가 지금 몇 가지를 더 뛰어넘고자
하는 자처럼, 그 어리석은 행위를 하
고자 하는 자처럼, 네가 머리로써 생
각하고 네가 인간의 생각으로써 무엇
을 하려 하지 말라.
16 그리하면 모두가 무너짐이요, 내가 계
획하고 역사하는 것이 더뎌지며, 네가
그 길로 오지 못하고 네가 다른 길로
가게 되는 그와 같은 불행한 일이 생
기는 것이 네가 지금 가는 길이요, 오
는 길이라는 것을 알라.
17 내가 모두를 하나하나 역사하지 않더
냐?
18 네가 나의 법전을 만들어 역사할 때마
다 내가 그것을 다 너에게 들어주며
내가 역사하여 준비된 대로 오는 것이
니, 네가 오는 길은 그리되어 있음이
니라.
19 네가 오는 것은 모두가 다 준비되어
있음이니, 너는 그대로 서서히 시간과
때와 장소를 맞추어 주는 대로 그리
오면 되는 것이니라.
20 다만, 네가 인간으로서 육을 가지고
있는 그 세상의 삶 속에서 육의 생각
이요, 육의 판단으로써 모두를 하지
말라.
21 거기에 네가 육에 너무 연연하며, 불
안하고 초조하여 네 생각으로써 무엇
인가를 역사하고자 할 때, 그로 인하

여 모두가 다 무너지는 그와 같은 결
과가 됨이니, 너는 항상 기도와 묵상
으로만 역사할 것이며,
22 내가 너에게 오를 수 있는 그 계단을
다 만들어 놓았음이니, 너는 한 계단
씩 한 계단씩 밟고 오는 그와 같은 지
혜를 갖도록 하라, 사랑하는 나의 아
들아!
23 네가 인간의 생각으로써 뛰어넘고자
하는 것은 네가 두 계단 세 계단을 오
를 수 없는 것을 오르고자 하는 것과
같으니, 네 몸이 지탱하지 못하며 네
정신이 지탱하지 못하며 너 자신이
견디지 못함이니,
24 너는 조용히 눈을 감고 묵상과 기도로
써 내가 내리는 것, 그리고 내가 역사
하여 행하는 것을 한 계단 한 계단 밟
아 오는 그와 같은 삶을 살라.
25 이 세상 그 누구도 그와 같은 길을 올
수가 없음이니라.
26 오로지 나의 아들이요, 선택된 너만이
내가 모두 만들어 놓은 그 계단을 하
나하나 오를 수 있으며, 네가 오른 다
음에 모든 백성들이 그 계단을 밟고
오를 수 있도록 준비되어 있음이니 그
리 알라, 사랑하는 아들아!
27 두려워하지 말며, 네 마음대로 하지
말며, 조급히 하지 말며, 성급히 하지
말라.
28 서서히 가라, 서서히 네가 오면 될 것
이니라.
29 너무 무리하게 달리면 아니 되느니라.
30 모든 너희들의 운동 경기도 너희가 성
급하게 서두르면 아니 되느니라.
31 먼 길을 달리는 자가 급한 마음으로써
그저 힘이 있을 때 있는 힘을 다하여
달린다면, 그는 남들이 질주할 때 스
스로 포기하며 스스로 무너지며 그 육
신이 따르지 못함이니라.
32 서서히 몸을 풀면서 제 속도를 유지하
며 제 실력을 서서히 행사하며 그와
같이 맞춰서 역사하는 자만이 목적지
까지 갈 수 있는 것이니,
33 너는 모두가 갈 수 있도록 되어 있는
것이거늘, 장거리를 달리는 선수처럼
제가 이기고 달려가는 것이 아니요,
너는 갈 수 있도록 나 여호와가 준비
하였음이니, 네가 앞으로만 나가지 말
며 성급하게 달리지 말라 하는 그 의
미를 잘 알라.
34 그리 성급히 가지 아니하면 모두가 다
이루어질 것이니라.
35 지금까지 네가 모두를 체험했으며 모
두를 보지 아니하였더냐?
36 그렇게 다 이루어지는 것이니라.
37 나의 법전이 이제 세상에 뜨는 것도
내가 사람을 보낼 것이며, 사람이 와
서 또한 역사를 할 것이며, 그들이 와
서 모두를 준비하여 너를 도울 것이
니, 성급하게 생각하지 말라.
38 다만, 그들이 왔을 때 길을 열어 주며
잘 다스리는 것이 네가 해야 할 일이
지, 네가 앞에서 끌려 하지 말라, 사랑
하는 나의 아들아!

8,927 번째 하나님 말씀

2003년 12월 27일 07시 40분

1 사랑하는 나의 아들아!
2 "네, 아버님! 말씀하옵소서."

3 나의 피조물 만백성 너희들 중에서 가장 불행한 백성이 누구이며, 삶에 있어서 가장 어리석은 백성이 누구인 줄 알겠느냐?

4 너희들 자신이 변하지 못하며, 변하는 역사의 길을 가지 못하며, 그리고 나 여호와가 너희들에게 명한 언약을 지키지 아니하며 행하지 아니하면서 나로부터 큰 은혜요, 영광을 얻기를 원하며, 그를 내려 주지 아니한다 하여 나를 원망하며 나를 저주하는 자들이니라.

5 너희들이 수십 년 동안 믿음이라는 것을 가져 왔으며 그 믿음의 신앙생활을 한다 해도, 너희들이 원하고 갈구하는 것이 이루어지지 아니할 때 너희들은 바로 무엇이더냐?

6 그 마음이 나를 원망하며 나를 저주하는 마음으로 돌아선다 하였음이니, 그와 같이 어리석고 불쌍한 백성이 없다 하였음이니라.

7 그러니 너를 따르는 제자들이요, 나의 법전을 읽고 깨우친 만백성 너희들은 스스로 나로부터 얼마만큼 은혜와 상을 받을 수 있는 자요, 얼마만큼 변하는 그와 같은 삶을 사는가, 너희 자신을 들여다보는 그와 같은 삶으로써 겸손한 자세로 살아가도록 그리 가르치라.

8 또한 내가 보기에 불행하고 불쌍한 백성이 누구인 줄 알겠느냐?

9 너희들은 하늘에 오른다 하며 창조주 나 여호와의 뜻에 의해 역사한다 하며, 나에게 오르고자 하늘나라에 오르고자 하는 것이 너희들의 소원이요, 가장 갈구하는 것이라 그리 말하느니라.

10 그리고 너희들의 모두를 다 바쳐 구원을 받고자, 그리고 너희들이 만든 인간의 주일이요, 죄의 온상인 성당이요, 교회요, 성막이요, 그 모든 곳에 가 울고불고 그리하느니라.

11 그리고 너의 제자들 또한 무엇을 하는가?

12 나의 법전을 읽고 깨우쳐 바른길이요, 하늘에 오고자 하는 백성이라 하여 너희들은 선택된 자요, 내가 불러 쓰고자 하는 자들이니라.

13 그러나 그와 같은 너희들이 또 얼마나 불행하고 어리석은 백성인 줄 알겠는가?

14 너희들은 창조주 나 여호와에게 온다며, 내가 너희들에게 명하여 내리는 나의 법전에 기록된 내용이요, 그리고 나의 아들을 통하여 너희들에게 내리는 그 모두를 알면서도 그와 같이 행하지 아니하며 따르지 않는 백성, 그가 얼마나 어리석고 불행한 백성이며 불쌍한 백성이더냐?

15 이제 나의 아들을 따르는 제자들이요, 나의 법전을 읽고 깨우친 백성 너희들보다 이 세상에 미련하고 가련한 백성이 없으며 어리석은 백성이 없음이니라.

16 나의 법전을 수십 번 읽으며 수많은 법전의 내용을 들으며 강론을 들으면서도, 그대로 지키고 행하는 것이 하늘에 오르는 길이라 하였거늘, 그를 지키지 아니하며 그대로 행하지 아니하는 자들이 얼마나 어리석고 불쌍한

백성이더냐?
17 너희들의 손에 쥐여 준 그 보석을 보
석이라 보지 못하며, 너희들이 보석을
구하고자 밭에 가서 잡석 속에 헤매는
삶을 산다면,
18 이미 네 손에 와 있는 그 보석을 보지
않고 잡석 속에 허덕이며 그 속을 뒤
지다 보면 네 손에 있는 그 보석이 잡
석으로 바뀌어 있는 것을 너희들이
모르니, 그 보석을 잃게 됨이니라.
19 그러니 이 세상에서 가장 불행하고 어
리석은 백성은 바로 나의 법전이요,
나의 뜻을 수없이 들으면서도 그대로
행하고 살지 못하며 나의 아들을 따르
는 제자요, 그 법전을 읽은 백성이니
라.
20 그러니 너희들은 그와 같은 이치를 알
아 행하도록 그리하라.
21 아래로는 너 자신이 변하지 못함이니,
남들이 변하는 것을 보지 못하는 어리
석은 자이니라.
22 너희들은 나의 법전을 읽고 강론을 듣
고 공부하는 똑같은 제자들이라 해도,
그 제자들의 내면이 변하며 그가 변해
가는 것을 알지 못하는 자, 외형을 보
고 사람을 탓하며 저만이 변한 것처
럼 저만이 역사하는 것처럼 착각하는
자, 이와 같은 자는 절대 나에게 오를
수 없는 어리석은 백성임이니라.
23 그러니 내가 너희들에게 시시비비하
지 말라 하지 아니하였던가?
24 그리고 남을 탓하지 말라 하지 아니하
였던가?
25 그러니 너희들이 그와 같은 변화되는
삶을 살지 않는 자, 행하지 아니하는
자, 그들이 가장 어리석은 백성이니,
26 이제 나의 아들을 따르는 제자들이요,
그리고 법전을 가지고 공부하는 백성
너희들은 정녕 내가 명한 것을 그대로
행하고 지키는 그와 같은 삶을 살도록
하라.
27 그것이 너희들이 손에 쥔 그 보석을
느끼는 자이니라.
28 그러니 보석을 손에 들고도 너희들이
잡석 속에서 보석을 캐고자 하다가 손
에 든 보석을 잃어버리는 그와 같은
어리석은 짓을 하지 말라.
29 이 세상에서 가장 가련하고 불쌍한 자
가 나의 아들을 따르며 그 많은 법전
을 읽고 깨우치며 강론을 듣고 그대로
행하지 못하는 너희들임을 알라.
30 모든 종교 집단이요, 지도자요, 너희
들이 말하는 이방인이요, 나를 찾지
않는 그 백성들은 진정한 보석을 보지
못했으니, 보석을 알지 못하는 것은
당연한 것이니, 그들보다 더 어리석고
불행한 것이 너희들이라는 것을 잊지
말라.
31 오로지 있는 그대로 행하고 실천하고
사는 삶을 살도록 그리하라.

8,928 번째 하나님 말씀

2003년 12월 27일 07시 48분

1 사랑하는 나의 아들아!
2 "네, 아버님! 말씀하옵소서."
3 너의 제자들과 나의 법전을 읽고 깨우
치는 그들에게 전하라.
4 너희들이 나의 법전을 만들며 나의 법
전을 역사하여 하늘 높이 그득히 쌓아

놓아도, 너희들이 세상에 나의 법전을
이고 지고 전해도, 그리하여 만백성을
깨우치고자 아무리 동분서주하며 뛰
어다닌다 해도,
5 나의 성전에 와서 같이 공부하는 너희
들의 형제요, 너희들이 서로 화목하지
못하며 다투는 그와 같은 행위는 나
여호와가 원하지 아니함을 너희들은
알아야 할 것이니라.
6 나 여호와가 너희들에게 일찍이 성서
에 가르쳐 전하기를, '네 부모 공경하
기를 다하지 아니하며, 형제지간에 화
목하지 아니한 자는 아무리 성대한 제
물을 차리며 제사를 드린다 하더라도,
그것부터 먼저 다 해결하고 와서 나에
게 제사를 지내는 것만 못하다.' 하였
음이니,
7 나의 성전에서 나의 아들을 통하여 나
의 뜻을 들으며, 만백성을 구하는 나
의 새로운 성경을 만드는 너희들이 손
발이 부르트도록 그를 기록하고 만들
어도, 나의 법전을 만들어 하늘 높이
쌓아 놓는다 해도, 너희들이 세상에
그 모두를 이고 지고 하얀 눈이 세상
을 덮은 것처럼 덮는 역사를 이룬다
해도,
8 너희들끼리 형제지간에 서로 다투는
것은 나 여호와가 원하지 아니하며 내
가 바라지 아니한다는 것을 너희들은
알아야 할 것이니라.
9 그 뜻을 너희들은 깊이 깨우쳐 행해야
할 것이니라.
10 나의 법전을 세상에 전하면서 어떠한
위대한 부분의 역사를 너희들이 다 이
루었다 해도, 너희들이 최선을 다하고
너희가 가지고 있는 모든 것을 다 바
쳐 나의 법전을 전하고 만들어 역사한
다 해도,
11 나의 아들을 따르는 제자 너희들이 서
로 다투는 것, 시시비비하는 것을 나
는 용서치 아니하며 나는 그를 원하지
아니함이니, 그리 알도록 전하라.
12 너희들이 성서에 기록되어 있는 것을
읽고 깨우쳤으며, 나의 법전에 전하는
그와 같은 뜻을 살과 뼈를 만들어 너
희 것으로 만들라 하였거늘, 너희들은
어찌하여 그리 어리석은 백성으로서
살아가는가?
13 내가 다시 나의 아들을 통하여 너희들
에게 명함이니, 너희들이 손이 저리고
손발이 부르트도록 나의 법전을 만들
고 하늘 높이 쌓아 놓아 만백성을 구
하는 그와 같은 역사를 한다 해도, 너
희들이 화목하지 아니하며 사랑하지
아니하면 나 여호와가 그를 원하지 아
니함이니, 너희들은 이 무서움과 두려
움을 알아야 할 것이니라.
14 너희들이 나의 성전에 어떠한 역사를
한다 해도 그것이 나에게 오르는 길은
아니요,
15 오로지 너희들의 마음 하나 다스리는
것, 그리고 너희들이 사랑하는 마음으
로 사는 것, 그것 하나가 나에게 너희
들이 바치는 가장 위대하고 소중한 보
물이라 하였거늘,
16 너희들이 나의 성전에서 서로 다투는
것, 시시비비하는 것, 얼굴을 붉히는
것, 그는 내가 원하지 아니함을 너의
제자들에게 전하고 깨우쳐 주도록 그
리하라, 사랑하는 나의 아들아!

17 그를 기억하고 그를 넘을 때 나는 그
들을 모른다 할 것이니 그리 알라 전
하라.

8,929 번째 하나님 말씀

2003년 12월 27일 07시 52분

1 사랑하는 나의 아들아!
2 "네, 아버님! 말씀하옵소서."
3 너희들이 몰라서 행하지 아니하며 깨
닫지 아니하여 행하지 못한다면 나는
너희들을 탓하지 아니할 것이니라.
4 그러나 너희들은 여기서 깨우쳐야 할
것이니라.
5 내가 가장 아름다운 모습으로써, 내가
사랑하는 모습으로써 만들어, 너희들
이 영원히 내가 보낸 나의 나라에 돌
아오기를 바라는 것이 나 여호와의 뜻
이라 하였음이니라.
6 그러니 너희들이 그와 같은 뜻을 이룰
수 있으며 나 여호와를 기쁘게 하는
것이 무엇이라 하였느냐?
7 사랑을 행하고 실천하는 것이라 내가
그리 강조하고 가르쳤음이니라.
8 그와 같은 자세가 또한 무엇인가를 내
가 나의 법전에 기록하여 너희들에게
상세히 전하고 깨우쳤거늘,
9 어찌하여 너희들은 그리 행하지 아니
하며 행동을 하지 아니하며 실천하지
아니하면서 모든 것을 이루고 거두려
하느냐?
10 그러니 씨앗을 뿌리지 아니하고 가을
에 추수하려는 어리석고 불쌍한 백성
이 너희들이 아니더냐?
11 너희들은 모두를 다 알고 있음이니라.
12 사랑을 받고자 하면 사랑을 베풀어야
한다는 것, 그 자체를 너희들은 너무
나 잘 알고 있음이니라.
13 잘 알면서도 너희들이 행하지 아니함
이니, 너희는 베풂고 행함은 뒷전이
요, 저만 사랑을 받고자 한다면, 이는
사랑을 할 줄 모르며 사랑을 받을 자
격이 없는 백성임을 너희들은 알아야
할 것이니라.
14 너희들이 사랑한다는 것은, 사랑을 받
을 만큼 먼저 너희들의 이웃이요, 형
제를 사랑할 수 있는 그 훈련이 필요
함을 알며, 그리 행동함이 중요함을
알라.
15 인간관계도 너희들이 남에게 받고자
한다면 그러한 마음으로써 남을 먼저
대접하라는 것을 내가 성서에 수없이
기록하였으며 또한 나의 법전에 기록
하여 전하였거늘, 너희들은 과연 이를
얼마나 행하고 실천하느냐?
16 그러니 알면서 행하지 않는 자가 가장
불행한 자요, 어리석은 백성이라 하였
음이니라.
17 그를 행하는 것이 나에게 오를 수 있
는 길이요, 너희들이 원하는 그 모두
를 얻을 수 있는 것이거늘, 너희들은
행치 아니하고 말로만 아는 체하며 말
로만 깨달은 것같이 가니,
18 천년만년의 세월이 흘러도 너희들은
아무것도 변한 것이 없음이니 그리 알
라.
19 나의 아들을 따르는 너의 제자들과 나
의 법전을 읽은 백성 너희들은 이제
받고 싶은 마음만큼 너희들이 먼저 남
을 사랑하고 베푸는 것을 행하도록 하

라.
20 그는 과연 어렵고 힘든 길이나, 어렵
고 힘든 그 고비를 역사하지 아니하고
넘지 아니하고 행하지 아니하고는 너
희들은 정녕 나에게 오를 수 없는 것
이니,
21 이를 아는 나 여호와가 너희들에게 간
곡히 부탁하며 행하라 눈물로써 하소
연하는 마음임을 너희들은 어찌 모르
느냐?
22 먼저 받들고 그리고 먼저 행하는 것,
그리한다면 모두가 다 이루어짐이요,
간단한 이치인 것을,
23 너희가 구원의 길에 오르고자 한다면
과연 무엇을 먼저 행해야 하느냐?
24 나의 법전에 기록하여 내가 너희들에
게 명한 것, 그를 하나하나 행하고 지
키는 것, 행동하는 것부터 먼저 해 나
가라.
25 그 모두를 지키고 역사하면 너희들이
나에게 오를 수 있는 그 간단한 이치
를 알면서도 행하지 아니하니, 몰라서
행하지 아니하면 너희들에게 말하지
아니할 것이니라.
26 그러니 너의 제자들은 어떠한 일이요,
어떤 역경이 있어도 그 간단한 이치를
안다면 그 간단한 이치대로 행하고 실
천하는 길밖에 없음이니, 그와 같은
삶을 살도록 그리 전하라.

8,930 번째 하나님 말씀

2003년 12월 27일 08시

1 사랑하는 나의 아들아!
2 "네, 아버님! 말씀하옵소서."
3 구약의 시대에 그 많은 역사요, 나의
아들 예수의 기적과 역사요, 그가 모
두를 던져 너희들에게 전했던 그와 같
은 가르침이요, 아름다움은 어디 한구
석에서도 지금 찾아볼 수 없는 이와
같은 험악한 세상이 되었다면, 과연
너희들은 믿겠느냐?
4 그러니 나 여호와가 더 이상 인내할
수 없으며 더 이상 견딜 수 없는 그와
같은 형국에 다다른 오늘의 너희들이
라면 알겠느냐?
5 지금의 종교 집단과 지도자 그리고 광
분하는 신도 그들이 지금 어찌 가는가?
6 나 여호와가 원하는 참진리를 떠나서
저희들이 인간의 진리를 가지고 지금
살아가며 행하는 것이 너무나도 오래
되었음이니라.
7 그러니 진리는 버려졌으며, 모든 비진
리를 가지고 인간의 교리를 가지고 지
금 이끌어 가는 세월이 몇천 년이 흘
렀음이니,
8 그 길고도 긴 역사 속에 너희들은 변
질될 대로 변질되었으며, 그러니 참
진리는 무너졌으며, 그리고 참진리가
존재하고자 하는 그것은 가장 나약한
것이며, 가장 연약한 것으로써 지금
지탱하고 있는 그와 같은 형국임을 너
희들은 알아야 할 것이니라.
9 그러니 너희들이 참진리는 버리고 비
진리로써 너희들 자신이 무너지니, 사
악한 마음만 강하여졌으며,
10 진정한 신앙이요, 사랑을 실천하는 그
와 같은 것은 나약해질 대로 나약하여
져, 너희들이 견디지 못하는 병자와
같은 모습으로써 지금 세상의 한구석

에 밀쳐 있음이니, 그를 찾아볼 수 없
으며 그가 역사할 수 없으며 그가 거
듭날 수 없는 이와 같은 형국이 되고
말았음이니라.
11 그러니 남을 음해하고 방탕한 생활을
하며 자신과 가정과 사회가 무너지는
그 소리가 세상을 진동하고 있으며,
그 소리가 하늘의 귀를 따갑게 하는
것을 너희들은 알라.
12 오늘의 가정이 파괴되며 세상이 무너
지며 방탕하며 무질서하며, 그리고 남
을 음해하고 시기하는 그와 같은 소리
가 세상을 진동하며 불법과 부도덕이
세상을 덮어 버렸음이니라.
13 남을 해롭게 하는 데는 서로 경쟁하
며, 이를 부끄럽고 추한 줄을 모르는
것이 지금의 종교 집단이요, 지도자들
이 지금까지 끌어 온 역사이니라.
14 이 자연의 아름다운 세상 속에서 남을
아름답게 하며 남을 아름답게 보며 세
상을 아름답게 가꾸며 서로 사랑을 베
풀며 정을 주고 살아가고자 하는 자
는 세상에 없음이니라.
15 그나마 그와 같은 생각을 가지고 노력
하고자 변하는 그와 같은 백성이 있을
때, 너희들은 그를 가차없이 사탄이
요, 이단이라 하며, 나 여호와의 뜻을
거역하는 자들이라 짓밟으며 잘라 버
리는 그와 같은 욕된 짓을 하고 있는
것이 너희들이니라.
16 그러니 오늘의 삶이 이와 같지 아니
하거든 너희들이 나의 법전이 잘못된
것이며 내가 내리는 성령이요, 마지막
너희들을 다스리는 이 새로운 성경이
잘못되었다며 너희들이 등을 돌려도
내가 말하지 아니할 것이니라.
17 너무나 타락할 대로 타락되었음이니
라.
18 그리고 사랑이요, 아름다움을 실천하
고 사는 것은 뒷전으로 다 물러났으
며, 모두가 무너지는 것이요, 방탕한
것이요, 그리고 남을 음해하고 시기하
는 것이요, 그리고 아름다운 세상을
만들고자, 나 여호와의 뜻을 펴고자
하는 나약한 그들을 가차없이 너희들
이 밟아 짓이기고 잘라 버리는 것이니,
19 참진리의 가르침은 듣지도 아니하며
보지도 아니하려 하는 것이요, 타락과
향락에 젖어 너희들이 인간 육의 향락
을 위하여만 귀를 기울이며 거기에만
몰려들어 살아가는 그와 같은 형국이
되었음이니, 오늘의 이와 같은 책임을
과연 누가 져야 할 것이냐?
20 그러니 나 여호와가 더 이상 볼 수 없
으며 더 이상 내가 지탱할 힘이 없어,
내 가슴의 성령을 모두 태워 마지막
내린다는 그 의미를 너희들은 알겠느
냐?
21 세상을 덮어 버렸으며 하늘을 덮은 것
이 오늘의 사악한 그 마음이요, 불법
과 부도덕을 자행하는 그와 같은 너희
들의 오늘의 삶이니라.
22 그리하여 내가 오늘에 내 모두를 태워
너희들에게 내려보내어 대장정의 법
전으로써 이를 다스리고자 함이니,
23 이에 선택된 너희들 자신이 법전을 만
들어 전하고 이를 기록하는 것만이 공
이요, 은혜라 생각하지 말며,
24 너희들 자신이 서로 다투지 아니하며
사랑하는 마음으로써 만백성에게 본

보기가 되는 것이 아니면 또한 이를
역사할 수 없기에 내가 너희들을 달구
고 나무람이니라.
25 지금 내가 나의 아들을 통하여 너희들
에게 내려보낸 그 내용이 오늘의 너희
들이 세상에 살아가는 그 현실이 아니
거든,
26 너희 또한 내가 명하는 것, 너희 마음
을 다스리며 변하라는 것을 변하지 아
니하고 육의 삶을 너희 마음대로 생각
대로 그저 살아간다 해도 내가 말하
지 아니할 것이니라.
27 그러니 내가 나의 아들을 통하여 내리
는 법전의 내용이 세상의 이치요, 오
늘의 흐름이요, 오늘의 현실과 맞으며,
28 이와 같이 살지 아니하면 세상이 바로
설 수 없다 너희 가슴에 와 닿으며 너
희 스스로 이것이 옳다 생각하거든,
29 너희들의 마음을 다스리고 생각을 다
스리며, 정녕 아름다운 모습으로 볼
수 있도록 변하라.
30 어떠한 역사를 이룬다 해도 나 여호와
는 너희들의 다툼을 원하지 아니하며,
그것보다 더 나를 괴롭힘이 없음이니
라.
31 성서에 일찍이 전한 그 내용을 알지
않느냐?
32 화목하지 아니하는 자, 형제에게 욕하
는 자, 지옥 불로 간다 하였음이니,
33 나의 뜻에 따라 역사한다는 자, 내가
선택한 백성 너희들이 바로 가기를
사탄이요, 모든 천사도 바라고, 과연
갈 수 있을 것인가 의혹하거늘,
34 너희들이 서로 다투고 화합하지 못한
다면 결국 어디로 가는지 아느냐?
35 남이 잘하고 잘못하는 것을 따지기 전
에, '나는 너희들을 모른다.' 함이니,
36 내가 너희들을 모른다 하면 너희들이
그리도 가기 싫어 몸부림치고 통곡하
는 지옥의 그 길로 무너짐이니,
37 오늘의 너희들의 모습이요, 삶이 지옥
으로 변화되는 그와 같은 삶의 길로
가며, 너희들이 그와 같은 곳에 가 영
원히 나오지 못하는 너희 자신의 사
는 형체를 보라.
38 네가 어떠한 형체로 어떠한 모습으로
써 그 대가를 치르는지는 너희들이 가
봐야 알 것이며, 봐야만 할 것이니 그
리 전하라.

8,931 번째 하나님 말씀

2003년 12월 27일 08시 05분

1 사랑하는 나의 아들아!
2 "네, 아버님! 말씀하옵소서."
3 너희들이 성장하는 과정에 따라 그 나
이에 맞도록 배우고 가르침을 받지 못
하며, 너희들이 그 모든 학업이요, 또
한 듣고 배우는 것을 충실히 하지 못
하며, 잘못 배우고 게을리하여 가는
그 백성의 삶이 결국 무엇인 줄 알겠
느냐?
4 제대로 배우지 못하며 그 나이에 따라
제대로 공부하지 못한 백성, 그들은
교만과 오만이 그를 지배하게 되어 있
으며,
5 그리고 그들은 교만과 오만으로 인하
여 저 자신이 옳고 그름을 판단할 수
있는 자신까지도 잃게 됨이니라.
6 그러니 저 자신이 옳고 그름을 판단할

수 있는 배움이요, 깨달음이 없다면,
그는 바로 주관 없는 그와 같은 삶을
살게 되는 것이며, 그리고 저 자신이
인간의 소중함과 귀함을 모르느니라.
7 제 주관에 의해 제 잣대로 오늘에 걸
인이 되었든 길거리에 노숙자가 되었
든 그리고 남들에게 구걸하는 자가 되
었든 그것이 제 인생의 행복이요, 즐
거움이라 하며, 그 속에서도 제가 오
만과 자만을 가지고 있는 자들이니라.
8 인간 세상에 너희들이 전하는 말이 무
엇이 있더냐?
9 훨훨 타는 집을 보면서 거지가 부자지
간에 말하기를, '너는 그와 같은 재산
이 없으니 태울 걱정이 없으니, 네 아
비를 공경하라.' 한다는 웃지 못할 말
을 하는 자들이니,
10 그것이 어떻게 보면 오만이요, 그들이
배우지 못하며 갖지 못하며 듣지 못하
고 제대로 성장하지 못한 자들이 할
수 있는 행동이 아니더냐?
11 그러니 하늘에 오르는 길이요, 참진리
로 오는 길을 바로 보지 못하며 바로
가지 못하며 바로 따르지 못했을 때,
12 너희들은 하늘의 뜻을 따르는 것이 아
니요, 하늘의 뜻을 거역함이니, 창조
주 나를 욕되게 하는 것이니라.
13 그러니 인간에게만 모두를 맞춰 너희
들이 인간의 삶에 모두 초점을 맞추고
감이니,
14 그저 남들이 말하는 대로 쉬운 길, 평
탄하고 간단한 길로, 그와 같은 방법
으로써 너희들이 하늘에 오를 것이라
하여 주관 없이 지금 가고 있는 자들
이 그 광분하는 신도들이니라.
15 머릿속에 든 것이 없는 자, 그리고 깨
달음이 없는 그와 같은 자들이 저희
것만, 제가 하고 있는 것만 하늘에 오
르는 길이라 하며, 광신도가 되어 남
의 것을 보지 아니하며 남을 저주하는
데 앞장서는 자들이니라.
16 그러니 그들이 바로 참진리를 듣고 배
우지 못하는 어리석은 백성이니, 그들
속에 차 있는 것은 무엇이더냐?
17 인간 세상의 수업을 제대로 받지 못한
자, 오만하며 방자하다 하였거늘, 나
의 법전이요, 참진리를 깨우치지 못하
며 듣지 못하는 자들이 하늘에 오르는
길로 만백성을 인도한다 함이니, 얼마
나 오만함과 방자함이 그들을 차지하
고 있는지 그를 알라.
18 그들로 하여금 얼마나 큰 악영향을 하
늘에 미치고 있는 것인가?
19 세상에 나의 사랑하는 백성이 하늘에
오르지 못하도록 그들을 막고 그들을
밀어붙이는 자들이 그들이니라.
20 하나의 빛을 따라 올라오는 그 어렵고
힘든 그 길로 오는 자들을 밀어붙이고
당김이니, 그들이 그 길을 바로 올 수
있다 생각하느냐?
21 지금의 신앙이요, 믿음의 길을 가는
집단이요, 지도자 그들이 그와 같은
형국으로써 지금 살아가고 있는 자들
이요, 그 사악한 짓을 하고 있는 자들
이니라.
22 그러면서 그들은 성경에 의하여 믿음
의 길을 간다 가르치며, 그 길만이 바
른길이요, 저희만이 바로 나에게 오를
수 있다 그리 말하는 자들,
23 그들은 겉은 번지르르하나 그 속이 다

썩었으며 비어 있음이니, 그들이 스스
로 머지않아 비바람에도 견디지 못하
는 그와 같은 형국으로 됨을 알라.
24 너희들이 인간 세상에 살과 피를 빼내
고 뼈만 세워 놓은 그 앙상한 모습, 그
것이 오늘의 종교 집단이요, 지도자들
이 가고 있는 짓이며, 허덕이고 있는
그와 같은 형국이라는 것을 너희들은
알아야 할 것이니라.
25 너희들이 만든 구원을 받는다는 교회
요, 성당이요, 성막이요, 그 죄의 온상
에서 우글거리는 자들이 인간의 모습
이 하나도 없다 하였음이니,
26 인간의 모습이 없는 살과 피가 없는
뼈만 앙상한 자들이 서로 하늘에 오르
는 길에 밀고 부닥치고 아귀다툼을 하
고 있는 그와 같은 형국임을 너희들은
알아야 할 것이며,
27 내가 나의 아들을 통하여 하나의 그림
을 그려 내려보내니, 너희들의 머릿속
에 한 번 그려 보도록 그리하라.

8,932 번째 하나님 말씀

2003년 12월 27일 08시 09분

1 사랑하는 나의 아들아!
2 "네, 아버님! 말씀하옵소서."
3 네가 가는 길이 무엇인 줄 알겠는가?
4 내가 너를 통하여 160권의 법전을 세
상에 내보내어 만백성을 구하고자 하
는 이 길은 뒤로 돌아갈 수도 없으며
뒤로 물러설 수도 없으며 돌릴 수 없
는 길이라는 것을 너는 알라, 사랑하
는 나의 아들아!
5 너희들이 지금 큰 배를 타고 항해를
시작하였음이니, 그 배는 돌릴 수가
없으며 돌아설 수가 없느니라.
6 오로지 앞만 보고 가는 배임을 너희들
은 알아야 할 것이니라.
7 그러니 그 배의 몸체에 맞는 만큼 좁
은 강의 길을 지금 노를 저어 간다 하
면, 정녕 그 배는 돌릴 수도 없으며 돌
아설 수도 없으며 뒤로 갈 수 있는 기
술이 없는 그와 같은 배라면 과연 어
찌하겠느냐?
8 그 배는 오로지 그 길을 가는 수밖에
없음이니라.
9 그리고 망망대해 큰 바다에 떠 있다
해도, 거기에 있는 나의 160권이라는
이 배는 절대 뒤로 돌릴 수 없으며 돌
아설 수가 없음이니라.
10 돌아서는 사이에 너희들은 암초에 부
닥칠 것이며 돌아서는 사이에 그 배는
파산되는 것이니,
11 나의 아들 네가 끌고 가는 160권의 법
전이라는 이 배는 옆으로 갈 수도 없
으며 뒤로 돌 수도 없으며 돌릴 수도
없느니라.
12 오로지 앞을 향하여 목적지만을 향하
여 갈 수 있는 배이며, 그와 같이 가는
것이 네가 오늘 가야 할 길이니라.
13 어떠한 역경이요, 환경에도 중단할 수
없는 것이며 이는 가게 되어 있음이니
라.
14 이는 나 여호와가 주관하며 내가 앞으
로 밀고 가기 때문이니라.
15 그러니 너의 제자들에게 전하라.
16 너희들이 뒤로 돌릴 수도 없으며 물러
날 수도 없는 이 배에 탔음이니, 너희
들이 정녕 여기에서 내리고 떠난다

하면 과연 어떠한 형태인가 알라 그
리 전하라.
17 절대 돌이킬 수 없으니, 너희들이 돌
릴 수 없는 배에서 앞으로 나가는 것
이 두렵고 힘들다면 그저 뛰어내리면
될 것이며, 도중하차하라 전하라.
18 그러면 너희들이 도중하차하는 것이
요, 나의 법전을 버리고 떠나는 자가
어떠한 줄 알겠느냐?
19 너희들은 물고기들이 득실거리는 바
닷속에 떨어지는 형국이니, 바로 너희
들이 그와 같은 자들이니라.
20 그러니 너희들이 물속에 뛰어들어 살
수 있으면 뛰어들라 그리 전하라.
21 너희들을 삼킬 수 있는 물고기들이 득
실거리는 그곳에 네가 앞으로 가는 것
이 두렵고 힘들며 잘못됐다 생각하거
든 뛰어내리라 그리 말하라.
22 나의 법전을 던지고 가는 자, 나의 성
전에서 등 돌리고 가는 자, 너희들은
인간 세상에서 지금 네 발로 걸어가고
있으나 바로 무엇인 줄 알겠느냐?
23 돌이킬 수 없는 그 배를 타고 항해하
다 탄 것을 후회하고 통곡하며 너희들
이 도중에서 돌이킬 수 없는 그 배에
서 내려가겠다 하여 물속으로 뛰어드
는 자들이니,
24 그와 같은 것이 나의 성전을 버리고
가는 자들의 형벌이라는 것을 너희만
알고 가슴 깊이 간직하라.
25 그리고 남들에게 그와 같은 이치를 가
르칠 것도 없으며 전할 것도 없으니,
너의 제자만이 알도록 그리하라.

8,933 번째 하나님 말씀

2003년 12월 27일 08시 18분

1 사랑하는 나의 아들아!
2 "네, 아버님! 말씀하옵소서."
3 구원을 받았다 말하는 그 백성들이요,
나에게 오를 수 있는 모두를 다 받은
자들이라 하는 백성, 그리고 저희가
육의 삶을 살고 죽어 왔을 때, 오로지
하늘에 와 나로부터 받는 그 은혜요,
영광만을 생각하는 그 어리석은 백성
들, 네가 그들에게 정녕 하고 싶은 말
이 무엇이 있는가?
4 너는 그들에게 무엇을 전하고 싶으냐?
5 "네 아버님! 저는 그와 같은 것을 그
들에게 전하고 싶사옵나이다.
6 모세가 역사했던 그 모든 기적도 그
것이 구원을 받는 것이 아니라 구원
의 길을 볼 수 있는 것이며, 구원의 길
을 가는 것이라 그리 생각되옵나이다.
7 그 이상도 그 이하도 없으며, 구원을
받고 못 받는 것도 예수의 시대요, 또
구약의 모세의 시대요, 그 모두가 다
그들도 누구도 구원할 수 있는 것은
아니옵나이다.
8 그들이 가고 역사하는 것을 보고 따르
는 것이 구원의 길을 볼 수 있는 것이
며 구원의 길을 가는 것이요,
9 천국의 문을 열어 구원하고 안 하는
것 또한 역사할 수 없다 생각하옵나이
다.
10 생명을 바쳐 보리수나무 밑에서 진리
를 깨우치기 위해 모두를 바쳤던 '석
가' 또한 그도 할 수 있는 말은, '아무
것도 없다.'는 말 외에는 할 말이 없으

며,
11 제가 가르치는 진리요, 제가 전하는
것이 이 세상의 모든 이치요, 진리라
말할 수 있는 자는 모세도, 예수도, 석
가도, 이 세상에 가르치는 어떠한 지
도자라는 자도 할 수 없는 것이옵나이
다.
12 그러기에 그 모두가 진리의 끝이 아님
이니, 그러니 진리의 끝이 아닌 것을
가지고 그들이 구원을 받고 안 받고
하늘에 오르고 못 오르는 그와 같은
결정의 그 모든 것은 그 누구도 이야
기해서는 아니 되는 것이라 생각하옵
나이다.
13 구약시대의 모세도 하늘의 아버님의
전지전능함이 끝이 없다는 것을 알았
을 것이며,
14 예수님 또한 끝이 없는 것이 아버님의
진리요, 가르침이요, 그를 다 전할 수
없고 그를 행할 수 없기에, 그를 행하
는 자가 구원을 받는 것이니,
15 오로지 예수께서 와서 역사하고 전한
것도 하늘에 오르는 그 길을 보고 갈
수 있는 것이지, 구원이요, 아니요, 하
는 그 결정은 아니라는 것,
16 그리고 석가 또한 진리가 끝이 있는
것이 아니요, 모두를 다 가르친 것이
아니니, 그도 끝이 없다 말했으며,
17 석가가 전한 그 진리도 극락 세계에
가고 못 가고 하늘에 오르고 못 오르
는 것이 아니라는 것, 다만 저희들이
어떠한 길을 가든 그를 바라볼 수 있
는 길잡이의 역할만 했다는 것, 그 이
상은 아니라는 것,
18 또한 아버님께서 내리는 160권의 법
전이요, 이를 기록하여 전하는 저 또
한 아버님께서 내리시는 그 진리요,
말씀을 다 기록하여 전할 수 없으며
역사할 수 없음이니,
19 이것 또한 하늘에 오르고 구원을 받고
못 받는 결정을 하는 것이 아니요,
20 하늘에 오르는 진리의 길이 어떠한 것
이라는 것을, 그중에 작은 것을 인도
하고 역사하는 것밖에 아니라는 그와
같은 것을 만백성에게 깨우치고 전하
고 싶사옵나이다.
21 모세의 시대, 구약의 시대에 역사를
이루는 것도 다만 작은 일부분이요,
아버님께서 존재하시며 아버님이 존
재하는 길이 무엇이라는 것을 볼 수
있도록 했으며,
22 예수께서 와서 목숨을 바쳐 모두를
역사한 것도 그 구원의 길을 갈 수 있
는 것을 가르쳤으며,
23 또한 석가요, 모든 성인이라는 자들,
모든 것을 배우고 깨달음이 높다는 모
든 사람이 남기고 간 것은 진리의 끝
이 아니요, 그저 진리의 일부분이라는
것,
24 아버님께서 내리시는 160권의 이 법
전도 일부라는 것, 그리고 저 또한 일
부로서 백사장의 모래알만도 못한 것
을 전하고 간다는 것,
25 그러니 모두가 이와 같은 하늘의 이치
이거늘, 장대하고 무한한 그 하늘의
이치를 다 알고 깨우치는 자가 천국의
문에 들어설 자격이 있는 것이니,
26 이는 오로지 창조주 아버님이요, 유일
한 아버님 한 분이시며, 전지전능한
아버님 그 외에는 누구도 이를 알 수

없으며 도달할 수 없는 길이니,
27 감히 하늘에 오르고 저희들이 구원을
받았다 말하는 것은 제가 아버님이요,
창조주가 되었다는 것과 똑같으니,
28 이게 얼마나 불경스러운 것이며 이게
얼마나 욕된 것이며 이게 얼마나 어
리석은 짓인가 그들의 가슴에 전해 주
고 싶은 것이 제 마음이옵나이다."
29 그러니라, 나의 아들아!
30 겸손하고 겸허한 마음으로 모두를 받
아들이며 모두를 전하고 가야 할 것
이니라.
31 네가 육을 가지고 세상에 사는 백성은
신이 없다 하였음이니, 너희들은 하늘
의 구원을 받고 안 받는 것을 누구도
답할 수 없으며, 그 열쇠를 줄 수 없으
며 그를 전할 수 없는 것이니라.
32 그러니 그를 받았다 하는 자, 그를 역
사했다는 것은 제가 신이 되었다는 것
이니, 그들이 오만함과 방자함에 살다
저희들이 내가 모른다 할 때 지옥문에
들어가지 아니하려고 발버둥치는 그
모습이야말로, 살결이 찢어지고 손에
뼈가 나올 만큼 들어가지 아니하려고
몸부림치는 불쌍한 자들이 그들이라
는 것을 전하라.

8,934 번째 하나님 말씀

2003년 12월 27일 08시 29분

1 사랑하는 나의 아들아!
2 "네, 아버님! 말씀하옵소서."
3 네가 정녕 하고자 하는 그 의미를 나
는 알고 있음이니라.
4 너는 정녕 선생이요, 지도자의 자리
가, 그리고 그 가는 길이 무엇인가 네
가 그를 묻고자 함이니,
5 인간 세상에서 부모가 자식에게 매를
한 번 들어 그 자식이 바로 설 수 있다
하면 그 부모는 오늘의 아픔이 다음에
기쁨으로 승화되는 것이며, 그리하여
그 자식이 바로 설 수 있다면 그것은
사랑의 매가 아니더냐?
6 그러나 그 매가 독소가 되어서 자식의
마음을 아프게만 한다면 그는 사랑의
매가 아니요, 자식을 버리는 매가 됨
이니라.
7 스승이 제자를 가르침에 있어서 사랑
으로써 매를 들어 다스린다 하면 그
사랑의 매는 반드시 돌아옴이 있으니,
그 스승 또한 기쁨을 얻을 것이요,
8 그 스승의 매가 사랑의 매가 아니라
독소의 매로써 그를 다스렸다면 그 선
생에게 돌아오는 것은 아무것도 없음
이니라.
9 너는 지금 어떠한 방법을 선택할 것인
가, 그 제자들이 스스로 깨우쳐 오기
만 기다릴 것인가, 그렇지 않으면 매
로써 다스려 그를 바로잡고자 하는가?
10 네가 어떠한 길을 선택하는 것이 정녕
지도자로서 가는 길인가, 네가 그를
생각하고 있음을 나 여호와는 알고 있
음이니라.
11 그러나 지금 너는 160권이라는 법전
을 만들어 만백성을 구하는 길을 가고
자 함이니, 너는 이것 저것을 생각하
며 그를 선택해서 가서는 아니 될 것
이며, 선택할 여지가 없음을 알라.
12 그 모두를 깨우치고 바로 서는 것도,
너희가 이 세상에 두 번 다시 없는 가

장 위대한 나의 법전이 세상에 있음이
니, 그들이 그 속에서 그를 보고 깨우
치며 역사할 것이니라.
13 그러니 네가 매를 들고 오늘의 제자를
다스리고자 한다면 또한 네 마음에 파
장이 일며 그 제자에게 파장이 읾이
니, 그로 인하여 네가 나의 법전을 만
들어 만백성에게 전하는 그 역사가 중
단된다면 이는 아니 됨이니라.
14 그러니 너는 선생으로서 세상에 존재
하는 것이 아니요, 지도자로서 존재하
는 것이 아니니라.
15 너는 오로지 나의 법전을 만들어 만백
성을 구하기 위하여 죽은 자 가운데
산 자라 하였음이니, 너는 오로지 돌
과 같은 마음으로 그 길을 가라.
16 그러나 너의 제자들이 너에게 와서 묻
는다면, 너희들은 사랑의 매로써 모든
백성을 다스리며 네 이웃을 다스려
가는 그와 같은 마음으로 가라 그리
전하라.
17 그들에게 너희들이 정녕 사랑의 매가
되는가 아니면 감정의 매요, 독소의
매가 되는가?
18 절대로 감정의 매요, 독소의 매가 되
어서는 너희들에게 돌아오는 것이 없
으며, 그 자식에게 아픈 마음으로써,
그 제자에게 아픈 마음으로써 매를 다
스리는 것은 돌아옴이 없음이라는 것
을 알라.
19 네가 160권의 법전을 세상에 역사하
는 동안에 너는 죽은 자라 하였음이
니, 이 길 저 길을 선택하는 것도 아니
요, 그를 바라보고 네 마음에 파장이
일어서는 아니 될 것이니,
20 너는 모두를 눈을 감고 법전을 만들어
만백성에게 전하는 길이요, 내가 너를
통하여 내리는 강론 그 외는 어떠한
것도 네가 지금 마음에 두어서는 아니
될 것이니라.
21 다 스스로 그들이 바로 설 것이며 그
들이 깨달아 갈 것이며 그들의 노력에
따라서 갈 것이니, 너는 지금 이것도
저것도 아니니라.
22 사랑의 매로 다스려 네가 파장을 일며
갈 것인가, 그렇지 않으면 버려진 것
처럼 네가 그와 같이 가며 그가 돌아
오기를 바라는 그와 같은 마음으로써
갈 것인가?
23 네가 그와 같은 두 갈래의 마음에서
너 자신이 생각하는 그 자체도 네 본
분을 떠나고 있음을 알라, 사랑하는
나의 아들아!
24 너는 오로지 160권의 법전을 만들기
위해서 죽은 자 중에서 산 자이니, 그
외에 아무것도 보지 못하며 듣지 못하
는 자라는 것을 알라, 사랑하는 나의
아들아!

8,935 번째 하나님 말씀

2003년 12월 27일 11시 34분

1 사랑하는 나의 아들아!
2 "네, 아버님! 말씀하옵소서."
3 너희들이 이 세상에서 가장 귀한 보석
이요, 진주를 손에 들고 있음이니, 그
손에 들고 있는 진주요, 보석을 모르
며 잡석 속에서 그를 구하려 하는 자,
제 손에 있는 것을 놓치는 어리석은
우를 범하는 것이 백성들이라 하였음

이니,
4 지금 그와 같은 행위를 하는 것이 바
로 나의 아들을 따르는 그 제자들이
요, 나의 법전을 읽고 깨우친다는 만
백성 너희들이니라.
5 너희들이 깨닫고 깨달음이 아니라, 그
리 어리석고 남들이 할 수 없는 그와
같은 짓을 하고 있는 것이 바로 너희
들이니, 가장 불쌍하고 가장 내가 보
기 힘든 것이 너희들이니라.
6 내가 너희들에게 뭐라 전하였느냐?
7 너희들이 세상사에 살아가면서 춥고
더운 것, 그리고 배고픈 것, 있고 없는
것, 제 고통이 무엇이며 상처가 어디
가 나며 제 몸이 어디가 아픈가 하는
것을 누구보다도 자기 자신이 가장 잘
알고, 그보다 더 잘 아는 자가 없다 내
가 너희들에게 수없이 그리 가르쳤음
이니,
8 그 한마디를 가지고 너희들이 그를 깨
우쳐 깨닫는 백성이었다면, 그리고 그
것이 정녕 고귀하고 소중한 진주요,
보배라 생각한다면, 너희들은 거기서
이 세상의 모두를 다 얻을 수 있는 그
진리가 있음이니라.
9 너희들이 남을 시기하고 질투하며, 잘
못하고 살인하며 강도질하고 간음하
며 나쁜 짓을 한다 해도, 지금 행하고
있는 그 사람보다 누가 더 잘 알고 있
겠느냐?
10 지금 간음하는 자, 도적질하는 자, 살
인하는 자, 싸움하는 자, 음주요, 술에
취해서 쓰러지는 자, 저 자신이 어찌
하고 있으며 제가 지금 무엇을 하고
있으며 어찌 가는지를 누구보다도 제
가 잘 알며, 그 심정 또한 저 자신밖에
는 모르느니라.
11 그러니 그 사람만큼 알지도 못하며 그
사람의 속내를 알지 못하는 너희들이
어찌하여 남을 가르치며 남을 탓하며
남에게 시시비비를 할 수 있단 말이더
냐?
12 누구보다도 네가 네 손에 있는 것, 네
가 가지고 있는 것, 네가 춥고 배고픈
것, 네가 필요한 것을 너보다 더 잘 아
는 자가 없다는 그 이치 하나를 너희
들이 깨닫고, 나 여호와의 뜻의 두려
움을 알며 내가 내리는 한 마디의 그
단어가 얼마나 귀하고 소중한 진주요,
보석인가 알고 너희들이 그를 가지고
깨우쳤다면,
13 내가 지금 나의 아들을 통하여 내리는
이와 같은 의미를 너희들이 알았을 것
이니라.
14 남이 도적질을 하든, 남이 간음을 하
든, 남이 이웃 것을 넘보든, 살인을 하
든, 제가 하고 있는 행위는 그가 더 잘
알며, 그는 왜 그러한 일을 해야 하며
그와 같은 짓을 해야 하는지를 누구
보다도 더 잘 아는 자 없느니라.
15 그러니 그 앞에 가서 네가 그들에게
잘못하고 잘했다며 시시비비하는 것
은 바로 무엇이더냐?
16 너희들이 얼마나 어리석은 자요, 얼마
나 우매한 자이던가?
17 그러니 하나밖에 모르는 자가 백 가지
의 속사정을 아는 자 앞에서 가르치려
함이니, 선생을 제자가 가르치려 대드
는 것밖에 무엇이 있더냐?
18 이것이 바로 나의 아들을 따르는 백성

이요, 제자요, 너희들이 우매한 자이
니, 깨달음이 없으며 변하는 것이 없
는 것이니라.
19 내가 너희들에게 어떠한 상황이나 그
실정을 누구보다도 본인이 잘 안다 하
였음이니, 본인보다 잘 알지 못하면서
그를 탓하며 시비하지 말라.
20 이와 같은 이치를 깨닫고 너희들이 하
나를 얻었다면 남에 대한 시시비비를
하지 아니할 수 있거늘, 어찌하여 그
와 같은 이치 하나를 깨닫지 못하는가?
21 너희들은 내가 나의 법전을 통하여 내
리는 것, 나의 아들을 통하여 내리는
한 마디 한 마디를 인간 세상에서 듣
는 것처럼 견주어 생각하는 어리석음
을 버리라.
22 그것은 내가 직접 내리는 진주요, 보
배니, 세상에서 구할 수 없으며 볼 수
없는 귀한 것이거늘,
23 그 귀하고 소중한 것을 인간 세상에
전하는 말처럼, 인간 세상에 흘러가는
말처럼 너희들이 그리 새기고 들음이
니,
24 너희들이 귀하고 소중한 것을 몰라 너
희 손에 들려 있는 귀한 진주를 모르
고 잡석 속에서 더 큰 것을 찾고자 허
덕이다 보니, 제 손에 있는 것도 놓치
는 그와 같은 어리석은 것이 나의 아
들을 따르는 제자들이요, 지금 가고
있는 자들이라는 것을 알라.
25 내가 너희들에게 뭐라 말하였느냐?
26 내가 하나 내리는 진주의 찬란한 빛을
보고 너희들이 그를 깨달아야 되듯이,
너희들이 그 속에서 무엇인가 찾고자
연구해야 할 것이거늘,
27 너희들이 인간 세상의 스승이요, 선생
이 가르치는 말만큼이라도 나의 법전
에 기록된 내용을 두렵고 무섭게 생
각하는가?
28 그러니 너희들이 나아가지 못하며 변
화되지 못하며 제자리에서 도는 자들
이니, 이 세상에서 가장 불행하고 어
리석고 불쌍한 것이 나의 법전을 읽고
깨우쳤다는 백성이요, 나의 아들을 따
르는 자들이니라.
29 내가 너희들에게 무어라 말하였느냐?
30 너희들이 가는 것은 세상의 온 백성을
상대로 해서 수천 수억의 모든 종파
요, 지도자요, 그 속에 있는 자들, 그
리고 광신도들, 목숨을 바쳐 무엇인가
제 것을 지키고자 하는 그들과 그 모
두를 상대하여 싸우고 역사하는 것이
지, 인간 사회에서 이웃과 시비하고
다투는 것이 아니니라.
31 하나를 더 갖고 못 갖는 것을 싸움하
는 것이 아니라고 내가 너희들에게 그
리 가르쳐 주었거늘,
32 세상사에서 개미가 지나가는 작은 것
을 보고 너희들이 생각하는 것이 아니
라, 너희들은 하늘의 위대함이요, 방
대함이요, 그 모두를 보고 깨우치고
역사하라 내가 그리하였거늘,
33 너희들이 내 뜻이요, 내 가르침을 두
렵게 들었으며 창조주 나 여호와의 음
성이라 들었다면, 어찌하여 너희들이
변하지 못하고 오늘과 같이 쳇바퀴의
제자리를 도는 그와 같은 행위를 한단
말이던가?
34 그러니 너희들이 세상에서 가장 귀한
보배요, 진주를 가지고 있으면서도 그

를 보지 못하고 듣지 못하고 쓰지 못
하는 가장 어리석은 백성들이요, 우매
한 자들이니,
35 내가 너희들을 정녕 손님으로 초대했
으며 내가 불렀으나, 그게 과연 타당
한 것이며, 천사와 사탄이 반대하는
너희들의 이름 석 자를 불러들인 것
이 과연 나 여호와가 역사할 수 있는
것인지, 나 자신도 그를 다시 한 번 생
각해 보지 아니하면 아니 될 정도로
어리석고 우매한 백성이니,
36 이제 너희들이 바로 서고 큰 뜻에 큰
것을 보고 깨우치라.
37 세상의 모든 것을 넓게 보라.
38 그리하면 작은 것은 다 묻히는 것을,
어찌하여 그리하는가?
39 너희들이 세상사에 살아가면서 손톱
밑에 가시 박힌 것은 알면서 심장부
가 썩어 제가 죽는 것은 모르는 것이
인간인 너희의 어리석음이라 하였으
니,
40 나의 아들을 따르는 백성 너희들이 가
장 대표적으로 그러한 자들이니라.
41 이제 너희들은 손톱 밑에 가시 박힌
것이 아니라, 너희들의 심장부에 너희
자신이 죽어 가고 썩어 가는 것을 도
려내고 고치는 그와 같은 자가 되어
야 함을 그리 보도록 하라.
42 어리석음에서 허덕이다 보면 넓고 넓
은 나 여호와의 뜻을 알 수 없는 것이
너희들이니라.
43 내가 뭐라 말하였느냐?
44 모세요, 예수요, 나의 아들이요, 나의
법전도 너희들을 구원해 주는 것이 아
니라 구원의 길을 인도하고 깨우쳐 주
는 것이라 하였으며 작은 빛을 보여
주는 것이라 하였으니,
45 그를 보고 구원을 받았다 설치는 그와
같은 백성보다 너희들이 더 어리석고
불행한 나의 아들딸임을 알겠는가?
46 그들보다 더 우매한 자들이 너희들이
라는 것을 잊지 말라.
47 크게 보고 넓게 보라.
48 그리고 내가 너희들에게 가르쳐 주었
듯이, 모두는 다 너희들 것이 아니며,
네 손에 남는 것이 없으며, 다 부질없
는 것이라 하면서도, 너희들이 그를
놓지 못하며 거기에 연연하여 너희
자신의 마음을 다스리지 못하며 저 자
신의 본분을 다스리지 못하며, 아름답
고 선한 인성을 찾아내지 못하니,
49 세상사 사랑으로써 다스리면 모두를
다 덮을 수 있다 그리 가르쳤거늘, 그
것 하나도 행할 생각을 하지 아니하는
자들이 너희들이니라.
50 말로써 역사하며 생각으로 역사하면
무엇이던가?
51 행동으로 이루어지지 아니하면 생각
하지 아니하는 자보다 못하다는 것이
나 여호와의 뜻이니, 대표적인 것이
너희들이라는 것을 알라.
52 이를 바라다보는 나 여호와의 마음이
과연 어떠하겠는가?
53 너희들은 알아야 할 것이니라.
54 내가 나의 아들을 통하여 말했음이니,
너희들은 바다 위에 떠 있는 큰 배는
절대로 뒤로 돌아설 수 없으며 뒤로
물러설 수도 없으며 오로지 전진할 수
밖에 없다 하였음이니,
55 그 배를 탄 것을 통곡하고 후회한다면

너희들은 그저 내리라 하였음이니, 너
희들은 내리는 그 순간에 바다에 떨어
져 물고기의 밥이 되는 신세일 것이
니, 이것이 너희들의 운명이라는 것을
잊지 말라 전한 그 뜻을 깊이 음미하
여,
56 하나를 들으면 열 개를 깨우치고 열
개를 들으면 백 개를 깨우쳐 너희들
것으로 만드는 현명함을 얻도록 그리
하라.
57 그렇지 않은 자, 갈 수 없음이니라.

8,936 번째 하나님 말씀

2003년 12월 27일 11시 40분

1 사랑하는 나의 아들아!
2 "네, 아버님! 말씀하옵소서."
3 나의 사랑하는 백성 너희들이 살아가
면서 똑같이 세상에 태어나 똑같은 삶
을 사느니라.
4 그러나 너희들이 살아가는 백성이 두
종류가 있음이니라.
5 참진리의 가르침을 듣기를 거부하고
그를 들으려 하지 아니하며 돌아서서
살며 나 여호와가 행하지 말라 하는
것만 행하는 그와 같은 행동을 하며
사는 백성이 있느니라.
6 그 행동을 하면서 저희들은 구원을 받
을 것이라 생각하며 구원을 받았다
생각하는 자들이니라.
7 그와 같은 속에서 살아가는 하나의 심
성을 가진 자들이 있는가 하면, 아름
답고 선한 행위를 하고 살아가고자 하
는 백성도 있음이니, 그와 같이 선하
고 아름다운 백성이 발붙일 곳이 없
는 오늘의 세상이 되었음이니라.
8 참진리요, 아름다운 소리를 듣기를 거
부하는 행위를 하며, 그리고 남들이
듣기 싫어하는 말을 스스로 하며, 남
들이 보아서는 안 되는 행동을 스스로
하는 것을 즐겨 하는 자들이 이 세상
을 지배하기에 아름답고 선한 자들이
발붙일 수 없는 그와 같은 세상이 되
었음이니라.
9 너희들이 살아가는 그 삶이 어떠한 것
인 줄 알겠느냐?
10 선한 일을 행하고 선하게 삶으로 인하
여 너희들은 선한 인연의 고리를 굵게
가지며, 그 굵어지는 선의 그 길에 따
라서 그게 너희가 나에게 올 수 있는
단단한 밧줄이요, 너희 몸을 매달고
나에게 올 수 있는 것이라 하였거늘,
너희들은 어찌하는가?
11 너희들은 악을 즐거워하며 악을 행함
이니라.
12 그리하여 악의 인연의 고리요, 쇠사슬
에 묶여 그 쇠사슬을 굵게 하는 것이
오늘의 믿음을 가진 백성이 사는 삶이
라는 것을 내가 너희들에게 전함이니,
13 여기서도 깨닫지 못하며 바로 돌아서
서 악을 행하는 그와 같은 악의 인연
의 고리를 끊어 버리고 악으로써 묶이
는 그 쇠사슬을 너희들이 지금 살아
있을 때 자르지 못한다면, 너희들은
죽어 나에게 와 그를 절대 그를 자를
수 없음이니라.
14 어찌하여 선한 일을 행하여 선함의 고
리를 키우지 아니하고 악의 고리를 키
우면서 너희들이 나에게 구원을 받았
다 그리 말하느냐?

15 너희들은 쇠사슬에 묶였음이니, 그 쇠
사슬을 매달고 나에게 오니, 그 쇠사
슬이 무거워서 너희들은 나에게 심판
을 받을 자격도 없으며 그 모두를 상
실한 것이라 함이니라.
16 그러니 그 악의 쇠사슬로 하여금 그
끝이 무겁고 두려워 너희들이 나에게
와 심판을 받지 못한다는 것을 너희들
은 알아야 할 것이니라.
17 그러니 너희들의 몸의 끊을 수 없는
쇠사슬은 나 여호와도 그를 끊어 줄
수 없으며, 나도 끊을 수 없는 것이 너
희들이 지금 악을 행하여 지은 그 쇠
사슬의 고리이니라.
18 그러니 그 쇠사슬의 고리를 나 여호와
가 자르지 아니하며 너희들에게서 끊
어 줄 수 없는 것은 무엇인 줄 알겠느
냐?
19 그 쇠사슬을 잡고 있는 그 주인이 따
로 있기 때문임을 너희들은 알아야 할
것이니라.
20 너희들이 선함을 행해서 선함의 인연
의 고리를 굵게 만든 그 끈을 잡고 있
는 것은 창조주 나 여호와가 잡고 있
으며 천사들이 잡고 있는 것이요,
21 너희들이 악을 행하여 악의 고리를 굳
힌 그 악의 쇠사슬은 누가 잡고 있는
지 아는가?
22 그 주인은 바로 너희를 당겨서 끌고
갈 수 있는 지옥의 지배자가 그를 가
지고 있기 때문이니,
23 너희들의 악의 쇠사슬은 지옥의 지배
자의 것이요, 하늘의 것이 아님이니,
내가 그를 끊을 필요도 없으며 끊어
줄 수도 없으며 다스릴 수도 없다는
것을 알리.
24 너희들이 악의 인연의 고리를 키워 굵
어진 그 쇠사슬의 끈을 잡고 그를 서
서히 지금 당기는 자, 그 주인은 바로
누구인 줄 알겠느냐?
25 지옥을 지배하고 있는 자들이니 그리
알라.
26 그러니 너희들이 그 주인에 의하여 끌
려가지 아니할 자 없으며, 결국은 너
희들이 아무리 발버둥치고 몸부림을
쳐도, 나도 끊을 수 없으며, 너희들이
육의 세상에서 끊지 않은 그 쇠사슬
은, 결국 거기에 매인 너희들은 그 주
인 앞으로 끌려가는 것이니,
27 아무리 그를 벗어나려 하여도, 끌려
가지 아니하려고 세상 것을 다 잡고
울고불고 몸부림을 쳐도, 그를 잡아
주는 자 없으며 당겨 주는 자 없는 그
비참한 모습이 너희들이 나에게 왔다
가는 그때라는 것을 절대 잊지 말라.
28 이제 사랑하는 나의 아들딸, 너희들은
들으라.
29 너희들이 선한 일을 행하며 선한 것을
역사하여 선한 인연의 고리를 굵게 하
는 것이 하늘에 오르는 길이라는 것이
무엇이 잘못되었느냐?
30 이는 세 살 먹은 아이도 들으면 알 것
이며 다 깨달을 것이니라.
31 악을 행하여 악의 인연의 고리를 굵게
한 그 쇠사슬의 주인은 사탄이요, 지
옥에 있는 지배자라 하였으니, 그 지
배자가 끌고 가는 것이요, 선의 고리
는 천사들이 끌어올림이니, 이를 너희
들이 명심하며,
32 이것이 잘못된 것이며 잘못 가르쳤으

며 너희들의 생각에 이해가 가지 아니
하며 알아들을 수 없거든 너희들은 눈
을 감고 나에게 기도를 드리라.
33 그리해도 내가 너희들에게 한 번의 답
을 주는 기회를 줄 것이니라.

8,937 번째 하나님 말씀

2003년 12월 27일 11시 49분

1 사랑하는 나의 아들아!
2 "네, 아버님! 말씀하옵소서."
3 나 여호와의 진리의 길을 가는 백성이
구원을 받고자 무엇을 소원한다면 그
것은 잘못된 것이니라.
4 이제 내가 너희들에게 전함이니, 지금
의 모든 종교 집단이요, 지도자 그들
의 믿음이요, 신앙의 길을 가는 것은
저희들이 나로부터 무엇인가를 얻고
자, 받고자, 더 이루고자 하는 제 소원
을 위해, 저 자신을 위해서 가는 믿음
이라 하였으며,
5 이는 개구리 소리만도 못하며, 밤에
짖는 강아지 소리만도 못한 것이 그들
이 울부짖는 짓이요, 행동이라 하였음
이니, 이 무서움을 알라.
6 정녕 나 여호와가 그리 말함이니, 그
것이 아니라 말하는 자, 너희들은 조
용히 생각해 보도록 그리하라.
7 나 여호와의 진리를 따라가는 백성 너
희들은, 누가 뭐라 하든 그들이 기도
하는 것은 내게 그와 같이 들리지 아
니함이니, 너희들은 바로 가야 할 것
이니라.
8 구원을 받고자 하는 것은 무엇이더냐?
9 너희들이 소원하는 것이 아님을 알라.
10 그 길에 서 있는 너희들이요, 그리고
나 여호와의 진리의 길을 가는 백성은
가르침을 듣는 그 순간에 저 자신의
구원의 길이 아니라는 것을 알아야 할
것이며,
11 너희들이 구원을 받기 위하여, 나에게
오르고자 하여 그 모두를 너희들이 그
기초요, 발판으로 그리 쌓아 두고 다
스려 가서는 절대로 아니 됨이니라.
12 진리의 길에 들어선 나의 아들딸 너희
들은 기도하며 행하며 깨우침을 얻는
그 모두가 나에게 오는 구원의 길에
발판을 다져, 너희들이 그를 밟고 나
에게 오르고자 하는 그와 같은 생각을
해서는 절대 아니 되는 것이니라.
13 너희들이 하나를 깨달으면 이웃과 다
른 사람에게 그를 가르치는 데 최선을
다하는 나의 아들딸로서 가야 할 것
이니라.
14 그것이 지금의 종교 집단이요, 그 광
신도들과 너희들이 같이 갈 수 없는
것이며 하나가 될 수 없는 것이니라.
15 그들과는 물과 기름이니, 절대 하나가
될 수 없음이니라.
16 그들이 가는 그 길이 썩은 물이라도
되면, 그래도 같은 물이니 나의 생수
를 거기다 부어 섞어서라도 너희들로
하여금 그들과 같이 갈 수 있는 그 기
회를 만들어 갈 수 있으나,
17 물과 기름보다도 더 강하게 갈라짐이
니, 절대 너희들이 하나가 될 수 없는
것이 거기 있음이니라.
18 그들은 기도하고 경배하고 믿는 것이
저 자신이 하늘에 오르고자, 제가 더
얻고자, 무엇을 이루고자 제 발판을

다지고 제 성과을 이루는 데 모두를
다 바치고 그 믿음의 길을 가느니라.
19 그러니 너희들은 그리 가지 말라.
20 나 여호와를 통하여 나의 아들을 통하
여 하나의 깨달음을 얻었으면, 너희들
은 그를 들고나가 만백성을 깨우쳐 가
르치는 데 써야 할 것이지,
21 나에게 오르는 그 길에 너희들이 구원
을 받기 위한 발판이요, 주춧돌로 쓰
고자 한다면 나는 너희들을 모른다 할
것이니 명심하라.
22 너희들은 나가서 가르치는 데 최선을
다하라.
23 너희가 갈 길은 그것뿐이니라.
24 너희들의 평생을 좌우하고 너희들을
위하여 너희 자신이 무엇인가를 얻고
거듭나고자 소원하는 것, 이것은 지금
의 종교 집단이요, 지도자, 사탄의 자
식이 하는 것이요, 나로부터 선택된
너희들은 절대 그리 갈 수 없음이니라.
25 그들이 하고 있는 짓이 무엇인지 이제
알겠느냐?
26 그들은 스스로 지옥으로 달려가는 그
길을 만들며 그 길을 다듬어 가며 스
스로 그 길을 가는 자들이니라.
27 그러니 자신을 위하여, 자신이 구원을
받기 위하여, 깨달음이요, 믿음이 얼
마나 소중하기에 저 자신을 위해서 그
모두를 주춧돌로 쓰며 그것으로써 저
희들의 발판을 삼는다는 말이더냐?
28 사랑하는 나의 아들을 따르는 제자 너
희들은 들으라.
29 나의 법전을 읽고 깨우치며 나의 아들
을 통하여 듣는 하나의 깨달음이 누구
의 것이며 누구로부터 듣는 것이더냐?
30 이 세상에 어떠한 선생에게도 들을 수
없으며, 어떠한 스승에게도 들을 수
없는, 창조주 나 여호와가 나의 아들
을 통하여 너희들에게 전하는 것이니,
그것보다 더 소중하고 값지고 귀한 것
이 없음이니라.
31 사랑이란 베풀고 나누는 것이라 했으
니, 듣는 대로 받은 대로 너희들이 나
가서 다른 백성을 구하는 데 그를 쓰
고 전해야 할 것이지,
32 이를 발판으로 또 하나를 배워서 저만
쌓아 놓고, 또한 나의 아들을 통하여
내가 내리는 강론의 그 값지고 소중한
것을 제 가슴에 벽돌로 집을 짓듯이
하나하나 제 것으로 쌓아 놓고 제가
완벽한 집을 짓겠다는 그와 같은 생각
을 하는 것은 사탄의 자식이요, 나의
자식이 아니니, 너희들은 이를 명심하
고 또 명심하도록 하라.
33 지금의 믿음의 길을 가는 백성들이 어
떠한 것인가를 이제는 너희들이 알았
을 것이며, 내가 나의 아들을 통하여
너희들이 가는 그 길을 가라는 것이
무엇인지 너희들은 알았을 것이니라.
34 세상에 두 번도 없는 값지고 귀한 것
을 듣고 깨달은 것을 저 혼자만 하늘
에 오르기 위하여 그것을 창고에 쌓아
놓는 자가 과연 아름다운 자이며 만
백성을 구하는 지도자라 할 수 있겠느
냐?
35 너희들은 너희 자신을 구원하는 데 그
걸 발판으로 쓰지 말며 그를 주춧돌로
쓰지 말라, 사랑하는 나의 아들딸들아!
36 거기에 네 것을 보태어 만백성을 구하
고 깨우쳐 주는 데 전부를 소모하도록

그리하라.
37 내가 너희들을 사랑함이니, 그리하여
너희들은 손에 든 것이 없으며 쥔 게
없는 것이니라.
38 오늘의 너희들이 가진 것이 없으며 쥔
것이 없어 빈손이니, 그 몸이 가벼우
니,
39 너희들이 무지개 속을 날아올 때, 수
없이 제 창고에 쌓아 놓은 자, 제 것을
만들기 위하여 그저 바리바리 쌓아 놓
은 자가 그 짐을 들고 그 몸을 가지고
올 수 있다 생각하느냐?
40 오늘의 빈손이요, 아무것도 잡지 아니
한 너희들은 그 무지개 속을 타고 올
수 있으니,
41 나에게 배운 그 아름답고 귀하고 소중
한 가르침, 그 진리를 네 가슴에 뭉쳐
놓지 말고, 남에게 가르치는 데 최선
을 다하도록 그리하라, 사랑하는 나의
아들딸들아!
42 그것으로 너희들이 무엇을 잃으며 무
엇을 손해를 본단 말이더냐?
43 나는 다시 한 번 말함이니라.
44 모든 종교 집단이요, 지도자요, 광신
도들, 그들은 저희들이 하늘에 오르는
그 발판을 만드는 데 저 자신을 구하
기 위하여 모두를 다 바치며 모두를
다 거기에 소모하고 있는 자들이니,
그 죄를 그들이 면할 길이 없으며 그
를 벗어날 수 없는 것이니,
45 이것이 너희와 그들과의 차별화의 역
사이니라.
46 너희들이 어떠한 길을 선택하든 너희
들의 자유이니, 나의 법전이요, 나의
아들을 통하여 내리고 강론하여 가르
치는 것, 그리고 내가 직접 내리는 나
의 이 성령을 들으며 너희들이 어느
것이 옳고 그른지 스스로 판단하여 행
하도록 그리하라.
47 지금의 종교 집단과 지도자, 그 광신
도들은 저 자신을 위하여 모두를 원하
고 구원받고자 이루고자, 저 자신을
위해 하나하나 쌓아 놓고 감춰 놓는
자들이니, 그게 사랑이며 나눔이더냐?
48 그러니 너희는 너희 자신을 위해서 아
무것도 갖지 말며, 너희 자신을 위해
스스로 아무것도 쌓아 놓지 말라.
49 하나라도 쌓아 놓는 자, 가슴에 가지
고 있는 자, 그리고 귀하고 소중하다
하여 숨겨 놓은 자, 그는 절대로 용서
치 아니할 것이니라.
50 너희들이 아름답고 귀한 것을 전하니,
그를 누구로부터 받았으며 누구로부
터 이와 같은 것을 너희들이 선물받았
느냐 할 때,
51 너희들은 하늘을 향하여 손을 들고
'하늘에 계신 아버지로부터 받은 것이
요, 아버지로부터 선물받은 것이다.'
그리 전하라.
52 그러면 그들의 가슴이 철렁함을 알게
될 것이니라.

8,938 번째 하나님 말씀

2003년 12월 27일 11시 53분

1 사랑하는 나의 아들아!
2 "네, 아버님! 말씀하옵소서."
3 자신을 위한 믿음이요, 저 자신을 위
한 신앙생활, 그것이 사랑이요, 진리
더냐?

4 너희는 이제 자신을 위한 믿음에서 벗
어나라.
5 그것이 나에게 오를 수 있는 것임을
알라.
6 너희들이 인간 세상에 살아가면서 자
기를 변호하기 위하여, 자기를 다스리
기 위해서, 자기를 위해서 그와 같은
삶을 산다면,
7 이 세상은 각자 자기 것으로 자기 위
주로 살아감이니, 모래알보다도 더 삭
막하게 부서지며, 하나가 될 수 없는
것이 아니더냐?
8 그러니 너희들이 자신을 던지고 세상
을 보면 모두를 다 보고 얻을 수 있는
것이라 내가 그리하지 아니하였더냐?
9 그러니 자신을 위한 신앙생활은 그것
이 사랑을 위한 길이 아니요, 참진리
의 길을 가는 것이 아니니, 여기서 벗
어나는 그와 같은 현명함을 얻도록 그
리하라.
10 사랑하는 나의 아들딸, 그리고 나의
아들을 따르는 제자, 너희들은 이와
같은 뜻을 만백성에게 전하도록 그리
하라.
11 자신을 위한 믿음이요, 그 신앙생활은
그것이 사랑이 아니니,
12 자기를 지키기 위해서 자기를 위해서
하는 기도요, 신앙생활이 아니라, 남
을 위해서 사는 것, 이웃을 위해서 사
는 것, 남을 위하고 상대방을 위한 신
앙생활을 할 수 있도록 하라 전하라.
13 자신을 위한 교회요, 성당이요, 법당
의 그 모든 행위가 다 나 여호와의 뜻
에 의해 이루어지는 것이 아니며, 나
여호와의 뜻에 의해 사랑을 실천하는
데 위배하는 행위이며, 그를 따르는
자들이 아니니라.
14 모두가 다 인간의 욕심으로 행해지는
어리석은 믿음이라는 것을 너희가 알
았으면, 만백성에게 그를 전하고 깨우
쳐 그들이 돌아설 수 있도록 그리 전
하라.
15 남의 행복과 안녕을 위해 가는 것이
나의 믿음이요, 나의 백성이 가는 길
이니, 너희들은 모든 백성의 평화와
안녕을 위하여 기도하고 신앙생활을
하는 그와 같은 삶으로 살라.
16 자신을 위한 삶이요, 자신을 엮어 가
기 위한 것, 자신 앞에 무엇인가 더 크
고 아름다운 것을 놓고자 하는 그와
같은 믿음의 신앙에서 벗어나지 못한
다면 너희들은 정녕 나에게 오는 그
길을 볼 수가 없음이며, 너희들이 그
리 갈구하던 구원의 길은 역사하지 않
음이니라.
17 그러니 나의 아들을 따르는 제자들이
요, 나의 법전을 읽고 깨우친 만백성,
너희들은 '나' 자신이요, '나'를 위한
신앙이요, 믿음의 생활을 하지 말며,
18 만백성 '너'를 위하여, 앞에 있는 '당
신'을 위하여 살아갈 수 있는 신앙이
요, 믿음의 길을 가도록 그리하라.
19 그것이 너희들이 나에게 오를 수 있는
길이니라, 사랑하는 나의 아들딸들아!

8,939 번째 하나님 말씀

2003년 12월 27일 11시 59분

1 사랑하는 나의 아들아!
2 "네, 아버님! 말씀하옵소서."

3 너의 제자들에게 그리 전해야 할 것
이며 그리 깨우치라.
4 너희들이 참진리의 길을 가고 그를 역
사하기 위해서는 너희들 스스로 모두
를 다 던져 자신을 다스리고 역사하는
그와 같은 삶으로써 구원의 길에 오를
수 있도록 최선을 다하라 그리 전하라.
5 너희들이 모두를 다 던져 참진리의 길
을 찾아오는 데 최선의 노력을 다하지
아니하면 너희들은 결코 올 수 없는
것이니라.
6 그러니 너희들이 나에게 오르는 길이
요, 구원을 받는다는 그것은 최선을
다하는 것, 그것밖에는 다른 길이 있
지 아니하며, 다른 것을 보아서도 아
니 되며 생각해서도 아니 되느니라.
7 그리고 다른 길을 가서도 아니 되는
것이 너희들이니라.
8 다른 길을 가면 너희들이 다 무너짐이
라는 것을 절대 잊지 말라.
9 너희가 나의 참진리요, 법전에 의하여
사랑하고 화합하여, 시기하지 말며 질
투하지 말며 하나로 이루는 데 최선을
다해야 될 것을 절대 잊지 말라.
10 그렇지 아니하면 너희들이 스스로 무
너지며 깨짐이니라.
11 내가 너희들에게 무어라 전하였느냐?
12 너희들은 생수와 생수가 합쳐져 만백
성을 구하는 그와 같은 큰 생수로서
이루어지고 역사하는 것이 너희들이
해야 하는 길이며 가야 할 길이니라.
13 그러니 너희들이 말로써만 그리 행해
서는 절대로 아니 됨이니라.
14 나는 너희들이 생수와 생수가 합쳐져
그 힘이 커짐으로 만백성에게 빛이 되
며 만백성을 구하는 그와 같은 너희들
이 되게 하기 위하여 내가 너희들을
선택하였으며 불렀음을 알아야 할 것
이니라.
15 사랑하는 나의 아들딸들아, 그리고 나
의 아들을 따르는 제자 너희들은 들으
라.
16 너희들이 생수가 되었을 때는 서로 합
쳐져 만백성에게 생명수가 될 수 있으
나, 한쪽은 생수요, 한쪽은 기름이라
면 너희들이 기름과 물이 되어서는 나
의 성전에서 아무것도 이룰 수 없으며,
17 너희는 자격이 없는 자들이니, 성전에
올 필요도 없는 것이며, 나의 법전을
접하고 공부한다 하여 너희들이 어렵
고 힘든 그 길을 갈 필요도 없는 것이
니라.
18 그러니 너희들은 서로 생수가 되어 합
쳐졌을 때 큰 물줄기를 이루어 만백성
이 그를 먹고 살아가게 되어 있거늘,
19 지금 내가 바라보는 나의 아들을 따르
는 그 제자들이요, 이 세상에서 가장
깨끗하며 가장 높이 와 있으며 그래도
나의 뜻을 알아 행하고 살아가고자 몸
부림친다는 너희들이,
20 생수와 생수가 합쳐지기는 고사하고,
지금 물과 기름보다도 더 겉도는 형태
로 너희들이 벗어나 있다는 것을 알지
못하느냐?
21 내가 보는 너희들은 그러하니라.
22 그러니 너희들이 생수와 생수로써 결
합하도록 최선을 다하지 아니하면 아
니 될 것이니라.
23 그렇지 아니하면 너희들이 만백성을
구할 수 없기 때문이니, 너희들은 모

두 생수가 되도록 하라.
24 그러기 위해서는 너희들의 가슴에 있
는 것, 너희들의 마음에 있는 것을 다
뽑어내고 씻어 내야만 할 것이니라.
25 우선 내가 너희들의 가슴에 있는 욕심
이요, 불같은 성격이요, 그리고 시기
하고 질투하는 것이요, 너희 앞에서
너희 마음을 건드렸을 때, 휘발유에
불을 붙이는 그와 같은 너희들의 마음
자세, 그 모두를 다 뽑어내고 뽑아내
지 아니하면 내가 거기다 생수를 부을
수가 없음이니, 성령이 내려갈 수가
없음이니라.
26 너희들의 모든 마음속에 있는 기름을
다 뽑아냈을 때, 내가 너희들 개인에
게 생수를 부어 줌이니, 이는 곧 성령
이니라.
27 그리하여 그 생수와 생수가 합쳐졌을
때 그 물줄기를 이룰 것이며, 그 힘은
누구도 막을 수 없는 것이 아니더냐?
28 그리했을 때 만백성이요, 동식물이 그
를 먹고살 수 있는 것이니라.
29 그러나 지금 내가 보는 너희들은 어떠
한지 알겠느냐?
30 서로 물과 기름이 되어 싸움이니, 지
금 하나도 물이 된 자가 없으며, 물과
같이 변하고 있는 자들이 그저 물이
됐다 하며, 그 기름에서 벗어나지 못
한 자들이 그저 제가 물이라 하여 만
백성이 먹을 수 있는 것처럼 가르치며
착각 속에서 헤매고 있으니,
31 오늘 너희들의 만남은 물과 기름의 만
남보다도 더 상극이며, 더 하나로 이
룰 수 없는 그와 같은 형태로 이루어
졌으니, 이를 바라보는 나 여호와의
마음이 어떠하겠는가?
32 내가 너희들에게 명을 내리니, 너희들
의 마음에 있는 모든 것을 다 지워 버
리며, 욕심이요, 시기요, 질투의 그 근
본을 다 뽑아 생수로 그득히 채우도록
그리하라.
33 이것이 나 여호와가 너희들에게 내리
는 명령이라 그리 전하라.

8,940 번째 하나님 말씀

2003년 12월 27일 12시 05분

1 사랑하는 나의 아들아!
2 "네, 아버님! 말씀하옵소서."
3 인간이 저 자신의 단점이요, 저 자신
의 잘못된 것을 발견할 수 있는 그 안
목만 갖는다면 그는 천사가 될 수 있
는 것이거늘, 내가 오죽하면 성서에
기록하여 너희들에게 전했겠느냐?
4 '제 눈에 박혀 있는 들보는 보지 못하
면서, 남의 눈에 박혀 있는 작은 가시
는 발견하는 것'이 너희들이며, 그를
탓하고 흠집을 내는 것이 나의 백성
너희들이 가지고 있는 심성이라 가르
쳤으니, 이것이 얼마나 무섭고 두려운
말이더냐?
5 그리하여 내가 또 성서에 기록하여 너
희들에게 전하기를 무어라 말하였느
냐?
6 '성령을 위배하는 자는 어떠한 백성이
든지 그를 용서할 수 없으며, 그는 절
대 나에게 용서를 받을 수 없다.' 하였
음이니라.
7 바로 이것이 무엇이더냐?
8 나의 성령을 위배하는 것이요, 나의

성령을 잘못 전하고 잘못 가르쳤을
때, 그는 만백성을 지옥으로 이끌어
가기 때문이니라.
9 그러니 모든 종교 집단이요, 지도자
너희들이 단상에서 설교하며 가르치
기를 뭐라 말하느냐?
10 성령을 위배한 자는 절대 구원을 받지
못하니, 신도 너희들은 성령을 위배하
는 행위를 하지 말라, 주일에 열심히
나오며 헌금을 많이 내며 십일조를 충
실히 내며 그와 같이 살아가라 그리
가르침이니,
11 이건 바로 종교 지도자 너희들이 들어
야 할 이야기임을 알라.
12 너희들이 나의 피조물 만백성이요, 그
신도들에게 성령을 위배하는 자, 구원
받지 못하며 용서받지 못한다 하나,
그 말은 그들에게 해당하는 것이 아
님을 알라.
13 여기서 참진리를 모르고 가르치는 자
들, 그리고 나 여호와의 뜻이 무엇이
며 성령이 무엇이며 내가 역사하고자
하는 것이 무엇인지를 모르고 가르치
는 종교 집단의 지도자 너희들이야말
로 성령을 위배하는 자들이요, 성령을
거부하는 자들이요, 성령을 욕되게 하
는 자들이라는 것을 알라.
14 예수와 같은 마음이 되지 못하고, 성
서에 기록된 참진리요, 비유요, 비사
의 그 뜻을 알지 못하는 자가 가르치
는 것, 내 뜻을 알지도 못하고 가르치
는 자가 성령이요, 모두를 다 위반하
는 자들이라는 것을 너희들은 알라.
15 그들이 짓고 있는 죄요, 저희들이 인
도하는 그 행위가 얼마나 잘못된 형태
로써 흘러가고 있는가?
16 그들은 절대 용서받지 못하며 그보다
더 큰 죄는 없을 것이니 그리 알라.
17 나 여호와는 그를 절대 용서할 수 없
음이니 그리 알라.
18 성령을 위배하는 자는, 성령의 뜻을
모르며 나 여호와의 뜻을 모르면서 그
것이 나 여호와의 뜻이요, 성령이라
잘못 가르치는 자, 그가 성령을 위배
하는 자들이니,
19 그들이 얼마나 무서운 죄를 짓고 있는
지를 모르는 것이 오늘의 종교 집단이
요, 지도자 그들의 위치이니라.
20 지금의 모든 종교 집단이요, 지도자
너희가 가르치고 설교하며 인도하는
것이 과연 나 여호와의 뜻이요, 성령
에 의하여 너희들이 역사한다 생각하
는가?
21 정녕 성령과는 관계없으며 나의 뜻과
는 관계없는 것을 가지고 너희들이 그
집단에서 설교하고 강론하며 나의 피
조물 만백성들을 이끌어 가니,
22 성령을 위배하며 그 죄를 용서받지 못
할 것은 종교 집단의 우두머리요, 지
도자 너희들이라는 것을 알라.
23 너희들이 참진리의 성경의 뜻을 알지
못하고 깨닫지 못하기에 그리 따르지
아니하고 그리 가르치지 못함이니, 인
간 세상의 교리요, 사탄의 교리를 가
르치는 자가 아니고 무엇이더냐?
24 그러니 너희 자신부터 들여다보며 너
희 자신부터 바로 서는 그와 같은 시
간을 가져야 할 것이니라.
25 나 여호와가 내려다보는 너희는 나의
성령에 의하여 행함이 하나도 없음이

니라.
26 그러니 거기에서 배우는 백성 또한 무
엇이더냐?
27 잘못 가르치는 자, 알지도 못하고 가
르치는 자가 그것이 생명수요, 성령이
라 하여 그를 보고 울고불고하니, 너
희 또한 성령을 위배하는 자들이요,
28 너희들이 성령을 위배하는 짓을 하고
있으며 그들에게 힘을 실어 주고 있으
니, 용서받지 못할 그와 같은 길을 가
고 있음을 알라.
29 너희들을 대표하는 자가 누구인 줄
알겠느냐?
30 지금 잘못 가르치는 자요, 성령의 뜻
이 무엇인지도 모르고 가르치는 자와,
그리고 그를 받아먹고 구원을 받았다
며 울고불고하는 그 어리석은, 백성
그들 또한 성령을 위반하고 배신하고
가는 대표적인 사람이라는 것을 잊지
말도록 그리 전하라.

8,941 번째 하나님 말씀

2003년 12월 27일 12시 11분

1 사랑하는 나의 아들아!
2 "네, 아버님! 말씀하옵소서."
3 인간 세상에 살아가며 남을 사랑하고
이웃을 귀하게 생각하며 나누며 사는
사람들, 그리고 그리 살아가고자 하는
백성이 있음이니라.
4 그리고 남에게 누를 끼치지 아니하며
폐를 주지 않으며 바르고 아름다운 삶
을 살고자 하는 백성이 있으며, 남에
게 욕되지 아니하고 살아가는 그와 같
은 백성이 있음이니라.
5 그리고 누구에게나 다 똑같이 베풀며
진정한 사랑으로써 그들의 어려움을
제 슬픔으로 알고 그와 같이 살아가는
백성이 있음이니, 그들을 당연히 칭찬
하고 격려하는 것이 인간의 도리가 아
니더냐?
6 그러나 인간 너희들의 마음이 어떠하
던가?
7 그와 같이 아름답게 사는 백성이 저
자신에게 도움이 되지 아니하며 저를
돕지 아니한다 하여 그를 욕되게 하며
헐뜯는 그와 같이 사악한 인간들이 이
세상에 살아감이니, 그와 같은 자들이
지금 어떠하던가?
8 그와 같은 자들이 그 죄를 용서받지
못하는 것이 너희 인간 세상의 욕심에
서 일어나는 그 죄악이니라.
9 하물며 나의 성령이요, 나의 법전이
요, 나의 참진리요, 내 모두를 태워 내
려보내 만백성을 구하고자 전하는 나
의 아들과 그를 따르는 선택된 제자들
이요, 그 나의 백성들이 나의 법전을
가지고 만백성을 구하는 그 역사를 함
에 있어서 너희들에게 피해 주는 것이
없으며 너희들에게 고통을 주는 것이
없거늘,
10 나의 법전을 욕되게 하며 그들을 욕되
게 하며, 그것을 전하지 못하게 하는
것을 내가 과연 용서할 수 있으며 그
모두를 받아들였다 생각하는가?
11 나 여호와는 그와 같은 자, 받아들일
수 없으며 용서할 수 없다는 것을 너
희들은 알라.
12 인간 세상에서 내가 다시 한 번 너희
들의 삶을 비추어 보니, 이 세상의 세

속에서 살면서 선한 행동을 하는 사람
을 저와 관계없으면서도 행하지 못하
도록 하는 자들이 수없이 있음이니라.
13 저에게 돌아오지 아니하고 남에게 돌
아가는 것이 배 아파 그를 막으려 하
는 자이니,
14 너희들이 한 핏줄을 가진 그 사촌이
요, 형제가 땅을 사고 더 역사하는 것
도 시기하고 질투하는 것이 너희들의
마음이라 하였으니, 너희들이 얼마나
사악하게 전락되었으면 스스로 마음
의 욕심이요, 그 사악함을 너희들이
지금 그리 표현하고 밝혀 내고 있는
것이냐?
15 그와 같은 말을 너희들이 그저 듣고
흘려보내서는 아니 됨을 알라.
16 저 자신이 얼마나 무서운 죄가 되는지
그 모두를 모르고 있는 것이 오늘의
너희들이 살아가는 그와 같은 행위이
니라.
17 하물며 너희들은 창조주 나 여호와의
뜻을 거역하며, 이를 전하려는 나의
아들과 이를 만들어 역사하는 그 제자
들, 그리고 나의 법전을 가지고 세상
에 전하여 만백성을 구하고자 하는 나
로부터 선택된 백성들, 그 어렵고 힘
들게 가는 그들을 핍박하고 제재하는
자, 너희들은 과연 무엇인지 알고 있
는가?
18 너희들이 짓고 있는 그 죄목은 무엇이
며 너희들이 받을 벌은 무엇인지 알겠
는가?
19 오늘 나의 아들을 핍박하며 나의 법전
을 핍박하며 그 제자들을 욕되게 하는
자, 그들을 제재하는 것, 그것이 얼마
나 무서운 죄인지 너희들이 알 날이
머지않았음이니라.
20 너희들은 그와 같은 것을 체험할 날이
머지않았음을 어찌 모르는가?
21 너희들은 머지않아 그와 같은 것을 보
게 됨이니, 그 길을 보지 않으려 해도
그 죄의 진상을 보게 되어 있으며, 거
기를 비켜 가려 해도 비켜 갈 수 없는
것이 너희들이니라.
22 그러니 너희들의 오늘의 사악하고 포
악한 행위에 대하여 심판을 받으며 그
를 볼 날이 머지않았음이니, 며칠이나
남았다 생각하는가?
23 그것이 어리석은 백성이요, 불쌍한 백
성이니, 너희들이 죽는 그 순간에 얼
마나 사악하고 사악한 자였던가를 너
희들의 마음 모두를 다 펼쳐 보니, 너
희들이 천사요, 사탄 앞에서도 고개를
들지 못할 날이 머지않았음이니라.
24 결코 그와 같은 날이 머지않았거늘,
너희들이 지금 바로 서고 바로 역사하
지 아니하면 그 고통에서 너희 자신이
과연 어찌 감내하려 하는가?
25 그 길을 절대 피할 수가 없음이니라.
26 너희들이 지은 죄요, 사악한 그 행위
로 인해서, 등 돌리고 갈 수도 없으며
고개를 외면할 수도 없으며 그 모두를
보는 앞에서 너희들이 그 대가를 치르
는 그날이 머지않았음을 너희들은 알
아야 할 것이니라.

8,942 번째 하나님 말씀

2003년 12월 27일 12시 18분

1 사랑하는 나의 아들아!

2 "네, 아버님! 말씀하옵소서."
3 참진리요, 하늘의 뜻은 내가 세상에 어찌 전한다 말하였느냐?
4 나의 성령이요, 나의 참진리는 모두 내가 한 사람을 통하여, 한 곳을 통하여 전하며 역사한다 하였음이니라.
5 구약의 시대는 모세를 통하여 그 모두를 다 역사하였으며, 그 뼈대요, 줄기요, 모든 총체적인 역사는 모세를 통했으며, 신약의 시대 또한 무엇이었더냐?
6 예언자요, 선지자가 있었으나, 나의 아들 예수를 통하여 그 정통성을 살려 그 모두를 역사한 것이 아니더냐?
7 그러니 지금 내가 나의 아들을 통하여 역사함은 무엇이던가?
8 하늘의 뜻이요, 나 여호와의 성령을 160권의 법전으로 만들어, 이 성령으로 너희들을 구원하고자 세상에 내려보내니,
9 이 지상에 나의 뜻을 전하는 곳은 이 곳이요, 나의 아들을 통하지 아니하고는 모두가 내려가지 아니하며 역사하지 아니한다는 것을 너희들은 알아야 할 것이니라.
10 너희들은 이를 부정하며 그와 같은 것은 있을 수 없다 하나, 오늘의 믿음의 길을 가는 종교 집단이요, 지도자 너희들의 그 뿌리요, 행함을 스스로 돌이켜 보면 너희들이 얼마나 모순되었으며 너희 자신이 얼마나 부끄러운 것인가를 스스로 알 것이니,
11 그리하여 너희들이 지도자라 내놓을 수 있는 자 과연 얼마나 있는가?
12 그렇다면 지금 나의 160권의 법전을 세상에 내려보내 그대로 행하고 따르는 나의 아들과 그 제자들을 누구도 감히 따를 수 없는 것임을 알아야 할 것이니라.
13 그리하여 내가 마지막으로 모두를 태워 나의 백성을 구원하고자 내리는 나의 법전이요, 나의 성령을 너희들이 방해하는 것이 얼마나 무서운 죄를 짓는 것이며 얼마나 욕된 짓을 하고 있는지 알고 있는가?
14 너희 스스로 죽음의 길을 선택하며 너희들이 그 대가를 받는 것이 아니라, 오늘의 종교 집단이요, 지도자 너희들은 방대한 물질과 조직의 힘과 능력을 가지고,
15 내가 나의 백성을 구하기 위해 새로운 생명수를 내려보내 그를 전하여 그들을 구하고자 하는데, 그들에게 내가 생명수를 부을 수 있는 그릇을 깨는 자들이요, 그를 가지고 전하는 자들의 다리를 걸어 그들을 쓰러지게 하며 그들을 일어서지 못하도록 짓이기는 그와 같은 사악한 행위를 하고 있음이니라.
16 그러니 너희들이 생수를 담아 전할 수 있는 그릇을 깨고 또 그들을 넘어트림이니, 그를 먹고 거듭날 수 있는 백성들이 거듭나지 못함을 너희들은 알라.
17 지금 그 생수를 먹고자 거듭나고자 하는 백성들이 어떠한 백성들인 줄 알겠느냐?
18 사막에서 죽기 전에 오아시스를 발견하였음이니, 목숨을 걸고 물 한 모금을 먹고자 하는 그와 같은 자들보다 더 갈구하는 백성들이니라.

19 그와 같이 갈구하는 백성들, 거기에
있는 자들, 먹으려 하는 자들에게 물
한 모금을 주기 싫어 총칼로 그 목숨
을 거둬들이고 유린하는 그와 같은 사
악한 자들보다 더 무섭고 더 험악한
행위를 하고 있는 것이 너희들이라는
것을 알아야 할 것이니라.
20 너희들은 인간 세상의 오아시스에서
죽기 직전에 그를 갈구하며 물 한 컵
을 먹고자 하는 자에게 그를 주어도
관계없거늘, 저희들이 먹기에 부족할
까 봐 미리 그와 같은 백성을 총칼로
사살하며 유린하는 자보다도 더 사악
한 행위를 하는 것이 지금 종교 집단
이요, 지도자들이 하고 있는 짓이니라.
21 그러니 내가 나의 피조물 만백성을 구
하기 위하여 나의 아들을 통하여 내리
는 그 생수를 받을 그릇이요, 그를 떠
가지고 전하는 그 쪽박까지 아예 다
깨 버리니, 너희들은 살인하는 것보다
도 더 사악한 자들이니라.
22 그리고 그를 가지고 가는 자들까지도
무너트리며, 전하는 자까지도 너희들
이 사살함이니, 이것이 오늘의 종교
집단이니라.
23 그러니 그와 같은 자들이 어찌 하늘에
오르며 내 뜻을 따라 역사한다 하느냐?
24 너희들은 사악한 자요, 마귀의 자식들
로 변질되어 있는 자들이 이 세상을
지배하고자 그리하나, 그와 같은 역사
는 이룰 수 없다는 것을 알라.
25 내가 다시 말함이니, 나의 법전을 방
해하는 자, 나의 새로운 성경이 내려
가는 것을 방해하는 자, 그를 가지고
전하는 나의 아들딸들을 넘어트리고
짓뭉개는 자, 너희들이 바로 무엇인
줄 알겠느냐?
26 오아시스에 넘치는 물을 지키기 위하
여, 그것이 떨어질 것이 두려워, 거기
에 와서 먹고 자는 백성들, 갈구하는
백성들의 목숨을 모두 유린하는 것보
다도 더 사악한 자들의 행동을 하고
있는 것이 오늘의 종교 집단의 지도자
너희들이 하고 있는 짓이라는 것을 알
라.
27 또한 죽음의 길로 끌려가면서, 저희들
이 어디로 가는지도 모르면서 광신하
는 그 신도들, 그와 같은 자들이 얼마
나 사악한 자들인가, 그들이 저 자신
을 들여다보고 깨닫도록 너희들은 나
의 법전을 만들어 만백성에게 전하는
데 최선을 다하라.
28 얼마나 그들이 악독한 자들인지 알겠
느냐?
29 그 악독한 죄의 무서운 벌을 저희들이
볼 날이 머지않았으며, 그를 보지 아
니하고 갈 수 없는 것이 그들이라 하
였음이니라.
30 너희들의 그 눈이 시뻘겋게 충혈된 그
몰골을 나 여호와는 고개 돌려 보고
싶지도 아니함이니라.
31 다만, 오늘의 나의 아들이요, 그를 따
르는 제자들이요, 160권의 나의 성령
이요, 새로운 성경이 세상에 나가 새
로운 시대를 여는 그 역사가 있지 아
니한다면, 너희들의 시뻘건 그 눈동자
요, 그 눈빛을 나는 쳐다보지도 아니
할 것이며, 그와 같은 자를 기억하지
도 아니할 것이니라.
32 그러나 나의 아들을 통하여 나의 새로

운 성경이요, 마지막 시대에 너희들을
구원할 수 있는 것을 내려보내며 그
를 가지고 전하는 제자들이 있기에,
너희들을 좀 더 기다려보며 너희들에
게 내가 시간의 여유를 주고 있음을
알라.

8,943 번째 하나님 말씀

2003년 12월 27일 12시 22분

1 사랑하는 나의 아들아!
2 "네, 아버님! 말씀하옵소서."
3 백사장에 깔려 있는 수많은 작은 모래
알만도 못한 너희들의 그 힘이요, 더
욱이 인간의 무리요, 그것을 가지고
너희들이 세상을 덮는 것처럼 착각하
는 그 백성들, 너희들이 얼마나 오만
과 교만에 젖어 있는지 알겠느냐?
4 창조주 나의 참진리가 역사함을 저희
힘으로써 막으려 하는 자, 이 행위를
중단하는 자, 그 죄가 얼마나 가소로
운 짓이며 얼마나 무서운 것인가를 너
희들은 생각해 보았느냐?
5 이 세상을 다 지배하고 덮는 종교 집
단의 그 힘이요, 무리의 힘을 누구도
감당할 수 없다 생각하나,
6 내가 바라보는 너희들은 백사장의 모
래알만도 못한 그 역사를 가지고 너희
들이 나를 능가하며 창조주가 참진리
를 전하는 것을 막는 그와 같은 행위
를 하고 있으며, 할 수 있다 생각하는
자들이 지금 너희들의 집단이니라.
7 지금 썩은 종교 집단이 하고 있는 짓
이 얼마나 무서운 죄며, 나 여호와를
얼마나 욕되게 하며 내 뜻을 거역하는
지 알겠는가?
8 그를 행하지 못하도록 다스리는 자,
그리고 그를 바로잡고자 하는 자를 사
탄이요, 이단이요, 사악한 자요, 악마
라 하며 너희들이 그들의 가슴에 화살
을 꽂는 사악한 행위를 하고 있음이
니, 너희들의 그 죄를 어찌 다 감당하
려 하는가?
9 나 여호와가 직접 나의 아들을 통하여
내리는 새로운 성경에 하늘의 진리를
전하니, 이것을 막는 자, 이것을 거역
하는 자, 이것이 세상에 내려오지 못
하도록 하는 자, 인간 세상에서 가장
큰 죄며 용서받지 못할 죄라는 것을
너희들은 알지 못하는가?
10 이와 같이 나의 법전을 막는 자, 이를
찢어 버리는 자, 나의 아들이요, 그를
따르는 제자들의 가슴에 활을 쏘려
하는 자, 너희들은 어떠한 방법으로도
구원을 받을 수 없으며, 어떠한 형태
로도 나를 볼 수 없으며, 너희들의 죄
에서 영원히 벗어날 수 없으며 그것은
영원히 지속됨이니,
11 너희들은 절대 거기에서 벗어날 수 없
는 가장 무섭고 두려운 죄를 짓고 절
대 용서받을 수 없는 죄의 행위를 지
금 하고 있다는 것을, 모든 종교 집단
이요, 지도자요, 저희들이 감히 나의
고유의 권한인 하늘의 문에 들어섰다
착각하는 어리석은 그 광신도들 그들
에게 전해 주라.
12 그들이 하고 있는 짓이 절대 나로부터
용서받지 못하는 행위요, 절대 벗어날
수 없는 범죄 행위를 하는 것이며, 가
장 무섭고 두려운 짓을 하고 있다 그

들에게 전해 주라.

8,944 번째 하나님 말씀

2003년 12월 27일 12시 28분

1 사랑하는 나의 아들아!
2 "네, 아버님! 말씀하옵소서."
3 너의 사랑하는 제자들이 실수를 하며 잘못 가는 것, 그 모두가 다 돌이켜 보면 잘 가고자 잘 역사하고자 하는 애틋한 마음이니라.
4 그를 모르는 나 여호와가 아니니라.
5 그러나 그들이 실수를 하고 또 잘못하면서 다져 가며 나에게 옴이니, 그를 풀어 주면 그들이 무너질까 봐 내가 그리함이니라.
6 달리는 모든 기계의 너트도 조금 느슨해졌을 때 조이지 아니하면 풀어짐이니, 그것은 부러지고 거기서 떨어져 나감이니, 큰 역사가 잘못되어 재앙으로 돌변하는 것이 아니더냐?
7 그러니 잘 가고 있는 그 제자요, 나의 아들딸들을 내가 나의 아들을 통하여 혼내며 또 다스리며 매질을 함이니 그를 너희들은 알아야 할 것이니라.
8 내가 너희들을 사랑함이니, 이제 모든 마음을 비우라 해도 비우지 못하며, 시기하고 미워하는 마음, 그 모두를 비우지 못하니,
9 비울 수 있는 길을 내가 너희들에게 가르쳐 줌이니, 그리 명심하여 전하도록 하라, 사랑하는 나의 아들아!
10 너의 제자들은 누가 뭐라 말하며 그를 묻거든, '나는 아무것도 모릅니다.' 그리 대답하라 전하라.
11 그것으로써 너희들은 모두를 다 이기는 것이며 모두를 다 알고 있는 것이니라.
12 너희들이 오늘에 변하고자 노력하는 것, 어렵고 힘든 거기에서 바로 가고자 하는 너희들의 고통스러움을 나 여호와가 어찌 모르겠느냐?
13 그러나 너희들은 그 길을 넘어야 하며, 거기서 더 다스리고 더 매질을 하고 가야만 너희들이 완벽하게 섬이니라.
14 이제 너희들의 마음을 다스리는 하늘의 비밀을 가르쳐 주며 그 뜻을 내가 상으로 내림이니,
15 너희들은 어떠한 사람이 무어라 말해도, 형제지간이요, 제자요, 같은 동료지간에도 그저 '나는 모른다.' 말하라.
16 아는 체하지 말며, 이웃에 너희들이 말하는 이방인이요, 그리고 믿음의 길을 가는 백성이요, 또 지도자들이요, 그들이 와서 너희들에게 시시비비하거든, 너희들은 '나는 아무것도 모릅니다.' 그리 대답하라.
17 그와 같이 대답을 하고 살다 보면 세상에 아는 것도 없으며 말할 자격도 없으니, 볼 것도 없고 미워할 사람도 없고 시기할 사람도 없음이니라.
18 그러나 그것이 너희들이 많이 알고 있는 것이요, 이기는 길이라는 것을 명심하라.
19 다시 한 번 너희들에게 전함이니라.
20 '나는 나의 선생에게 배웠으며, 하나님이 내리는 이 법전의 책을 읽고 그저 스스로 가나, 나는 아무것도 모릅니다.' 그리 말하라.

21 그것이 나의 법전이요, 내 뜻대로 너
희들이 살아가는 백성이요, 그리고 너
희들이 이기는 자요, 승자이니라.
22 너희들이 어렵고 힘든 그 고비고비를
넘기는 그 마음을 다스리는 길을 가르
쳐 줌이니 그리 전하라.
23 다시 한 번 반복시키도록 그리하라.
24 '나는 아무것도 모르며 그저 선생이
전해 주는 것, 하나님께서 내린 말씀
을 읽고 나 혼자 가고자 노력하는 것
이지 아무것도 모릅니다.' 그리하는
것이 세상 이치를 다 아는 것이며, 너
희들이 승자요, 이기는 백성이라는 것
을 내가 너희들에게 가르침이니, 명심
하고 또 명심하여 행하도록 하라.
25 그러면 너희들의 마음이 편안하며, 남
과 시시비비할 것 없으며, 남을 불평
할 것 없으며, 아무것도 없느니라.
26 다 너희보다 서로 자신이 더 잘 알고
있거늘, 거기에 대해서 너희들이 무어
라 얘기하느냐?
27 아무리 관상가요, 점쟁이요, 귀신이
곡하는 자라 해도, 남들이 가지고 있
는 그 마음에 있는 것, 그 손에 쥐고
있는 것을 본인보다 어찌 더 잘 알겠
느냐?
28 절대 알 수 없음이니, 너희들은 그와
같은 겸손한 마음으로 다스려 나가라.
29 다시 한 번 전하니, '나는 아무것도 모
릅니다.' 그저 이것이 이기는 길이니
라.

8,945 번째 하나님 말씀

2003년 12월 28일 07시 33분

1 사랑하는 나의 아들아!
2 "네, 아버님! 말씀하옵소서."
3 모든 백성 너희들이 나로부터 생명을
받아 세상에 나감이니, 너희 자신이
귀하고 소중하며, 너희 자신을 알라
하였음이니라.
4 그리고 모든 백성이 더불어 살아가는
그 자체 또한 귀하고 소중한 것이라
하였음이니라.
5 그러니 나의 아들 너는 무엇을 생각해
야 하는가?
6 내가 너를 거듭나게 한 그 은혜요, 그
것을 생각하기 전에, 네가 이 수십억
인구 중에 수천 년의 역사가 흘러오는
동안에 네가 나의 아들이요, 나의 성
령을 받아 대명을 역사하는 너이니,
네가 얼마나 귀하고 중한 자인가를 너
는 과연 생각해 보았느냐?
7 네가 그를 생각하지 아니하니, 내가
너에게 이를 일깨워 주고자 함이니라.
8 너 자신을 높다 생각하며 너를 귀중하
다 생각하면, 많은 사람들이 너를 위
주로 하여 무엇이라 한다 하겠지만,
9 네가 정녕 그를 깨닫지 못함이니 나
여호와가 너에게 그를 깨닫게 하는 이
와 같은 시간을 가져서야 되겠느냐?
10 너는 만백성을 구하는, 나로부터 선택
된 나의 아들이니, 이 대명이 얼마나
귀하고 소중한가를 안다면 너는 어찌
행동하며 어찌 처신해야 하는지 알고
모두 다 다스려 나갈 수 있는 것이거
늘,

11 내가 인간의 생명을 받아 세상에 나가
는 것을 소중히 여기라 하였거늘, 네
가 어찌하여 나로부터 명을 받아 160
권의 나의 성령이요, 새로운 성경이
요, 새로운 법전을 만들어 역사하는
너 자신의 귀하고 소중한 것을 모르
는가?
12 그리하여 네가 흔들림을 너는 알아야
할 것이니라.
13 이제 너 자신이 그리해서는 아니 될
것이니라.
14 또한, 너의 제자들도 그 많은 백성 중
에 내가 초청하여 내가 불러 쓴 백성
이니, 그들 자신도 귀하고 소중한 것
을 알아야 할 것이니라.
15 사랑하는 나의 아들아!
16 "네, 아버님! 말씀하옵소서."
17 네가 모두를 잘 가고 있음이니라.
18 그러나 너와 너의 제자들이 이제는 지
키고 다스릴 또 하나의 과제를 내릴
것이니,
19 절대 남에게 희망을 주는 말, 그리고
남에게 기대하게 하는 말, 그와 같은
언약을 하지 말도록 그리 전하며, 너
또한 이를 철저히 지키라.
20 너희들이 그와 같은 것을 언약하고 약
속하고 그를 지키지 못했을 때 오는
파장이요, 거기에서 오는 것을 어찌
감당하겠느냐?
21 너는 네 뜻대로 함이 아니요, 네가 아
무리 하고자 한다 해도 나 여호와가
하지 못하도록 하며, 그것이 길이 아
니요, 정도가 아니요, 내 뜻이 아니면
행할 수 없는 것이 너이니, 너는 더욱
이 언약을 해서는 아니 되는 것이니라.
22 어떠한 것도 상대방에게 기대와 희망
을 줄 수 있는 그와 같은 언약을 해서
는 아니 되며, 네가 지킬 수 없는 것을
약속해서는 아니 됨이니라.
23 그러니 너는 어떠한 것이든 네가 약속
을 한 것은 꼭 지키고 행해야 할 것이
며, 그렇지 아니하려거든 그와 같은
약속을 하지 말라.
24 그를 믿고 기대했던 그 백성이 등을
돌리며 하는 말이 무엇인 줄 알겠느냐?
25 '변하긴 무엇이 변했는가! 역시 그도
그렇지.' 하며 비웃을 것이니라.
26 그러니 그와 같은 역사가 있어서는 아
니 됨이니라, 나의 사랑하는 아들아!
27 그러니 네가 그와 같은 행동을 하고
그와 같은 기대를 주고 희망을 줄 수
있는 것이 무엇인 줄 알겠느냐?
28 네가 나의 아들로서 만백성을 구하는
대명을 받았으며, 너는 네 뜻대로 행
할 수가 없으며 모두 나 여호와의 뜻
대로 행한다는 그 자체를 네가 망각하
고 살고 있기 때문이니라.
29 그리고 네가 나의 아들로서 그 모든
역사를 하는 것이 얼마나 귀하고 소중
한 것인가를 너 자신이 모르고, 너 자
신의 귀함을 모르고 있기 때문에 네가
그러한 실수를 할 수 있으며 그를 범
할 수 있는 것이니라.
30 그러니 너는 절대 어떠한 일이든지 누
구에게 희망과 기대를 갖게 하는 언
약을 함부로 하지 말며, 너의 제자들
또한 그러하니라.
31 그 모두는 내가 주관하는 것이요, 너
희들이 역사하는 것이 아니기 때문이
니, 너희들은 지키지 못할 수도 있음

이니라.
32 그러나 지금까지 언약하고 약속한 것
은 철저히 네가 그 매듭을 짓고 그를
행하도록 하라.
33 그다음부터 너는 어떠한 언약이요, 약
속을 하지 말라.
34 그것은 네 뜻대로 하는 것이 아니요,
나 여호와의 뜻이니, 네가 묵상과 기
도를 받아 내가 명한 것 외에 하는 것
은 절대 아니 됨이니라.
35 그리함으로 네가 무너지며, 네가 실없
는 사람이 되어 나의 법전이 세상에
나가 빛을 볼 수 없는 것이니, 이를 명
심하고 반드시 명심해서 행하라.
36 네가 미리 약속하지 말며, 네가 희망
을 주지 말며, 기대를 할 수 있는 말을
하지 말라.
37 너는 그래서는 아니 되니, 그 사람이
돌아서는 마음이요, 슬픔이 얼마나 크
겠느냐?
38 더욱이 너는 나의 아들로서 160권의
법전을 세상에 내니, 네 말은 천금과
같으며, 그보다 더 귀하고 소중한 것
이 네 말 한마디라 하여 모든 백성들
은 그리 듣고 그리 볼 것이니라.
39 그러니 네가 그와 같은 실언을 하며,
네가 희망을 주고 나서 그 약속을 행
하지 못한다면, 나 여호와가 그 모두
를 수습해야 하며 그 모두를 맞춤이
니,
40 모든 종교 집단이요, 지도자들이 저희
들 마음대로 저희들 생각대로 기도하
는 것, 내가 저희들의 뜻대로 움직이
는 것 같은 그와 같은 행위를 하는 것
과 무엇이 다르더냐?
41 그들이 하는 것은 나와 관계없으니 내
가 돌아다볼 것이 없으나, 나의 아들
네가 언약하고 약속한 것은 내가 그를
다 고쳐야 하지 않느냐?
42 그러니 저희 생각대로 기도하는 자들
을 무엇이라 말하였느냐?
43 나 여호와의 계획을 바꾸며 내 뜻을
바꾸며 내가 역사하고자 하는 것을 수
정하고 궤도를 바꿔 가도록 그들이 나
에게 명하는 것이나 똑같다 하였음이
니,
44 그러니 나의 사랑하는 아들 네가 네
뜻대로 언약하고 약속을 한다면, 나
여호와는 나의 아들 네가 나의 법전을
역사하니, 내가 그를 지키고 그리 행
하도록 해 줘야 함이니, 그러니 그것
이 무엇이더냐?
45 나 여호와의 계획을 수정하고 바꾸도
록 명하는 종교 집단 지도자보다 네가
더 잘못된 자이니라.
46 내가 네 뜻을 따라 주어 그를 역사하
도록 하며 나 여호와의 계획을 바꾸지
아니하면 나의 법전이 세상에 나가지
못하며 모두 너를 따르지 아니할 것이
니, 이를 어찌한단 말이더냐?
47 그러니 너는 나로부터 선택된 아들이
요, 네가 얼마나 중한 자인가를 알아,
입을 봉하고 입을 다물고 살도록 하라.
48 그렇지 아니하면 아니 될 것이니라.
49 이 세상의 모든 백성이 내 음성을 듣
지 못했듯이, 세상을 창조했으며 그
모두를 만든 창조주 나 여호와가 말을
그리 아끼며 내가 음성을 아끼는 것처
럼, 너는 그보다 인간이기 때문에 더
아끼고 더 소중히 가야 함을 알겠느

냐, 사랑하는 나의 아들아!
50 "네 아버님! 알겠사옵나이다.
51 저는 정녕 아무것도 모르며 저 자신이
소중한 것도 모르며, 아직까지도 제
인간의 생각으로써 언약하며 제 생각
으로써 약속하며 제 생각으로써 희망
을 준 것이 많사옵나이다.
52 그 모두는 당연히 아버님의 뜻이며 아
버님이 역사하시는 것이라는 그 생각
에서 그것밖에는 모르고 그것밖에는
더 이상 생각을 하지 아니하였사옵나
이다.
53 아버님께서 세상을 창조하시며 모두
를 역사하신 아버님의 음성이요, 말씀
을 아끼듯이, 저 또한 입을 봉하고 행
하며, 제가 말한 것은 다 이루도록 하
겠사옵나이다.
54 어떠한 방법이든 제가 지금서부터는
말하지 아니할 것이며, 희망을 주지
아니할 것이며, 기대를 주지 아니할
것이며,
55 그들이 실망하여 눈물 흘리고 좌절하
여 돌아서는 것, 그리고 그들이 조소
하며 돌아서는 것, 그리고 '역시 너는
그와 같은 자라' 하여 비웃으면서 돌
아서는 것, 그 웃음 속에 그들이 얼마
나 가슴이 아프며 희망이 무너짐이 있
는가 하여, 저는 천금보다도 더 무겁
게 입을 다물고 살아가겠사옵나이다."
56 너는 할 수 있으며, 너는 갈 수 있느니
라.
57 내가 너를 잘 알고 있음이니, 그리하
여 내가 나의 법전에 기록하여, 남들
이 너만 사랑하며 너만 칭찬한다 하더
라도, 내가 너를 깨우치기 위하여 이
글을 적음이니,
58 네가 나의 이와 같은 수고를 덜어 줌
이 나의 아들로서 가야 할 길이니라.
59 내가 너를 사랑함이니라.

8,946 번째 하나님 말씀

2003년 12월 28일 07시 37분

1 사랑하는 나의 아들아!
2 "네, 아버님! 말씀하옵소서."
3 나의 아들딸 너희들의 그 본체가 무엇
인지 알겠느냐?
4 너희들은 살아가면서 선과 악이 항상
네 몸 안에서 싸우며 네 생각이요, 네
정신에서 싸우는 것이니라.
5 그러니 너희 몸에서 악과 선이 싸우는
것이 인간, 나의 사랑하는 아들딸 너
희들의 본체이니, 그 속에서 어떠한
것을 선택해야 하느냐 하는 것을 너희
들이 항상 결정짓지 아니하면 아니 되
는 것이 너희들의 운명이니라.
6 나의 백성 너희들의 악과 선의 싸움이
쉬지 아니하고 네 몸에서 모두가 이루
어짐이니,
7 그리 계속되면서 너희들이 싸워서 어
떠한 것이 이기며 어떠한 것을 선택해
야 하는가를 생각해야 할 것이니라.
8 그러나 그는 모두가 간단함이니라.
9 사랑하는 나의 아들아, 너희들의 손바
닥 위에서 두 마리의 벌레가 싸움을
한다면, 너희들이 선택하여 이기고 질
자에게 힘을 주고 안 주는 것은 얼마
나 간단하더냐?
10 그러하니라, 악과 선이 싸우는 것이
어디에서 싸우느냐?

11 너희 지신이요, 네 마음이요, 네 몸체
위에 그 터전에서 그들이 싸우고 있지
아니하더냐?
12 너 자신을 다스리는 인간 너희들의 그
터전 위에서, 네 가슴 위에서 악과 선
이 싸움을 하고 있으니,
13 아무리 악과 선이 싸움을 치열하게 한
다 해도 터전이요, 그 땅덩어리인 네
가 그들을 이기고 다스릴 힘이 없겠는
가?
14 너희 스스로 어떤 자를 선택해서 이
기고 지게 하는 것, 그리고 싸워서 승
자가 되게 하는 것은 간단한 것이니라.
15 너희들의 몸이요, 네 터전 위에서 싸
움이니, 네 손바닥 위에서 두 마리의
벌레가 싸움을 함이니, 너희들이 이기
고 지게 하는 것은 간단한 것이 아니
더냐?
16 너희의 터전 위에서 싸우는 자 중에
선택하여 이기고 지게 할 수 있는 그
능력이 천배 만배 더 있거늘, 어찌하
여 그와 같은 것을 발휘하지 못하며
다스리지 못하고 써먹지 못하느냐?
17 이제 너의 제자들에게 그리 전하라.
18 너희들의 가슴의 터전에서 악과 선이
싸움이니, 너희들이 그저 하나를 뽑아
던지고 안 던지는 것은 간단한 것이니,
19 그와 같은 이치를 안다면 너희들을 다
스릴 수 있는 것을, 어찌하여 게을리
하여 다스리지 아니하며 노력하지 아
니하느냐?
20 그러니 이와 같은 이치를 깨닫고, 오
늘부터 선과 악이 네 몸에서 싸움이
니, 네 몸에서 뽑아내는 것은 네 마음
에 달렸음이니,
21 그저 뽑아내면 승자와 패자를 선택할
수 있는 것이 너희들이라 그리 전하라.
22 그와 같이 행동하도록 그리해야 할 것
이니라.

8,947 번째 하나님 말씀

2003년 12월 28일 07시 43분

1 사랑하는 나의 아들아!
2 "네, 아버님! 말씀하옵소서."
3 자신이 정답과 오답을 확실히 알지 못
하는 자가 아는 척을 한다면 과연 누
가 따르며 누가 그 말을 믿겠느냐?
4 그러니 확실히 알지도 못하는 자가 확
실하다며 호언장담하는 것이 얼마나
어리석고 미련한 것인지 알겠느냐?
5 그러니 지금의 모든 나의 백성들이 어
떠한 길을 가더냐?
6 나 여호와에 대하여 너희들은 아무것
도 모르며, 하늘의 뜻이 무엇인지도
알지 못하며,
7 또한 너희들은 나의 음성을 들은 자
있는가, 그리고 나를 본 자가 있는가,
나를 만져 본 자가 있는가?
8 종교 집단의 지도자 그들에게 한 번
물어보라.
9 그리고 또한 내가 너희들에게 어떠한
마음을 전했으며, 내가 너희들에게 명
한 것이 있는가?
10 나로부터 아무것도 받지 못하며 보지
도 못한 자들이 나의 사랑하는 모든
백성을 구원을 받는 길로 인도한다,
구원을 받았다 하며,
11 더욱이 그와 같은 말을 듣고 제가 구
원을 받았다 생각하여 하늘에 오를 수

있다고 생각하는 백성이 얼마나 어리
석고 불쌍한 백성이요, 잘못된 백성이
더냐?
12 확실한 것은 아무것도 없으며 확실한
것은 아무것도 알지 못하면서, 저희들
이 모두를 다 아는 것처럼, 결정권을
가진 자처럼 그와 같이 말하는 종교
집단 지도자와 그 말을 듣고 지금 거
듭나는 운명의 그 모두를 맡기고 따라
가는 신도 그들이 어떠한 자들인지 알
라 전하라.
13 그러나 지금 나의 아들을 따르는 제자
들이요, 나의 법전을 읽고 깨우친 백
성 너희들은 내가 나의 성령을 글로써
책으로써 만들어 세상에 내려보냄이
니, 너희들은 이를 가지고 공부함이
니, 너희가 죽어 내 앞에 왔을 때 그
답을 알게 될 것이니라.
14 그러니 곧 만져 보지도 못하고 듣지도
못하는 자들이, 그리고 나의 성령이
요, 나의 역사하는 것이 무엇인지도
모르는 그들이 구원을 받았으며 하늘
에 올라올 수 있는 자격을 받았다는
그와 같은 말을 두 번 다시 하지 말라
전하라.
15 알지도 못하는 자가 아는 체하는 것
처럼 불행한 백성은 없음이니라.
16 그러니 나의 아들을 따르는 제자 너희
들이 그와 같은 집단이요, 그 속에서
나와, 내가 성령으로 나의 아들을 통
하여 책으로 글로 만들어 근거로 역사
하는 것을 보고 깨우쳐 공부하며, 하
늘의 뜻을 알며 스스로 깨우쳐 오답과
정답을 알 수 있는 그 길에 들어선 너
희들,
17 내가 불러 선택한 백성 너희들이 얼마
나 영광이고 은혜인지 안다면,
18 너희들은 나의 아들에게 말했듯이, 나
의 아들의 말 한마디가 황금보다도 더
소중하니 그 입을 함부로 열지 말라
했듯이,
19 너희들도 그와 같이 침묵을 지키며 그
리 살아가야 한다는 것을 잊지 말도
록 그리 전하라.

8,948 번째 하나님 말씀

2003년 12월 28일 07시 50분

1 사랑하는 나의 아들아!
2 "네, 아버님! 말씀하옵소서."
3 나 여호와는 나의 아들딸 너희들을 사
랑하며, 그보다 더 귀하고 소중한 자
가 없느니라.
4 그러나 나 여호와는 너희들에게 구원
의 영광이요, 그 결실의 열매를 준 것
이 아니니라.
5 너희들이 그 길을 올 수 있도록 가르
쳐 주며 일깨워 주는 것이 나 여호와
요, 그게 내 모든 역사이니라.
6 모세를 통하여 역사했던 구약의 시대
에도 너희들에게 영광을 준 것이 아니
요, 너희들이 나에게 올 수 있고 결실
을 거둘 수 있는 그 길을 가르쳐 준 것
이며,
7 신약의 시대에 나의 아들 예수의 그
죽음의 고통까지도 내가 눈을 감고 보
지 아니하면서 이루었던 것이 무엇인
줄 알겠느냐?
8 열매가 열도록 하는 그와 같은 결실을
너희들에게 준 것이 아니라 너희들이

그 결실을 맺도록 그 길을 가르쳐 준
것이니라.
9 나의 법전 또한 무엇인 줄 알겠느냐?
10 구원의 그 열매를 내가 너희들에게 맺
도록 하는 것이 아니라, 너희들이 그
길을 올 수 있도록 안내해 주는 것이
나 여호와의 뜻이니라.
11 너희들이 먹을 수 있는 그 결실의 열
매는 너희 스스로 가꾸고 이루어야
한다는 것을 알아야 할 것이니라.
12 모두는 너희들에게 준 것이며, 너희
스스로 해결해야 할 것이요,
13 익은 열매를 너희들에게 주는 그와 같
은 나 여호와가 아님을 너의 제자들은
알아야 할 것이며, 나의 법전을 읽은
백성 너희들은 알라.
14 이것을 너희들이 깨닫지 못하며 이를
헤아리지 못함이니, 너희들은 그저 익
은 열매만 나에게 받아먹으려 하며,
나 여호와가 익은 결실의 열매를 주는
것처럼 그리 지금 믿음의 길을 가고
있으며, 그 신앙생활을 하고 있으니,
이것이 어리석은 결과이니라.
15 너희들은 알아야 할 것이니라, 나 여
호와는 성서요, 지금 제3의 시대에 나
의 법전이요, '하늘에 오르는 길'인 이
책을 나의 아들을 통하여 만들어 내려
보내는 것도 너희들이 씨앗을 가꾸기
위하여 터전을 닦는 그와 같은 일면이
요,
16 그 터전을 닦은 다음에 너희들이 씨앗
을 뿌리고 땀흘려 잘 가꾸어 열매를
거두고 그 열매가 너희들의 식량이
될 수 있도록 너희 스스로 모두를 이
루도록 하는 것이 나 여호와의 뜻임을
알라.
17 신약도 또한 그러하니라.
18 그러나 모든 신앙이요, 믿음의 길을
가는 백성들은 그와 같이 가꾸고 결실
을 거두는 노력은 할 필요가 없으며
그것은 필요가 없다고 하며, 창조주
나 여호와가 그저 주는 열매를 너희들
이 받아먹기만 하면 된다 그리 말함이
니,
19 그렇다면 나의 나라에 오고 안 오고
하는 백성을 어찌 선별하여 내가 이루
겠느냐?
20 사랑하는 나의 아들아, 너희들은 말하
느니라, 이 세상에 죄 있는 자는 다 쓸
어 버리며 선한 자를 내가 선택하면
된다 너희들이 그리 말하나, 그와 같
이 말하는 자도 죄 있는 자요, 세상에
죄 없는 자가 없음이니 어찌하겠느냐?
21 그러니 바로 이와 같은 결실이요, 심
판을 하기 위해서 너희들에게 내가 이
와 같은 과정을 명하여 나에게 오르도
록 한 것이니라.
22 너희들 말대로 그저 버릴 자 버리고
구원할 자 구원하는 결실을 주면 된다
하나, 내가 악한 것과 선한 것을 구분
할 수 없는 것이 바로 지금 너희들이
니,
23 그와 같이 내가 결실로써 너희들에게
모든 열매를 주어 천국의 문을 열어
놓고, 오는 자 누구든지 받아들인다
면, 거기에 들어올 자격이 있는 자와
없는 자를 구분하지 못함이니, 악한
자와 선한 자를 구분할 필요가 없으며
노력할 필요가 없지 않더냐?
24 바로 나에게 오를 수 있는 자와 오르

지 못할 자를 구분하기 위하여, 너희
들에게 터전을 닦으며 씨앗을 뿌려 피
땀 흘려 노력하여 가꾸고 거두며,
25 그리하여 너희들이 열매를 거둘 수 있
는 그 과정을 바르고 곧게 오는 자는
나에게 오를 수 있으며 구원을 받을
것이요, 그렇지 못한 자는 구원을 받
을 수 없는 것이니,
26 그리하여 내가 너희들에게 터전을 주
었으며 씨앗을 주었으며 뿌리고 가꾸
고 역사하는 모든 준비 과정을 다 너
희에게 길을 안내해 주고 가르쳐 주었
음이니라.
27 그러니 그를 역사하고 역사하지 아니
하는 것은 너희들의 선택에 달렸음이
니라.
28 이제 사랑하는 나의 아들을 따르는 제
자 너희들은 그 의미를 깊이 깨우치
며, 이것이 하늘의 뜻이요, 나 여호와
의 뜻이라는 것을 알라.
29 원인이 없이 그 결과만 바라고, 너희
들이 어떻게 살아가든 인간 세상에서
사는 것은 너희들이 열매를 거둬들이
고 안 거둬들이는 것은 관계없다 하
며, 너희들이 농사를 지은 것은 무조
건 완전히 내가 거둬들일 수 있는 열
매라 생각하나,
30 너희들이 피땀 흘린 노력 없이 가꾸
지 아니하면 그 열매가 익을 수가 없
으며, 나 여호와는 그를 거둬들이지
아니함이니,
31 이 엄연한 사실이 하늘의 뜻인지 아닌
지는 스스로 깨달아 너희들이 선택하
도록 그리하며,
32 너희들이 깨달아 이것이 정녕 하늘에
오르는 길이요, 나 여호와의 뜻이요,
하늘의 법도라 생각한다면, 너희들은
그대로 행하고 지키면서 또한 만백성
을 깨우치고 전하는 데 소홀히 해서는
아니 될 것이니 그리 알라, 사랑하는
나의 아들딸들아!
33 너희들이 가야 할 길이고 너희들이 이
루어야 길이니라.

8,949 번째 하나님 말씀

2003년 12월 28일 07시 56분

1 사랑하는 나의 아들아!
2 "네, 아버님! 말씀하옵소서."
3 너를 따르는 제자들이요, 그리고 나의
법전을 읽고 깨우친 백성 너희들은 들
으라.
4 너희들이 나의 새로운 성경을 읽기만
해서는 아니 되는 것이니라.
5 나의 새로운 성경의 뜻을 너희들이 알
지 못한다면 무엇에 쓰겠는가, 아무런
의미가 없음이니라.
6 읽는 것으로써 모두가 얻어지며 이루
어진다 생각하지 말라.
7 너희들은 아무것도 역사할 수 없음이
니라.
8 그러니 나의 새로운 성경을 접한 백성
너희들은 이를 읽고 또 읽으면서, 그
속에 나 여호와가 무엇을 역사하고자
하며 내가 무엇을 이루고자 하는가를
너희들이 노력해서 깨닫고 깨달았을
때, 내가 나의 아들을 통하여 내린 그
뜻이 무엇인지 그를 알게 됨이니,
9 내 마음을 너희들이 알아야 할 것이
며, 이를 받아 전하는 나의 아들이 어

떠한 것을 너희들에게 전하고 깨우치고자 하는지 알아야만 나의 새로운 성경의 그 의미를 알 수 있으며 그 뜻을 알 수 있는 것이지,

10 너희들이 그저 글로써 읽어 내려가면 아무것도 얻어지는 것이 없음이니라.

11 너희들이 글로써 그냥 읽고 넘어간다면 결국 무엇이더냐?

12 그리된다면 신약의 시대와 똑같은 결과만 너희들이 역사함이니라.

13 지금의 신약시대가 왜 이와 같이 험악한 세상이 된 줄 알겠느냐?

14 나 여호와의 뜻을 모르며, 그저 글로써 읽어 가는 그와 같은 것으로써 흘러왔기 때문에, 내려보낸 이의 뜻을 알지 못하기 때문이니라.

15 성경의 가르침의 그 글만 읽을 줄 알았지, 나 여호와가 나의 아들 예수를 통하여 역사하고자 했던 내 뜻을 전혀 알지 못함이니라.

16 그래서 오늘과 같은 결과가 되었음이니라.

17 그러니 너희가 알려고 하지 아니하기 때문에, 지금까지 신약에 기록되어 있는, 성서에 기록되어 있는 것을 아무것도 알지 못하며 그를 모르는 것이니라.

18 그러니 글로써 해결하는 것이며 읽는 것으로써 해결함이니, 나 여호와의 뜻을 전혀 모르고 있음이니라.

19 이제 나의 아들을 따르는 제자들이요, 나의 법전을 읽고 깨우쳐 나로부터 선택된 백성 너희들은 그와 같이 글로써 나의 법전을 읽는 것으로써 끝내서는 아니 됨이니라.

20 너희들은 나 여호와를 알아야 할 것이며, 내 뜻을 알아야 할 것이며, 내 마음을 알고자 파고들고 연구하고 노력할 때, 너희들이 내 뜻에 따라 행하는 그와 같은 기적의 변화를 이룰 것이니라.

21 그러니 너희들은 노력하고 또 노력함을 주저해서는 아니 될 것이니라.

22 그러니 너희들은 천사와 같은 마음으로써 나의 법전을 읽고 천사와 같은 마음으로써 들여다보며 너희들이 그리되겠다는 생각을 했을 때, 거기서 깨닫지 못한 기적의 역사를 이룬다는 것을 절대 잊지 말라.

23 글로써 그저 천번 만번 읽어도 아니 됨이니, 너희들이 나의 법전을 읽고 깨우치는 데 그 마음의 자세가 중요함이니라.

24 그렇지 아니하면 지금의 신약시대요, 너희들이 종말이요, 말세라는, 2천 년 동안 흘러오면서 이와 같이 된 세상, 인간을 두려워하며 인간을 무서워하는 이와 같은 세상으로 또다시 그 위에서 벗어나지 못하는 결과요, 재판이 된다는 것을 잊지 말도록 하라, 사랑하는 나의 아들딸들아!

8,950 번째 하나님 말씀

2003년 12월 28일 08시 05분

1 사랑하는 나의 아들아!

2 "네, 아버님! 말씀하옵소서."

3 너의 제자들에게 깨우쳐 주며 그들에게 전하여 그들의 눈을 뜨게 해야 할 것이니라.

4 나의 법전이 처음에 세상에 나오며 나
의 성령이 내려옴이니, 이를 처음에
읽고 깨달은 여인이 있음이니라.
5 그 여인은 너의 새벽 기도의 그 음성
을 듣기 위하여 '서울'에서 너희들이
말하는 '천안'이라는 그 멀고도 먼 길
을 새벽에 달려오기를 수없이 했음이
니라.
6 그리고 너희들이 말하는 365일이요,
그 365일의 해가 세 번을 거듭할 때까
지 그는 눈보라 비바람이 쳐도 새벽
기도를 단 한 번도 거른 적이 없으며,
그는 그것을 듣기 위하여 그의 목숨을
다 바쳤느니라.
7 그리하여 그는 손발이 저리도록 열여
섯 권의 법전을 세상에 내었음이니,
그가 대문을 열어 준 것이니라.
8 그리하여 그가 대문을 열어 주어 그
잔칫상에 온 자들이 그의 마음을 아프
게 하며 그를 제재하고 다스리며 비방
함이니, 이것이 인간 세상의 너희들의
도리이더냐?
9 과연 지금 나의 아들을 따르는 제자들
이요, 나의 법전을 읽고 역사하는 자,
너희들이 새벽 기도를 듣기 위하여
'서울'에서 '천안'까지 새벽바람에 달
려올 수 있으며, 비바람이 몰아쳐도
아무리 춥다 해도 멀고도 먼 길을 365
일이라는 그것을 세 번을 거듭할 때까
지 새벽 기도 한 번 거르지 않고 찾아
올 수 있겠는가?
10 그리하여 그가 열여섯 권이라는 법전
을 세상에 만들어 문을 열었음이니,
그가 문을 열어 주고 길을 닦았기 때
문에 너희들이 그 문을 따라 잔칫상에
온 자들이니라.
11 그가 인간 세상의 삶이 잘못되어서,
그가 살아가는 것이 너희에게 눈엣가
시라 하여 그를 비방하고 욕할 수 있
는가?
12 너희들은 그를 업고 다녀도 그 은혜에
보답할 수 없으며, 너희들의 머리카락
으로써 신발을 만들어 준다 해도 그에
게 보답할 수 없거늘,
13 어찌하여 너희들이 그의 마음을 울려
오늘 아침 새벽 기도, 이 장소에 그가
오지 못하며, 그가 오는 것을 시시비
비하는가?
14 그 마음을 울리고도 너희들이 사랑을
베푸는 자요, 하늘의 뜻을 안다고 말
하는가?
15 그와 같이 너희들은 어리석은 백성이
요, 그와 같이 사악한 자들이니라.
16 너희들이 다 떠난다 해도 나는 그 하
나를 버리지 아니할 것이며,
17 대문을 열어 주어 너희들을 손님으로
서 초청하도록 굳고 굳은 그 문을 열
어 준 그에게,
18 인간 세상에서 그가 헛발을 디딘다 하
여, 그가 쓰러진다 하여, 그가 넘어진
다 하여, 그가 또 미쳐 정신을 잃는다
하여 너희들이 그를 버리고 비방한다
면,
19 너희들은 기초의 마음도 되지 아니하
였으며, 인간 본성의 마음도 되지 아
니하였음이니라.
20 나 여호와는 너희들이 오늘의 새벽 기
도를 듣지 아니하여도, 그가 와서 듣
고 그 자리를 지키기를 더 원함이니,
그를 비방하며 시기하는 그와 같은 사

악한 마음을 버리라.
21 그가 대문을 열어 너희들이 하늘의 뜻
을 알게 되었으며, 반석 위에 길을 열
게 했으며, 열여섯 권의 법전이라는
것을 세상에 나오게 하였으니, 그가
어떠한 역사를 이루었는가?
22 내가 그에게 역사했으며 그에게 능력
을 주어 이를 만들었으니, 그가 비틀
거린들 어떠하며 그가 헛발을 디뎌 넘
어지면 어떠한가?
23 그를 받쳐 주고 너희들이 잡아 주어
같이 가고자 하는 생각을 해야 하거
늘, 그 은혜를 모름이니, 부모의 은혜
를 모르는 자와 마찬가지이니라.
24 성서를 만들며 나의 법전을 만든 그
공로로써 그는 어떠한 것을 너희들에
게 실수한다 해도 용서받지 못할 자가
아니며, 너희들이 그를 보살피지 아니
할 자가 아님이니라.
25 너희들이 과연 어떠한 마음으로 나의
아들을 통하여 내리는 새벽 기도를 들
었으며, 너희들이 얼마나 길고 긴 인
내로써 나의 법전의 내용을 들었으며
연구를 했는가?
26 이를 너의 제자들에게 깨우쳐 주어,
그들의 마음의 자세를 다시 잡지 아니
하며 그에게 감사하며 고마운 마음을
모르면 아니 될 것이니라.
27 너희들이 아무리 남의 집의 대문을 두
드려도 청지기가 문을 열어 주지 아니
하면 주인을 만날 수 없으며, 그 문이
열리지 아니하면 들어올 수 없는 것이
니,
28 그는 청지기로서 너희들이 들어올 수
있는 그 문을 열어 주었으며, 잘못된
자, 잘못 살아가는 자, 주인이 만나고
자 하지 아니하는 자들을 그래도 그
주인을 만나 소원을 이룰 수 있도록,
청지기로서 목숨이 잘릴 것을 각오하
고 문을 열어 준 자이니,
29 이것이 그가 역사한 것이요, 너희들에
게 내린 공이니, 너희들이 목숨을 다
하고 생명을 다해도 그 문을 열어 준
고마움을 모를 것이니라.
30 너희들의 아들이 죽어 감이니, 그 아
들을 살리기 위하여 명의를 찾아갔음
이니라.
31 그러나 명의가 잠들어 그를 깨움으로
인하여 청지기가 그 자리에서 쫓겨남
이니, 그 청지기가 문을 열어 주어 그
명의에게 네 자식을 데려가지 아니하
였다면 너희들이 그의 생명을 살릴 수
없었을 것이니라.
32 그러니 그 문을 열어 준 청지기 때문
에 그 명의를 찾아가 자식의 생명을
건진 그 부모가 어찌 청지기를 생각하
고 은혜를 갚아야 하겠는가?
33 그를 욕하고 비방하고 시비할 수 있는
가?
34 그와 같은 이치를 깨닫지도 못하는 것
이 너희들이니라.
35 그 청지기는 한 생명을 살리기 위하
여, 자식을 살리고자 하는 그 부모의
애절한 마음을 위하여 제 목숨을 걸
고, 문을 잠그고 곤히 잠자는 명의를
깨워 그 생명을 살리도록 했음이니,
그 은혜요, 공이 어디에 있는가?
36 이것도 모르는 것이 너희들이니, 이를
보는 내 마음이 아프며,
37 너희들이 스스로 깨달아 160권의 법

전이 나오는 그 문을 열었으며, 너희
들이 하늘에 오르는 길이요, 반석 위
에 오를 수 있는 길을 알려 주었으며
문을 열어 준 그에게 어찌 감사해야
할지 모르기에 내가 오늘 다시 법전에
기록하여 내리니,
38 내가 이 일로 하여 더 이상 언급하지
않도록 너의 제자들은 알아야 될 것이
니라.
39 아무리 그가 쓰러지고 비틀거린다 해
도 너희들이 그리 말할 수 있는가?
40 네 자식을 살린 그 청지기가 너희들에
게 밥 한 끼를 달라, 쌀 한 말을 달라
한 것도 없으며, 또 그와 같이 와서 찾
은들 어떠하며 네 재산을 일부 달라
한들 어떠하겠는가?
41 그러나 그는 그와 같은 짓을 한 것도
없음이니라.
42 그러니 자기 자식을 살리기 위하여 몸
부림칠 때 그 문을 열어 준 청지기가
너희 잔칫상에 와서 상을 한 번 받겠
다 하여 그것이 죄가 되고 부끄러운
것이요, 그가 받을 자격이 없느냐?
43 그 자식의 생일이요, 돌잔치에 와 그
가 상을 받는 것은 당연한 것이거늘,
너희들이 상 한 번을 차려 주었는가,
이 어리석은 자들아!

8,951 번째 하나님 말씀

2003년 12월 28일 08시 16분

1 사랑하는 나의 아들아!
2 "네, 아버님! 말씀하옵소서."
3 사람은 깨우쳐 가며, 또 깨우침을 얻
어 마음이 변하며, 그리 다스려 가면
되는 것이 인간의 삶이니라.
4 내가 오늘 너희들에게 가르치고 전하
고자 하는 것은, 오늘의 종교 집단이
요, 지도자들이 너무나 잘못 가고 있
으며 내 뜻과는 관계없이 가기에 내가
너희들을 통하여 그 모두를 바로잡으
려 함이니라.
5 사랑하는 나의 아들아, 너희들이 매일
같이 먹지 아니하면 아니 되는 그 음
식을 씹지 아니하고 그저 목으로 넘겨
먹고 산다면 얼마나 무의미하며 맛을
알 수 없는 형국이 되겠느냐?
6 그러니 내가 너희들에게 말하는 것이
무엇인 줄 알겠느냐?
7 내가 너희들에게 먹고살 수 있도록 내
려 준 그 음식을 꼭꼭 씹고 또 씹어서
그 음식의 맛을 알며 먹는 즐거움을
얻으며 살라 하는 것이 나 여호와의
뜻이니라.
8 이것이 바로 내가 너희들에게 전하는
뜻이거늘, 지금의 종교 집단이요, 지
도자들이 어찌 가는가?
9 음식은 씹을 필요가 없다, 그저 넘기
기만 하면 된다 그리 가르치니, 너희
들이 소위 말하는 육두문자 식으로 지
금 가고 있음이니라.
10 그리하여 내가 나의 아들을 통하여 새
로운 성경 160권을 세상에 내려보내
는 것은, 너희들이 매일같이 먹는 음
식이라도 그를 꼭꼭 씹어 영양분을 섭
취하며, 그 맛을 알며, 즐거움이요, 행
복함을 느끼도록 그리 먹고 살라는 나
여호와의 뜻이니라.
11 그저 넘기고 삼키기만 하면 그대로 몸
은 지탱하며 산다 그리 말함이니, 너

희들이 살기만 하면 무얼 하느냐?
12 지금 너희들이 인간 세상의 육의 삶에
서 육이 하는 것은 죄가 아니요, 잘못
가더라도 그것은 나에게 구원받는 것
에 아무런 지장이 없음이니,
13 그저 나의 아들 예수를 구세주라 부르
기만 하며 저희 손으로 지은 죄의 온
상에 와 재물을 바치면 구원을 받는다
그리함이니,
14 그들은 '그저 음식을 씹지 말고 삼키
라, 삼키기만 하면 너희들이 살아가는
것이거늘, 왜 그를 씹고 또 씹어 그와
같은 수고로움이요, 고통을 당하느
냐?' 그리 가르치는 어리석은 자들이
니라.
15 그러나 그들은 음식을 씹고 씹을 때,
너희 몸에 건강이요, 거기서 나오는
음미할 수 있는 아름다운 음식의 맛이
요, 그 모든 즐거움과 행복함을 모르
느니라.
16 너희들이 깨달아 가며 변화되며 아름
답게 살아가고자 노력하는 그 고통의
세월이 고통스럽고 힘든 것만은 아니
니라.
17 거기서 너희들이 인간의 삶에서 변화
되는 모습, 자기가 다스려지는 모습,
그리고 죄를 버릴 수 있는 용기와 너
희들이 하나하나 고쳐 가는 그것이 인
간의 삶의 행복이요, 즐거움이거늘,
그를 맛보지 못하도록 하는 것이 그들
이니라.
18 인간 세상의 연인의 정은 무엇이더냐?
19 아름다운 정, 고운 정만 가지고 살아
가는 것이 굳건한 정이요, 그것이 오
래 오래 지속되는 정이라고 그리 믿느
냐?
20 너희들은 그렇지 아니하다 말하지 않
느냐?
21 서로가 사랑하며 티격태격하며 싸우
기도 하며 돌아서기도 하며 울고불고
하기도 하며, 또한 그를 뉘우치고 서
로 웃고 또 사랑하며 손을 잡고 다시
잘 살아가고자 언약하며,
22 이와 같이 변화되는 속에서 정이 들
며, 너희들이 헤어졌을 때 그리운 정,
미운 정 그 모두가 다 가슴에 새겨지
는 것이라 하지 아니하였더냐?
23 그와 같은 것을 저버리고 사는 것이
오늘의 종교 집단이요, 지도자들이니,
24 너희들이 모든 음식을 그저 꿀꺽 삼키
기만 한다면 그것이 너희 몸에서 제대
로 소화시키며 그를 받아들여 너희 생
명을 지탱할 수 있겠느냐?
25 어렵고 어려운 결과가 나올 것이니라.
26 그 속에는 돌도 있으며, 가시도 있으
며, 넘어가서는 아니 되는 것까지도
그저 너희들이 씹지 않고 넘김이니 어
찌하겠느냐?
27 너희들이 입으로 꼭꼭 씹는 것에는 영
양분이요, 그 즐거움이요, 행복함도
있으나,
28 거기서 바로 넘어가서는 아니 되는
것, 너희 몸을 해하여 죽게 하는 것을
골라내고 찾아내는 그와 같은 크고도
중요한 일을 하거늘, 종교 집단이요,
지도자 그들은 모름이니라.
29 그러니 그 어리석음을 깨우쳐 주며 그
를 깨달아 가라 하는 것이 나 여호와
의 뜻이니,
30 이를 만들고 전하는 너희들은 모두를

다 사랑하고 역사해야 하는 것이니,
그리하여 내가 한 줄의 기도문을 넣음
이니라.
31 너희들이 이 법전을 만들고 접할 수
있는 그 원인은 무엇이던가?
32 창조주 나 여호와가 내리는 것을 감사
하며 나의 아들을 통하여 내리는 것을
감사하나, 이것을 너희들이 접할 때까
지 또 인간이 역사한 그 인간의 공이
요, 감사함을 너희 가슴속에 한번 새
겨 보고 그를 깨달으라 하는 것이 나
여호와의 뜻이며 내 생각이니라.
33 사랑하는 나의 아들딸들아, 세상사의
이치가 다 그러하니라.
34 그러니 너희들은 지금 그를 보고 여기
에 왔음이니, 그에 감사하는 마음이
요, 그 은혜를 깨달아 보는 것, 그것도
너희들이 음식을 그저 마구잡이로 삼
키는 것과는 다른 점이 거기에 있음이
니라.
35 그러면서 사랑의 소중함이요, 지금 나
의 법전을 만들고 선택된 자 너희들이
그에게 감사할 때, 너희 후손들이요,
또 이 법전을 읽고 깨우친 사람들이
너희에게 감사함을 알 것이며,
36 너희들도 그 은혜를 받을 때 먼저 온
자에게 너희들이 감사하는 마음이요,
그 은혜를 표시했을 때 너희들이 부끄
럽지 아니하며 당당하게 그들에게 감
사함을 받을 수 있는 것이 아니더냐?
37 사랑하는 나의 아들딸들아, 그리하여
너희들은 이 법전을 만들어 전하는 것
이 너희들의 대명이요,
38 만드는 그 의미는 또한 너희들이 음식
을 모두 꼭꼭 씹어, 너희 몸을 상하게
하는 가시요, 돌을 넘기지 아니하고,
거기서 씹어 먹는 속에서 아름다운 의
미를 느낄 수 있는 그와 같은 삶을 살
라는 것이 나의 법전이니,
39 이와 같은 이야기들을 너의 제자들에
게 심어 주며, 그들이 이것이 옳다 생
각하면 모두를 다하여 법전을 전하고
역사하는 데 최선을 다하도록 그리 도
우라, 사랑하는 나의 아들아!

8,952 번째 하나님 말씀

2003년 12월 28일 08시 21분

1 사랑하는 나의 아들아!
2 "네, 아버님! 말씀하옵소서."
3 나의 사랑하는 아들딸들에게 6천 년
이라는 길고도 긴 세월에 너희들이 씨
앗을 뿌려 농사를 잘 지어 좋은 열매
를 거두도록 농사짓는 방법을 내가 여
러 가지 방법으로써 깨우쳐 주었으며,
4 너희 것으로 만들어 그와 같은 좋은
열매를 거둘 수 있는 그 농사법을 가
르치고 또 가르쳐 주었느니라.
5 그리하여 인간의 열매를 맺도록 내가
그리하였으나, 너희들은 어찌하여 내
뜻대로 내가 행하는 대로 내가 가르친
대로 그리하지 아니하고, 인간의 생각
이요, 너희 마음대로 그와 같은 행위
를 했던가?
6 그러니 인간의 생각으로 너희들이 씨
앗을 뿌리고 가꾸며 농사짓는 것을 너
희들이 쉬운 대로 행하고 편리한 대로
생활하여,
7 마지막 6천 년이라는 세월이 지나 오
늘에 수확을 하려 하니, 아무것도 남

은 것이 없으며 기둘 것이 없는 그와
같은 형국이 도래했음이니라.
8 그러니 나 여호와가 너희들에게 농사
를 지어 인간의 열매를 거둘 수 있는
것을 6천 년 동안 너희들에게 가르치
고 깨우쳐 주었으나,
9 너희들은 그를 들어 그대로 행하지 아
니하며, 너희들의 생각이요, 너희 마
음대로 지혜라는 것을 동원하는 것으
로써 내가 가르쳐 준 농사법을 능가하
는 것처럼 씨앗을 뿌리고 가꾸고 돌아
다보지 아니하며, 그저 가을이 되면
거둘 것이라는 그와 같은 안일한 방법
으로 지금까지 왔음이니,
10 6천 년이라는 세월이 지나 인간의 열
매를 수확하고자 하나 아무것도 수확
할 수 없는 이와 같은 슬픈 형국이 되
었음이니라.
11 그리하여 내가 너희 모두를 다 태워
버리며 그를 버리려 하다가, 내가 나
의 아들을 통하여 너희들에게 다시 한
번 기회를 주어, 내가 책으로써 만들
어 농사를 짓는 법을 아주 쉽고 간단
하게 기록하여 지금 전함이니,
12 너희들이 터전을 닦고 일구며 씨앗을
뿌리는 것부터 그들이 성장해 가는 농
사법을 너희들에게 상세히 기록하여
전함이니라.
13 그러니 너희들이 이대로 배우고 깨우
쳐 인간의 열매를 거둘 수 있는 그와
같은 삶을 살 것인가,
14 그렇지 아니하면 나의 법을 또한 따르
지 아니하며, 지금의 모든 흘러온 종
교 집단의 지도자요, 그들이 길고도
긴 6천 년의 허송세월을 보낸 것처럼,
15 너희들도 앞으로 또한 그 세월을 허송
세월하는 것이요, 제대로 농사를 짓지
못하는 방법으로써 모두를 흩트려 놓
고 망가트리는 그와 같은 형국으로써
정녕 갈 것인가?
16 너희들은 여기서 선택을 해야 됨을 알
아야 될 것이니라.
17 지금 너희들이 가꾼 것이 무엇이더냐?
18 내가 너희들에게 씨앗을 내려 그를 가
꾸려 했으나, 너희들이 제대로 보살피
지 않으며 그를 돌보지 아니하였으며,
19 날짐승들이 와서 다 헤쳐 놓고, 그를
이리 헤치고 저리 헤쳐 필요한 것은
그들이 먹어 버리고 이제는 쭉정이만
남아 있는 그와 같은 형국이니,
20 6천 년 후에 내가 기다리고 기다려 그
열매를 거두려 하나 쭉정이가 싹트지
못하고 그 열매를 거두지 못하며 싹도
틔우지 못한 그와 같은 형국이 되었음
이니라.
21 그러니 너희들은 이를 잘 보호하고 관
리하여 허송세월을 보내지 아니하며,
만백성이 인간의 열매를 거둘 수 있는
그와 같은 농사법을 가지고 역사할 것
인가, 그렇지 아니할 것인가, 너희 스
스로 정하도록 그리할 때가 왔음이니
라.

8,953 번째 하나님 말씀

2003년 12월 28일 08시 27분

1 사랑하는 나의 아들아!
2 "네, 아버님! 말씀하옵소서."
3 6천 년 동안 잘 가꾸고 다듬어 나 여
호와에게 인간의 결실을 바치라 하였

음이나, 이를 너희 뜻대로 하며 내 뜻
대로 행하지 아니하여, 오늘에 6천년
의 세월이 지나 너희들이 나에게 바
치고자 하나 너희들은 바칠 내용물이
없음이니라.
4 포장만 화려하고 아름답게 장식하여
그를 나에게 바치려 함이니, 나 여호
와가 이를 하나하나 점검하지 아니하
고 그대로 받아들인다 생각하느냐?
5 오늘의 믿음이요, 종교 집단 너희들이
하고 있는 짓이 무엇인 줄 알겠느냐?
6 6천 년 동안 너희들은 내가 가르친 농
사법을 그대로 배우지 아니하고 너희
들이 인간의 생각대로 호의호식하며
쾌락에서 벗어나지 못하며 악습을 버
리지 못하고 놀고먹다가 마지막 내가
거둬들이려 하는 6천 년의 세월이 되
었음이니,
7 그때 너희들은 바칠 것이 없으며, 6천
년 동안 짓고 지은 농사를 거둔 그것
을 바치려 함이나 내용물은 바칠 것이
없음이니,
8 지금 포장만 화려하고 아름답게, 누가
봐도 그 속에 귀한 진주와 보석이 들
어 있는 것처럼 그와 같이 하여 너희
들이 나에게 바치나, 나 여호와가 그
를 보지 아니해도 다 앎이니 어찌하겠
는가?
9 이제 내용물을 뜯어 내가 그를 보니
너희들은 어찌하겠는가?
10 그러니 나는 너희들에게 말함이니라.
11 알뜰하게 채워 농사지은 그 결실을 바
치라 하였거늘, 그 알뜰한 내용물은
다 어디로 없애 버리고 하나도 구하지
못하고, 너희들이 겉만 위장하여 바치
는 그와 같은 형국이 오늘의 종교 집
단의 지도자이니,
12 너희들이 하늘에 오를 수 있으며 구원
을 받았다 말하는 그와 같은 자들이
오늘에 하고 있는 것임을 너희들은
알라.
13 그러니 너희들이 내용물은 하나도 없
이 6천 년 동안 놀고먹다가, 이제 내
가 그 결실을 바치라 함이니 너희들
이 포장만 하여 나에게 바치기 시작함
이니, 이를 보는 나 여호와의 고통과
아픔이 과연 어떠하겠는가?
14 정녕 내가 이 빈 껍데기의 화려한 포
장을 받아들이고 거둬들여 내 창고에
쌓아 놓을 것이라 생각하는가?
15 너희들은 절대 그와 같은 생각을 하지
말라.
16 지금은 6천 년이 지나 심판의 시대요,
버릴 자와 구원할 자를 구분하는 그
시대가 왔음이니,
17 이는 곧 너희들이 상자를 가지고 어
찌했든 그 결과를 바칠 때가 왔기에,
너희들이 알맹이는 없으며 빈 상자를
바치는 그와 같은 때가 되었음이니,
이것이 곧 그때를 벗어나지 못함이니,
심판의 시대이니라.
18 구약은 구약의 시대에 목숨을 바쳐 그
무엇인가를 이루라 하였으며, 너희들
이 잘 가꾸고 다스리도록 내가 한 것
이니라.
19 그러나 그 시대도 너희들이 나를 인정
하지 아니하며 바로 가꾸고 다스리지
아니하여 제대로 농사를 짓지 못한 어
리석은 백성들이요,
20 신약은 또 신약의 시대대로 내가 2천

넌이라는 그 세월을 주어 너희들이 잘
가꾸고 다듬어 알찬 것을 가지고 나에
게 바치라 하였지 화려한 포장으로써
나에게 바치라 한 것이 아니거늘,
21 그 포장보다도 알뜰한 결실을 내가 원
하거늘, 너희들은 포장은 필요 없는
것이니라.
22 그러나 그 필요 없는 포장만 너희들
이 가꾸고 장식하여 나에게 바치려 하
니, 내가 그를 인정하며 받아들인다
생각하느냐?
23 그러니 너희들은 그와 같이 어리석은
백성이니라.
24 너희들은 구약의 시대에 제대로 농사
를 짓지 아니하고 결실을 얻지 아니하
여, 너희들이 그를 나에게 바치려다
모두가 다 무산된 것을 알면서도 신
약의 시대에 또 그와 같은 어리석은
짓을 하고 있음이니,
25 이를 내가 받아들이고 쌓아 놓을 곳이
없으며 그와 같은 자 용서할 수 없음
이니라.
26 그리하여 나 여호와의 분노요, 내 아
픔이요, 내 고통이 이루 말할 수 없음
이니, 너희들은 6천 년 동안 나를 속
이고 기만한 자들이니라.
27 그리하여 내가 너희들의 그 어리석음
을 모두 다스리려 하나, 내가 나의 아
들이요, 나의 아들을 따르는 그 제자
들을 통하여 모든 방법을 가르쳐 다
시 한 번 내려보내니,
28 너희들은 또 몇천 년 후에 화려한 포
장으로써 나에게 바치는 것이 아니라,
그와 같은 포장이 아니요, 무명 옷에
싸서 올린다 해도 너희들이 정성껏 잘
이어 거둬들인 인간의 열매를 바치도
록 그리하라.
29 그것만이 하늘에서 이루어진 것같이
지상의 낙원이 이루어지는 것이니, 그
리하여 내가 너희들을 선택하여 새로
운 시대를 열어 가고 역사한다는 것
을 알라.
30 여기에 동참하고 부름을 받은 너희들
이 귀하고 소중한 만큼, 얼마만큼 노
력하고 변화되며, 피땀 흘려 농사를
지어 인간의 열매를 거둘 수 있는 그
와 같은 역사를 해야 될 것인가?
31 각자 농사를 지어 각자 열매를 나에게
바쳐, 하늘에서 내가 거둬들이도록 그
리하라.
32 그것이 너희들이 하늘에 오르는 길이
니라.

8,954 번째 하나님 말씀

2003년 12월 28일 11시 48분

1 사랑하는 나의 아들아!
2 "네, 아버님! 말씀하옵소서."
3 내가 성서에 기록하여 너희들에게 전
하기를, '자신을 위하여 기도하지 말
며 남을 위하여 기도하라.' 그리하였
음이니라.
4 내가 성경에 기록하여 너희들에게 남
을 위한 삶이요, 남을 위하여 기도하
라 하였음이니,
5 너희들이 구원을 받으려는 그 욕심이
요, 그와 같은 생각, 너희들이 내 품에
오겠다는 그와 같은 모든 마음을 접어
두고 지우라 하는 것은 아무것도 아니
지 않더냐?

6 너희들이 살아가는 법도가 이웃을 위
하고 남을 위해 기도하며 그를 위해
살아가는 삶이 나에게 오르는 길이요,
선택된 백성이 살아가는 길이니,
7 오늘 내가 나의 아들을 통하여 너희들
에게 너희가 구원받고 너희가 나에게
오고자 하는 생각을 하지 말라 그리
말하였음이니라.
8 그것이 너희들이 살아가는 법도요, 기
도이니라.
9 내가 나의 아들을 통하여 너희들이
60점이라는 그 점수 안에 세상에 생
명을 하나 내보냄이니, 먹고살 수 있
는 그 모두를 내가 같이 내려보냈다
하였음이니라.
10 너희들이 살아가는 그 방법이요, 기도
하는 것, 나에게 경배하는 것, 그 모두
를 다 너희들이 바로잡지 아니하면 아
니 될 것이니라.
11 여유가 있는 자, 작은 것을 얻고 이루
었을 때, 너희들은 나의 뜻이요, 나의
사랑이요, 내 은혜로 모든 게 이루어
졌다 그리 생각함이니,
12 너희들은 무엇을 역사할 때 내 뜻으로
이루어졌다 하나, 어렵고 힘든 백성이
더 많음이니,
13 내가 너희들에게 주고 안 주고 그와
같이 구분한다면, 잃은 백성들, 갖지
못한 자들은 나를 원망하는 자들이 더
많을 것이니,
14 내가 어찌하여 나를 경배하는 자는 백
명이요, 나를 원망하고 욕하는 자는
수억의 인구를 만드는 그와 같은 역사
를 하겠느냐?
15 나 여호와는 너희들이 육의 세상에서
얻고 잃는 것과는 관계없음이니, 너희
들은 육의 세상에서 무엇을 달라, 이
루어 달라 기도하지 말라.
16 그것으로써 너희들이 기도하고 역사
하고 이루어지는 것이 아님이니라.
17 내가 60점이라는 그 속에서 너희들이
살아갈 수 있도록 모두를 주었으며 모
두를 역사하도록 했으니, 어찌 살고
어찌 노력했느냐, 그것이 너희들의 뜻
이니라.
18 너희들이 산에 올라가 물고기를 잡겠
다고 허덕이면 과연 그것을 구할 수
있겠느냐?
19 물고기를 구하는 자는 물가로 가며 강
으로 가며 바다로 나가야 될 것을, 산
으로 올라가 잡겠다 하는 자가 살 수
있겠느냐?
20 너희들이 어렵고 힘든 인생의 삶을 사
는 것을 그와 같은 극단적인 이야기로
표현함이니, 너희들이 잘못 선택하고
잘못 간 것이니라.
21 그리하여 산으로 가는 자가 이것은 아
니라 하여 도중에 사람에게 깨달음을
얻어 물가에 가서 고기를 잡음이니,
그것은 타당한 것이 아니더냐?
22 그것을 나 여호와가 너희들에게 은혜
를 주었으며 축복을 주었다고 그와 같
은 기도요, 그와 같은 마음을 갖지 말
라.
23 너희들은 높이 보고 크게 보라.
24 예를 들어 너희들이 지나가다가 황금
덩어리를 주웠음이니라.
25 그러니 그 자리에서 '하나님! 감사합
니다.' 하며, '하나님의 은혜가 이리 충
만하여 나는 황금 덩어리를 주웠다.'

기도한다면, 그걸 잃어버린 사람은 어
찌하란 말이더냐?
26 이것이 하늘의 법도이거늘, 제가 얻은
것만 생각하며 이루어진 것을 가지고
나에게 감사하고 경배의 기도를 드리
는 어리석은 짓을 하지 말라.
27 육의 세상에 이루어지는 것을 나는 너
희들에게 주고 내림이 없느니라.
28 너희들이 죽어 와 그 열매가 열었느냐
그렇지 않으면 여물지 않았느냐, 그것
이 쭉정이냐 그렇지 않으면 알곡식이
냐, 그때만 내가 모두를 심판하는 것
임이니,
29 너희들이 노력하고 노력하지 못하여
얻고 못 얻는 것이니라.
30 자라는 어린아이도 얼마만큼 열심히
학업에 매진하며 얼마나 착하고 아름
답게 살았느냐에 따라 미래에 모두는
이루어지는 것이니,
31 그것을 잘못 살고 나이 들어 후회하며
나 여호와를 원망하며 나를 욕되게 하
는 그와 같은 행위를 하지 말라.
32 길거리에서 황금을 주우면, 주운 자는
나에게 기도하고 경배하고 즐거워한
다 하나,
33 그 황금을 잃어버린 자, 그를 가지고
나눠 쓸 수 있기를 기대하는 많은 사
람들은 무엇을 원망하겠느냐?
34 '내가 이걸 가지고 불쌍한 사람들에게
나누어 주고자 또 베풀어 주고자 하여
가다가 잃어버렸음이니, 좋은 일을 하
는 것에도 금을 잃어버리게 하는 그런
하나님이 어디 있느냐?' 하며 수천수
만 명이 나를 욕되게 할 것이니,
35 내가 주운 사람 한 사람을 위하여 그
와 같은 일을 역사한다 하겠느냐?
36 그와 같은 이치를 깨달아 너희들은 작
은 것에 연연하지 말며, 작은 것을 얻
고자 기도하지 말라.
37 모든 게 너희 것이 아니거늘, 너희 앞
에 쌓아 놓고자 하는 그 마음을 비우
라 하는 이와 같은 이치를 깨우쳐 줌
이니, 너희들이 기도하는 마음, 살아
가는 방법의 이치를 알았을 것이니라.
38 60점이라는 점수 속에 모두를 다 주
었으니, 육의 세상에서 이루어지는 것
에 최선의 노력을 다할 것이며 그 길
을 바로 보라.
39 그리고 너희가 가야 할 길을 찾는다면
모두를 다 얻을 수 있는 것이 인간 세
상의 법도이니라.
40 못살고 어려운 자, 너희들이 노력하지
아니하였으며 연구하지 아니하였으
며 게으른 자요, 길을 잘못 찾은 자이
니라.
41 내가 물고기를 잡는 자가 산으로 간
들 평생 가도 얻지 못함이니 바다로
가야 한다는 그 이치이니,
42 너희들은 나를 원망하지 말며, 또 얻
었다 하여 기뻐하며 경배한다 그리하
지 말라.
43 그것도 네 노력이요, 네가 역사한 것
으로 얻음이니, 그를 어찌 쓰고 잘 관
리했느냐, 그것만 가지고 나 여호와는
너희들을 심판함을 알라, 사랑하는 나
의 아들딸들아!

8,955 번째 하나님 말씀

2003년 12월 29일 06시 51분

1 사랑하는 나의 아들아!
2 "네, 아버님! 말씀하옵소서."
3 이 세상에 살아가면서 너희 눈으로 보
이는 것, 만질 수 있는 것만 인정하며
그를 추구하고 살아가고자 하는 것이
너희들이니라.
4 그러니 너희들이 더운 날과 추운 날에
따라서 걸치는 옷, 그리고 너희들이
노력한 만큼 얻고 이루어지는 것, 또
한 가정의 역사를 이루는 것, 그리고
너희들의 노동력에 대한 그 대가를 지
불받고 또 지불하는 것,
5 이 세상에 살아가는 것이 보이는 생활
속에서 역사하는 것만이 전부인 것 같
은 착각과 생각 속에서 살아가는 것이
나의 백성들이니라.
6 그러니 너희들은 다음의 세상이요, 다
음에 이루어지는 세상의 역사를 알지
못하며, 그 신비의 세계의 두려움과
무서움을 알지 못하고 살아가는 것이
나의 백성 너희들이니라.
7 그러니 나의 아들을 따르는 제자들이
요, 법전을 읽고 깨우친 만백성 너희
들은 오늘의 보이는 것은 짧은 세상이
요, 보이지 않는 그 세상은 영원한 세
상임이니,
8 너희들은 오늘에 보이며 부닥치는 것,
그리고 만질 수 있는 것에 그 모두를
바치는 삶을 살아서는 아니 됨이니라.
9 너희들의 그와 같은 생활도 소중하고
귀하나, 다음에 보이지 않는 영원한
그 세상의 삶을 위한 대비요, 준비를
할 수 있는 현명함이 있어야 될 것이
니라.
10 그를 대비하는 데 진심으로 그를 믿고
두려워하며 그에 맞추어 살아가는 자
가 과연 얼마나 있는가?
11 너희들은 말로써 나에게 오르고자 하
며 구원을 받는 세상을 위해 산다 하
나, 보이는 세상의 삶을 그보다 더 소
중하고 귀하게 여기는 것이니라.
12 그러니 다음 세상의 위대함이요, 신비
함을 깨우치고 알 수 없는 것이 너희
들의 마음의 자세이니라.
13 아무리 너희들이 나 여호와를 공경하
며 믿음의 길을 가며 '주 예수'라 찬양
하고 부르짖어도, 그것보다도 보이는
오늘의 현실에 대한 것을 더 믿으며
그를 위해 살아가는 것이 너희들의 오
늘의 삶이니, 그러니 너희들은 변화되
는 미래를 볼 수 없는 것이라 내가 말
함이니라.
14 너희들은 무대에서 춤추는 배우의 화
려한 모습이요, 그의 동작 하나하나를
직접 눈으로 보니 같이 즐기고, 또한
슬픔을 볼 때 같이 슬프며, 이와 같이
너희들은 현실적인 것에 대하여 민감
하며 그를 믿고 따르고 또 행하느니라.
15 그러나 그와 같은 것보다도 더 위대하
고 소중한 삶이 이면에 있다는 것을
아는 현명한 백성이 되어야 될 것이니
라.
16 그러니 그를 대비하고 그를 준비하는
것, 무대에서 웃고 즐기는 그 배우의
동작 하나하나 그것보다도 더 소중하
고 귀한 것, 보이는 것보다 더 위대한
세상이 있다는 것,

17 그 세상을 위하여 너희들은 준비하고
다스려 가는 그와 같은 삶을 살지 아
니하면 아니 됨을 알아야 될 것이니라.

8,956 번째 하나님 말씀

2003년 12월 29일 06시 56분

1 사랑하는 나의 아들아!
2 "네, 아버님! 말씀하옵소서."
3 내가 나의 아들 예수를 통하여 기록하
여 전하고자 했던 그 뜻을 그대로 기
록하고 전하였다면 오늘과 같은 세상
은 결코 되지 아니하였을 것이니라.
4 그러니 너희들이 그와 같은 것이 그대
로 기록되어 그를 보고 깨우쳤더라면
너희들은 나 여호와의 뜻을 알 수 있
었음이니라.
5 너희들이 무대에서 춤을 추는 연극의
배우의 그 동작이요, 그 현실만 보지
아니하며, 다음의 세상을 볼 수 있는
그 모두의 문이 열리는 것이 바로 나
의 아들을 통하여 내가 내리고자 했던
나의 성령이요, 내가 역사하고자 한
것을 그대로 전하고 너희들이 따라왔
더라면,
6 너희들은 무대에서 춤추는 눈으로 보
이는 그 현실만이 아니라, 다음의 세
상을 위하여 준비하는 그와 같은 깨달
음이요, 그와 같은 삶을 살아갈 수 있
었을 것이니라.
7 그러나 너희들은 나의 뜻을 성경에 기
록하여 모두를 전하고자 하였던 그것
을 연필로 고쳐 쓰고 또 지워 버리고
한 이와 같은 부분이 너무 많으니, 너
희들이 그 뜻을 알지 못했으며 그리
행할 수 없는 것이 첫 번째 잘못된 것
이니라.
8 또한 다음에 두 번째 잘못된 것이 무
엇인 줄 알겠느냐?
9 지혜 있는 백성은 천사와 같은 마음으
로 나의 성경을 읽는다면 그 모두를
알 수 있는 것이니라.
10 그러나 지금의 종교 집단이요, 지혜
없는 자들이 지도자로 단상에서 나의
피조물 만백성을 인도한다며 설교하
고 가르치며 제 수준에 맞추다 보니,
11 지혜 있는 자 지혜 없는 자 그 모두를
종교 지도자가 제 취향에 제 수준에
맞추어 모두를 세뇌시켜 버렸느니라.
12 그러하니 그 지혜 있는 백성이 천사와
같은 마음이요, 고운 자세로 나의 성
경을 읽으면 그 뜻을 알 수 있으며 그
열쇠를 알아 그를 열 수 있거늘,
13 알지 못하는 자, 어리석은 자들이 지
도자라 하여 단상에서 나의 피조물 만
백성, 지혜 높은 자를 낮게 만들었으
며, 깨달을 수 있는 자를 깨닫지 못하
게 했으며,
14 그리하여 저희들의 뜻에 맞춰 이끌어
가는 그와 같은 형국으로 변화시키고
세뇌시킨 것이 두 번째 잘못이니,
15 성경의 그 열쇠를 열 수 없는 자들이
기에, 열지 못함이니 그 속을 알 수 없
으며 그 뜻을 알 수 없는 것이 너희들
의 오늘의 믿음이요, 신앙생활이었느
니라.
16 그리하여 너희는 6천 년 동안 나의 성
경을 가슴에 안고 이를 읽고 또 강론
하며 설교를 들으며, 너희들이 구원을
받는 길이요, 하늘에 오를 수 있는 축

복을 받았다 하여 말하고 살아오고 있었으나,
17 그 뜻은 정녕 알지 못하며 그 의미도 알지 못하며 겉만 보고 지금 믿음의 길을 가는 그와 같은 오늘의 신앙생활로 빠져 있음을 너희들은 알라.
18 그러니 하늘에 오르는 길이요, 참진리를 알 수 없음이니, 너희들은 나에게 오르는 길이 아니요, 나와는 영 관계도 없는 반대의 길로 달려가는 것이 너희들이니라.
19 그러니 내가 너희들이 가련하고 불쌍하여 나의 법전을 세상에 내려보내어, 이를 3회 이상 정독하며 깨우치면 너희들이 그 모두를 알 수 있다 함은 무엇인 줄 알겠느냐?
20 나의 아들을 통하여 내리는 '하늘에 오르는 길'이요, '하나님! 말씀하옵소서.' 이 새로운 시대를 여는 나의 새로운 성경을 3회 이상 정독하고 너희들이 정녕 이를 듣고 깨우치는 그 마음을 게을리하지 아니할 때, 너희들은 성서를 보면 그를 알게 되어 있음이니라.
21 그러니 벌써 너희들도 모르는 사이에 몇천 년 동안 열지 못했던 성서의 그 열쇠를 너희들이 가지고 있으며, 그를 열어 들여다보는 그와 같은 현명함을 얻게 됨을 알라.
22 지금까지 너희들이 몇십 년 동안 성서를 가지고 공부했으며, 그것이 하늘에 오르는 길이라고 달려왔던 백성, 그 열쇠가 없어 그를 열지 못하는 자들이 겉만 보고 지금 광신도가 되어 오늘의 믿음으로 왔음이니,
23 그러나 너희들이 나의 법전을 정독하며 그를 읽고 깨우쳐 얻음이 있을 때, 너희들이 그리도 갈구하고 그 뜻을 몰랐던 성서를 펴고 그를 한 줄 한 줄 읽어 나가면, 그것이 바로 무엇인가를 네 앞에 유리로써 보듯이 훤히 밝혀지는 그와 같은 깨달음을 얻으니, 나의 법전을 3회 이상 정독하라 함이 거기에 있음이니라.
24 나의 법전을 너희들이 정녕 3회 이상 정성을 다하여 정독했을 때, 6천 년 동안 흘러오면서 알지 못했던 성경의 그 열쇠가 네 손에 잡혀 열고 있으며, 이미 열어서 그 내용을 보게 되는 그와 같은 신비함을 얻게 될 것이니라.
25 그와 같은 변화의 역사가 없으면 나의 법전이요, 새로운 성경은 나 여호와의 것이 아니라 믿어도 될 것이니라.

8,957 번째 하나님 말씀

2003년 12월 29일 07시 02분

1 사랑하는 나의 아들아!
2 "네, 아버님! 말씀하옵소서."
3 너희들이 우물 안 개구리처럼 지금의 믿음으로 신앙생활을 하도록 나의 사랑하는 백성을 종교 집단이요, 지도자들이 그리 묶어 놓았음이니,
4 그들이 지금 보이는 것에 구원이요, 저 자신의 구원에 연연하며, 세상 밖의 자연의 위대함이요, 방대함을 알지 못함이니라.
5 그러니 세상의 그 오묘함과 방대함을 알지 못하고 살아가는 자들이 어찌 참진리요, 비진리의 그 뜻을 구분할 수

있는 안목이 있겠느냐?
6 더욱이 저희들이 참진리의 길이 무엇
이며 하늘에 오르는 길이 무엇인지 모
르니, 또한 나 여호와가 이루고자 하
는 그 뜻이요, 내가 역사하는 것을 어
찌 알 수 있단 말이던가?
7 그러니 어떠한 믿음이 참진리인지 비
진리인지 구분하지 못하고 있는 그들
이 지금 어떠하던가?
8 구원의 혼돈 속에서 헤매고 있는 것이
지금 나의 백성 그들이니라.
9 감히 구원을 받았다 하여 역사하는
자, 그리고 저희에게 와 헌금을 하며
울고불고 광란의 짓을 하면 구원을 받
는다 말하는 자,
10 그들은 정녕 나 여호와의 뜻이 무엇이
며 하늘에 오르는 길이 무엇이며 하늘
에 비치는 빛이 무엇인지 알지 못함이
니, 지금 저희들은 안개 속을 헤매고
있는 자들이니라.
11 그러니 그들을 어찌 깨우치고 다스릴
수 있는가?
12 그러니 너희들만 그들을 구원하고 다
스릴 수 있음이니라.
13 또한 너희들이 그를 다스리고 구원하
는 것은 무엇이더냐?
14 나의 법전을 만백성에게 전함이니라.
15 그리하여 '하늘에 오르는 길'이요, '하
나님! 말씀하옵소서.' 이 새로운 성경
을 그들이 보지 아니하며 읽지 아니하
고는 절대 거듭날 수 없으며 영광된
축복을 받을 수 없다는 것을 너희들은
가르치고 깨우쳐야 될 것이니라.
16 내가 지금 마지막 시대라는 것은 무엇
이냐?
17 수천 년 오는 동안 성서의 그 열쇠가
없어 그를 열지 못하며 그 내용을 보
지 못한 백성이,
18 나의 법전을 3회 이상 읽고 정독했을
때, 저희들이 수천 년 동안 열지 못하
고 봉합되어 있던 성서의 비밀이요,
그 뜻을 알게 되는 그 열쇠를 얻게 됨
이니, 그보다 더 위대한 역사요, 그보
다 더 큰 은혜와 축복이 없음이니라.
19 그러니 너희들이 나의 법전을 읽고 정
독해서 성서의 그 열쇠를 받아 열어
보면 성서의 가르침이요, 흐름이요,
그 맥락을 알며 그 역사함을 알게 됨
이니,
20 그를 깨닫고 알았을 때 너희들은 나
여호와가 지금 제3의 시대를 열어 내
가 역사하고자 하는 나의 법전의 그
뜻이요, 가르침을 알 수 있는 것이니
라.
21 지금 나의 열여섯 권의 법전을 읽고
깨우쳐 공부하며 너희들이 10권을 지
나 20권이요, 30권이요, 50권이요,
100권이요, 160권이라는 그 역사 속
에서 읽어 갈 때,
22 너희들은 처음서부터 기록되어 있는
그 내용들이 일맥상통하게 흐르고 가
르침의 길이 같은 것을 알게 될 것이
니라.
23 그러나 너희들이 지금 이 성서를 읽지
아니하면 이와 같이 알 수 없음이니라.
24 160권의 법전이 처음서부터 끝까지
흐르는 그 흐름을 알게 되며, 그 흐름
을 알게 될 때 또한 그 위대함을 알며,
그 위대함을 알 때 너희들이 두려움을
앎이니,

25 그 두려움 속에서 나 여호와가 존재함
을 알며 나의 뜻을 지키고 살아가겠다
는 변화되는 모습이요, 각오를 거듭하
게 됨이니라.
26 그러니 바로 나의 제3의 시대를 열어
가는 그전의 세상인 신약의 세상이요,
신약시대의 전인 구약시대요, 6천 년
세월 속에 봉합되어 있는 그 비밀이
요, 성서의 내용을 모르니,
27 너희들이 지금 나의 법전을 읽고 깨우
친다 해도 알지 못하며 그와 접목시킬
능력이 없으며 지혜가 없음이니라.
28 그러니 우선 너희들이 나의 법전이 나
여호와가 내린 것이라 믿고 3회 이상
정독했을 때, 너희들은 구약과 신약을
모두 통달하게 될 것이며 그 의미를
알게 됨이니,
29 구약과 신약의 흐름을 알게 되며 다음
세대가 열리는 것을 너희들은 알게 될
것이니라.
30 이를 깨우쳐 주기 위하여, 혼돈 속에
서 헤매고 있는 그 백성, 영혼이 무엇
이요, 구원이 무엇이요, 그 안개 속에
서 저 자신을 모르고 지금 우왕좌왕하
는 불쌍한 너희들을 내가 구원하고자,
160권의 법전을 내려보냄이니라.
31 다시 한 번 말함이니라, 이를 접하지
아니하고 이를 읽지 아니하고 깨우치
지 아니하는 자, 정녕 너희들은 구원
의 길을 볼 수도 없다는 무서운 사실
을 알게 될 것이니라.
32 그러니 너희들은 거듭나는 길은 생각
조차 하지 말라.

8,958 번째 하나님 말씀

2003년 12월 29일07시 08분

1 사랑하는 나의 아들아!
2 "네, 아버님! 말씀하옵소서."
3 육의 세상에서 살아가는 그 삶에서도
너희들이 단 하나뿐인 그 생명을 내던
져 모두를 이루고자 역사한다면 너희
들이 이루지 못할 것이 없으며 성취하
지 못할 것이 없다 그리 말하느니라.
4 그러니 지금 나의 아들을 따르는 제자
들이요, 나의 법전을 읽고 깨우친 백
성 너희들은 들어야 될 것이니라.
5 너희들이 나의 법전이요, 나의 아들을
통하여 내리는 그 강론을 듣고 깨닫는
것보다 이 세상에서 더 귀하고 소중한
것이 있는가, 그들에게 물어보라.
6 그렇다면 이 세상에서 가장 소중한 것
을 깨우치고 알고 있다면 너희들은 그
를 위하여 과연 얼마나 노력을 하는가?
7 너희들은 모두를 다 바쳐 나의 법전이
요, 나의 성령이요, 이게 나 여호와의
뜻이요, 이대로 살아간다는 생각은 하
나, 너희들의 마음속에는 굳건한 믿음
이 절대 없음을 알라.
8 너희들이 진정한 나의 법전이요, 새로
운 성경이 나 여호와의 뜻이요, 진정
한 하늘의 뜻이요,
9 이 변하는 역사의 시대에 또한 지금에
와서 변하는 그와 같은 때가 되었기
에, 나 여호와가 심판의 성령을 세상
에 내려보낸다는 굳건한 믿음을 갖고
가는 것에 너희들이 모두를 다 바친다
면,
10 어찌하여 네 이웃이요, 너희 형제를

구원하는 데 그리 용기가 없으며 그와
같이 자신이 없단 말이던가?
11 너희들의 이웃을 구원하지 못하며 형
제를 구원하여 인도하지 못함은 너희
자신이 무어라 해도 믿음이 확고히 서
있지 아니함이며,
12 너희 자신이 나로부터 받은 은혜와 영
광이 그 얼마나 위대한 것인가를 너희
들이 알지 못하며 그를 느끼지 아니하
며 그를 깨닫지 아니하고 있는 자들이
기 때문이라는 것을 너희들은 알라.
13 이제 한 사람씩 두 사람씩 구원하는
길에 너희들이 과연 얼마만큼 최선을
다했는가?
14 세상에 이것이 나의 성령이요, 창조주
나 여호와가 내리는 것이요, 이보다
더 소중하고 귀한 것이 과연 어디에
있겠는가?
15 백 년을 살지 못하는 그 삶을 위하여
너희들이 모두를 다 바치고 역사하는
것보다 후세에 영원히 사는 그 지상의
낙원에 올 수 있는 그 삶을 위해 사는
것이 과연 얼마나 값진 것인가?
16 너희는 후세에 사는 길이요, 하늘에
오르는 길을 어찌 가야 되는지를 깨우
치고 알고 있는 자들이니라.
17 그러니 너희들이 이를 진정 믿으며 이
를 따른다면, 많은 백성을 깨우치는
그와 같은 역사를 하기 전에 네 주변
이요, 네 형제 한두 사람부터 깨우쳐
나의 성전에 와 강론을 듣는 데 너희
들이 과연 목숨을 바쳐 최선을 다했는
가?
18 너희들은 아무것도 한 것이 없음이니
라.
19 그저 너희들이 들어서 깨우쳐 나는 구
원받으며 내가 변해야겠다는 욕심에
그득 찬 것이니, 그 욕심이요, 그 마음
을 버리지 아니하며 비우지 아니하면
아니 됨이니라.
20 이제 너희들은 나의 법전을 읽었으며
강론을 들을 만큼 들었음이니, 어떠한
백성들과 시시비비하며 대화를 한다
해도 너희들은 뒤질 것이 없으며 밀릴
것이 없으며 물러날 그와 같은 일이
없음이니라.
21 그러니 이제 너희들은 네 이웃부터 한
사람씩 구하는 역사를 이루어, 나 여
호와를 믿으며 그와 같은 역사 속에서
만백성을 구하는 전사로서 세상에 나
가 역사를 해야 됨이니,
22 네 이웃의 형제 한 사람도 구하지 못
하는 자, 그와 같이 믿음이 강하지 못
한 자가 세파 속에 나가 힘들고 어려
운 그 고비고비를 넘기고 만백성을 구
하는 그 역사를 할 수 있다 생각하는
가?
23 이제 너희들이 나의 아들을 통하여 내
리는 강론을 들을 만큼 들었으며, 나
의 법전을 읽을 만큼 읽었으며, 나 여
호와가 역사하고자 하는 것이 무엇인
지 알며, 나의 아들을 통하여 기적의
역사를 서서히 이루어 가는 것을 보고
느꼈음이니,
24 너희들이 이를 두렵게 생각하며 목숨
을 바쳐 이 길을 가고자 한다면, 너희
들의 이웃에 있는 네 형제요, 부모부
터 구원하는 데 최선을 다하라.
25 그를 역사하지 못하면 너희들이 바로
서지 못하며 바로 깨우침이 없음이니,

26 너희들이 그와 같은 역사를 이루지 못
한다는 것은 너희들이 변하지 못했다
는 그와 같은 증거임을 스스로 알라.
27 모든 사람들이 변해진 모습이요, 아름
답게 역사하는 모습을 볼 때, 그를 보
고 따르지 아니할 자가 없으며 그를
보고 같이하고자 하지 아니하는 자가
없을 것이니,
28 변한 것도 없으며 믿음도 강하지 못하
며 깨달음도 없는 것이 지금 나의 아
들을 따르는 그 제자들이니, 너희 또
한 무엇을 얻었는가?
29 허송세월을 보내는 종교 집단이요, 지
도자요, 그 믿음의 광신도들과 다른
것이 없으며 그 한계를 벗어나지 못하
고 있음이니 그리 알라 전하라.

8,959 번째 하나님 말씀

2003년 12월 29일 07시 19분

1 사랑하는 나의 아들아!
2 **"네, 아버님! 말씀하옵소서."**
3 나의 아들을 따르는 제자 너희들은 들
어야 될 것이며 그리고 행하여야 할
것이 있음을 너희들은 알라.
4 너희들이 이 세상을 살아가면서 이익
의 분배에 의하여 제 앞에 더 큰 것을
놓고자 하는 그와 같은 안타까운 생각
을 하지 말라.
5 너희들이 세상사를 살아가면서 세상
의 것을 얻으며 볼 수 있는 그와 같은
위치의 그 경지에 오르는 것은 무엇인
줄 알겠느냐?
6 모든 일에 있어서 너희들이 그 이익의
분배를 먼저 생각하며, 이익을 네 앞
에 더 많이 놓고자, 크게 놓고자 하는
그와 같은 마음을 가지고 산다면, 이
세상에 어떠한 것도 얻을 수 없으며
다음 세계의 그 위대함도 볼 수가 없
음이니라.
7 이익의 분배에 대한 그 욕심을 버리고
세상을 본다면, 오늘의 세상의 삶이
얼마나 위대한 것인지, 이 세상에서
못 얻을 것이 없으며 다음 세상의 위
대한 것을 볼 수 있음을 너희들은 알
아야 될 것이니라.
8 지금 모든 나의 백성이 한평생 살아가
면서 눈에 보이는 이익에 의하여 저희
마음이 좌우되었음이니라.
9 그러니 나의 아들을 따르는 제자들이
요, 나의 법전을 읽고 깨우쳐 선택된
너희들이 그들과 똑같이 눈에 보이는
그 작은 이익에 연연하며, 그리하여
너희들의 마음이 좌우된다 하면, 그리
하여 자신을 잃으며 정의를 잃는다면,
10 너희들은 정녕 나를 따르는 백성이요,
나로부터 선택된 백성이라 말할 수 없
음이니 그리 알라.
11 너희들이 작은 이익에 의하여 이익의
분배에 시시비비를 하지 아니한다면
너희 자신이 무너짐이 없으며, 너희
자신이 욕심이 없으며, 네 자신을 비
우는 그와 같은 자가 될 수 있음이니
라.
12 모두는 저 자신을 비우는 것이 얼마나
위대하고 소중한 것인가를 내가 너희
에게 수없이 가르쳐 주었음이니, 너희
들이 무너짐은 곧 무엇이더냐?
13 자신을 비우지 못했기 때문이니라.
14 그와 같은 마음을 버리지 못하는 자,

너희들이 이를 초월해서 살지 못한다
면, 천 년을 나를 믿으며 천 년 동안
나를 찾고 울고불고한다 해도 그 모두
가 나와 관계없는 그와 같은 신앙이
요, 믿음의 생활로 가는 것이라는 것
을 절대 잊지 말라.
15 그리고 이제 너희들이 또한 행하여야
함이 있음이니라.
16 나는 나의 아들을 통하여 너희들에게
수많은 세월 동안에 나의 법전을 읽도
록 가르쳤으며, 나의 강론을 너희들에
게 전하였음이니라.
17 그리하여 너희들이 이제는 그 누구와
대화를 해도 뒤지지 않는 그와 같은
자신이 가지고 있는 그 지식이요, 하
늘의 이치를 알고 있음이니,
18 너희들이 나의 성전을 이웃의 형제로
써 그득히 채우는 그와 같은 역사를
이루라.
19 나는 너희들에게 베풀 만큼 베풀고 깨
우쳐 줄만큼 깨우쳐 주어, 너희들의
마음이 변할 수 있는 만큼, 나로부터
생명을 받아 나간 그 은혜 위에 얼마
나 많은 것을 너희들 것으로써 내가
부어 주었으며 너희들에게 깨우침을
주었는가?
20 너희들은 나에게 무엇으로써 보답을
했으며 무엇으로써 나에게 그 은혜를
갚고자 했는가?
21 내가 오늘 이 순간부터 너희들에게
50일이라는 그 기간을 줄 것이니라.
22 50일이라는 그 기간에 너희들이 나로
부터 받은 은혜요, 깨우침의 은혜에
감사한다면, 너희들의 형제요, 부모
요, 이웃부터 나의 성전에 그득히 채
우도록 그리하라.
23 너희들이 나의 성전의 그 의자에 그득
히 채우지 못할 때, 50일이 되는 날 나
는 이 성전의 문을 닫도록 나의 아들
에게 명할 것이며,
24 너희들이 여기서 나의 법전을 가지고
공부하며 나의 성령을 듣는 그와 같은
성전으로서 더 이상 그를 존속시키지
아니할 것이며 내가 문을 닫을 것이
니, 이를 너희들이 명심하여 행하도록
하라.
25 너희들이 그와 같은 은혜에 보답을 할
때가 되었으며 이제는 역사할 수 있는
모든 것이 갖추어졌음이니라.
26 그러하거늘 노력하지 아니하는 자는
게으른 자요, 게으른 자는 이 세상에
저 자신을 다스리지 못함이니, 너희들
이 나에게 오르는 아들딸로서 믿음의
길을 가는 백성으로서 게으른 자요,
제 직분을 다하지 못함이니,
27 저 자신의 게으름이요, 제 직분을 다
하지 못하는 자가 어찌하여 전사로서
거듭날 수 있으며 만백성을 구하는 그
역사를 할 수 있겠는가?
28 나는 50일이라는 그 기간 동안에 너
희들이 이 성전을 네 부모 형제요, 이
웃으로부터 그득히 채울 수 있는 그와
같은 것을 너희들에게 줄 것을 다 주
었으니,
29 나도 너희들에게 준 만큼 이제 받고사
거둬들이고자 함이니, 이것이 나 여호
와의 명령이요, 나의 뜻이니라.
30 그를 역사하지 못할 때 나는 이 성전
의 문을 닫을 것이니, 그리 전하도록
하라, 사랑하는 나의 아들아!

8,960 번째 하나님 말씀

2003년 12월 29일 07시 24분

1 사랑하는 나의 아들아!
2 **"네, 아버님! 말씀하옵소서."**
3 내가 너희들에게 오늘부터 50일이라
는 그 기간 안에 나의 성전에 너희들
의 형제요, 부모를 구원하는 그 역사
를 이루라 하였음이니, 이는 나의 명
령이라 하였음이니라.
4 너희들이 그와 같은 역사를 이루고 나
서 나의 아들이 바로 서지 못하며 바
로 가지 못할 때, 너희들은 시시비비
를 하고 그를 채찍질해도 될 것이니라.
5 그러나 작은 직분이요, 나의 명령을
따르지도 못한 자들이 지금 나의 아들
을 시시비비하며 채찍질하는 언동을
하지 말라 그리 전하라.
6 나는 나의 아들을 다스려 나가며, 또
한 그가 변해져 가고 있음이니라.
7 그를 나는 잘 알고 있음이니, 너희 스
스로 그를 재촉하며 그를 다스리며 그
를 채찍질하고자 한다면,
8 너희들은 내가 내린 나의 작은 명을
행하여 그와 같은 역사가 이루어지고
난 다음에 너희들의 직분을 다했을
때, 나의 아들이 바로 서지 못하며 바
로 가지 못하거든 너희들은 바로 나에
게 상고하라.
9 그러면 내가 나의 아들을 벌로써 다스
릴 것이니라.
10 이것이 너희들과 나와의 약속이니라.
11 또한 50일이라는 그 기간 동안 너희
들이 나의 성전을 그득히 채워 그 모
두를 역사하는 일을 이루었을 때,
12 그때도 나의 아들이 바로 서지 못하
며, 너희들이 봐서 잘못되는 부분이
있을 때, 너희들이 그를 나에게 고발
하라.
13 그럴 때 나는 나의 아들을 가차 없이
다스릴 것이며 절대 용서치 아니할 것
이니라.
14 이것이 내가 너희들에게 내리는 마지
막 명령이며, 또한 내가 마지막 모두
를 지키고 행하고자 함이니라.
15 그러니 이 뜻을 너희들이 알아 새겨
서, 그와 같은 일을 역사하도록 그리
하라.
16 그리했을 때도 나의 아들이 흔들리면
내가 용서치 아니할 것이며, 또한 너
희들이 그를 다스려도 될 것이니라.
17 이제 나의 법전이 120권, 또 130권이
라는 것이 머지않아 나올 것이며, 그
리되면 1년이라는 그 365일의 세월
속에 나의 법전이 세상에 160권이 나
오니,
18 나의 아들의 머리가 하얗게 변할 때까
지 기다릴 그와 같은 시간이 없으며
그때까지 갈 수가 없음이니라.
19 이제 나의 아들을 통하여 내가 너희들
에게 명하니, 50일이라는 그 기간 동
안 나의 아들은 끝없는 기도로써 나의
성령을 받아 법전을 치고 나갈 것이니,
20 그가 그와 같은 세월 속에서 얼마나
역사를 이루는 것인가를 너희들은 보
게 될 것이니라.
21 나의 아들이 가는 그 길에 너희들이
도움이 되며 그를 받쳐 주는 제자요,
버팀목이 된다면, 나의 아들이 50일
동안에 나의 성령을 받아 치고 나갈

때, 너희들이 감히 상상할 수 없는 길
을 나의 아들이 이루도록 내가 명할
것이며,
22 너희들은 거기에 버금가도록 나의 성
전을 그득히 너희 형제로 채우라 명함
이니,
23 누가 나의 뜻을 따라 행하며 역사하는
백성인가 그를 너희들은 알아야 될 것
이며,
24 그 작은 명령이요, 작은 것도 역사하
지 못하면 내가 성전의 문을 닫고자
함이니 그리 알라 전하라.

8,961 번째 하나님 말씀

2003년 12월 29일 07시 48분

1 사랑하는 나의 아들아!
2 "네, 아버님! 말씀하옵소서."
3 예수가 나의 피조물 만백성 앞에서 눈
물과 피범벅이 되어 죽어 갈 때 그 갈
증이 과연 어떠했겠느냐?
4 십자가에 못 박혀 피 한 방울까지도
물 한 방울까지도 모두 흘러내리는 그
고통 속에 그가 얼마나 목마르고 갈증
이 났으며 얼마나 고통 속에서 죽어
갔는지 너희들은 생각해 보았느냐?
5 그 상처로 인하여 피 한 방울, 물 한
방울까지도 하나하나 떨어지는 육신
의 고통과 그 갈증이 과연 얼마나 심
했겠는가?
6 그러나 나의 아들은 그 죽음의 갈증보
다도 더한 갈증이 있었음이니, 너희들
은 그것이 무엇인 줄 알겠느냐?
7 나의 아들 예수를 구세주라 하며, 예
수의 보혈로써 은혜를 받았다는 그 백
성들, 저희 손으로 지은 죄의 온상에
와 재물을 바치며 나의 아들을 찾고
'만왕의 왕'이라 경배하면 모두 구원
을 받으며 하늘에 오를 수 있다고 하
는 광신도들, 구원을 받았다는 자,
8 너희들은 정녕 나의 아들 예수가 죽어
가는 그 고통만 생각했으며, 십자가에
못 박혀 피 흘리는 그 아픔만 생각했
을 것이니라.
9 그러나 그 피 한 방울이 마를 때까지
모든 수분이 한 방울 한 방울 그 몸에
서 빠져나갈 때, 그가 너희들과 똑같
이 육신을 가졌음이니, 그 갈증의 고
통이 얼마나 심했을 것인가 생각해 보
았느냐?
10 그것도 생각하지 못하고 가는 것이 오
늘의 광신도요, 나의 아들의 보혈로써
모든 은혜를 받았다 말하는 자들이 아
니더냐?
11 그러니 너희들은 예수의 마음이요, 내
마음을 모르며, 예수가 못 박히는 고
통과 그 목마른 갈증, 거기서부터 모
르듯이, 너희들이 더 모르는 것이 있
음이니라.
12 나의 아들은 그와 같은 죽음의 고통과
갈증보다도 더한 갈증이 있었으며 견
디지 못할 갈증이 있었음이니라.
13 그것이 무엇인 줄 알겠느냐?
14 육의 갈증과 고통 속에 죽어 가면서
그는 만백성 너희들을 구원하고자 하
는 갈증이 그보다 더했으며 고통이 더
했으니, 예수의 죽음의 그 마음을 과
연 너희들은 알고 있으며 생각해 보았
는가?
15 나는 너희들에게 나의 아들을 통하여

지금 전함이니, 나의 아들 예수가 죽
어 가면서 육의 갈증의 고통보다도,
너희들을 구원하고자 했으나 바로 서
지 못하는 너희들을 하늘에 오르는 길
로 인도하고자 하며 바라는 갈증이 그
보다 더 천배 만배 더 고통스러운 갈
증이었음이니라.
16 이제 나의 아들 예수의 보혈로써 은혜
를 받았으며 축복받았으며 구원받았
다 하는 백성, 너희들은 조용히 가슴
에 안고 그와 같은 이치를 한번 돌이
켜 보고 생각하는 시간을 가질 때가
되었음이니,
17 2천 년의 세월이 흐르면서도 그것 하
나 생각한 자가 없지 않으냐?
18 예수는 나의 만백성, 그 형제들에게
영원한 생명을 주려는 나 여호와의 계
획을 실행하고자 했으며, 그 뜻을 이
루고자 했으며, 그를 역사하고자 하여
순종한 나의 아들이 아니더냐?
19 그러나 지금의 종교 집단 너희들은 어
떠했느냐?
20 너희들의 조상의 뿌리요, 그리고 너희
들처럼 지금 나를 찾으며 하늘에 오르
는 길을 인도하는 종교 집단이요, 지
도자라는 자들, 너희들이 말하는 너희
들의 뿌리요, 근본인 그들이 2천년 전
나의 아들을 그와 같이 사악한 방법으
로 죽게 하였으며,
21 그 갈증과 갈증의 고통 속에서 그 고
통을 견디고 견딜 때까지 그 사악한
방법으로써 그를 죽게 하지 아니하였
던가?
22 그러니 나의 백성 너희들에게 그들이
도움이 되지 못했으며, 나의 아들을
죽임으로 인하여 너희들을 암흑의 세
계로 몰고 가는 그와 같은 오늘의 형
국이 되지 아니하였던가?
23 죽음으로써 그들을 구원하는 것이 아
니요, 고통으로써 모두를 다 끝냈으
니, 그것이 다 허사였으며 무의미로
끝나는 그와 같은 형국이 되었다면 너
희들은 알겠느냐?
24 그러니 그와 같은 자들의 후손이요,
지금의 믿음의 길을 가는 백성 너희들
이 나 여호와의 뜻을 바로 알아 깨닫
고 전하는 그와 같은 역사를 또한 할
수 있는가?
25 너희들의 조상들처럼 그를 바로 보지
못하며 바로 깨우치고 전하지 못함이
니, 지금 내가 어리석은 백성 너희들
을 구원하고자 나의 아들을 통하여
160권의 새로운 성경을 내려보냄이니,
26 2천 년 전 너희들의 그 조상의 뿌리가
나의 아들 예수를 거부하며 그리 사악
하게 죽게 했듯이,
27 너희들 또한 나의 법전을 태워 버리고
찢어 버리며 나의 아들의 가슴에 화살
을 수없이 쏴 대는 그 사악한 마음으
로써 지금도 무장되어 있음이니, 그와
같은 백성 너희들이 가르치고 인도하
는 것이 무엇이더냐?
28 하늘에 오르는 길이요, 나에게 오르는
것이 아니요, 지옥의 낭떠러지로 나의
피조물 만백성을 계속 몰고 가는 것이
오늘의 너희들의 믿음이요, 교회에서
이루어지는 행사요, 역사하는 것이라
면 너희들은 과연 이를 어찌하겠는가?
29 이와 같이 전하는 자를 왕사탄이요,
사악한 자라 말할 것이며, 이와 같이

명을 내리는 나 여호와까지 너희들은
사탄이라 그리 말할 것이니라.
30 너희들은 알아야 될 것이니라, 2천 년
전에 나의 아들이 세상에 와 너희들을
구원하고자 하는 그 애절한 마음을 모
두 짓밟아 버려 그리 고통스럽게 한
자들이 믿음의 길을 가는 자요, 나를
경배하는 백성들이라 하였으며, 나에
게 축복받은 백성들이 그와 같은 사악
한 짓을 했음이니라.
31 나의 아들을 죽인 자들이, 정녕 말로
써는 내 뜻이요, 나의 뜻에 의해 역사
하는 백성이요, 나를 믿는다는 자들이
과연 진심으로 믿었더냐?
32 믿었다면 너희들이 나의 아들을 그리
할 수는 없었을 것이니라.
33 너희들이 그리하기 전에, 나의 아들이
역사하고 가르치는 것을 분석해 보며
깨달아서, 너희보다 더 위대한 역사를
이루는 그를 존경하며 따랐더라면 오
늘은 천사와 같은 세상이 되었을 것이
니라.
34 그러나 인간의 욕심에 눈이 어두워 너
희들은 역사하는 나의 아들을 사탄이
요, 악마요, 사악한 자라 몰아붙여, 그
피 한 방울, 물 한 방울이 마를 때까지
갈증의 고통 속에서 죽어 가게 한 것
이니,
35 그가 죽어 가면서 너희들을 구원하지
못하며, 너희들이 구원을 받지 못하는
갈증에 더 몸부림치며 고통스럽게 죽
어 간 나의 아들에게 그와 같은 사악
한 짓을 했음이니라.
36 그 후손이 오늘 또한 나의 법전이 세
상에 나가며 나의 성령이 세상에 나감
이니, 오늘의 나의 아들을 그보다도
더 잔인하게 죽이려 그 가슴에 수없이
화살을 쏘며 비수를 꽂는 자들이요,
나의 법전을 찢어 버리고 태워 버리는
그와 같은 행위를 함이니,
37 또 다시 너희들이 나의 피조물 만백성
이 하늘에 오르는 그 빛을 볼 수 있는
기회요, 구원을 받는 그 역사를 볼 수
있는 나의 법전이 세상에 나가지 못하
도록 함이니,
38 이와 같은 행위를 하여 너희들이 나의
백성들을 또한 지옥으로 지금 인도하
는 그와 같은 자들이 되고 있으며, 너
희들이 스스로 그와 같은 행위를 하고
있다는 것을 알아야 될 것이니라.

8,962 번째 하나님 말씀

2003년 12월 29일 07시 59분

1 사랑하는 나의 아들아!
2 "네, 아버님! 말씀하옵소서."
3 지금의 믿음이요, 그 신앙생활을 하는
백성, 구원을 받았다 감히 말하는 그
들에게 전하며 깨우쳐 주라.
4 정녕 너희들이 창조주요, 구세주라 부
르는 나의 아들 예수요, 그의 죽음을
헛되이 하지 아니하려면,
5 그의 고통스러운 죽음이요, 그 갈증의
고통이요, 또한 죽어 가면서 너희들을
구원하지 못하여 애통해했던 그 갈증
이요, 아픔을 너희들이 조금이라도 안
다면,
6 너희들은 나의 십계명대로, 나의 율법
대로, 지금 나의 아들을 통하여 내린
새로운 성경, 나의 법전대로 살아가라

그리 전하라.
7 그것만이 너희들이 나에게 구원을 받
는 길이요, 그리고 애통하게 가슴 아
파하는 나의 아들 예수의 죽음을 헛되
게 하지 아니하는 길은 이 길이라는
것, 그것 외에는 어떠한 길도 없다는
것을 전하고 깨우쳐 줘야 될 것이니라.
8 너희들은 또한 무어라 말하였느냐?
9 너희들은 나의 아들 예수의 죽음을 헛
되게 하지 아니하며, 그 고통스러움을
모두가 다 지나간 것으로써, 그리고
아무것도 이루어지지 못하며 역사하
지 못한 것으로써 그대로 끝을 맺지
아니하려거든,
10 너희들은 지금 내가 성서에 내린 것,
그리고 내가 너희들에게 예언하여 전
한 그 모두를 자세히 상세히 공부하고
다시 한 번 들여다보고 깨우칠 때가
되었음을 알라.
11 성서에 그 내용이 기록되어 새로운 보
혜사요, 새로운 나 여호와의 뜻이요,
나의 성령이 세상에 다시 제삼자를 통
하여, 다른 자를 통하여 세상에 내려
온다는 그와 같은 것을 너희들은 다
알고 있으며 새로운 말씀이 내려와 새
로 역사한다는 것을 다 알고 있음이니
라.
12 그러나 새로운 말씀이요, 새로운 역사
가 이루어진다는 것을 다 알고 성서에
기록된 것을 암송하며 달달 외우는 자
들이,
13 어찌하여 지금 나의 아들을 통하여
160권의 법전으로써 새로운 나의 성
령을 내려보냄이니 이를 믿지 아니하
며 이를 따르지 아니하며 이를 사탄이
요, 이단이라 그리 말하는가?
14 그림에 그려진 나의 아들 예수의 그
형체로써 천군을 데리고 하늘의 군병
들이 나팔을 불며 너희들이 전진하도
록 힘차게 세상에 내려오는 것, 그리
고 너희들의 육안으로 볼 수 있는 그
와 같은 역사가 이루어지는 것, 그것
만 바라고 믿고 있는가?
15 절대 그와 같은 방법으로써는 오지 아
니한다 내가 법전에 수없이 기록하였
음이니,
16 조용히 도적과 같이 나의 말씀이요,
나의 성령이, 나 여호와요, 창조주의
뜻이 세상에 내려감이니라.
17 지금 너희들이 모르는 사이에 내가 나
의 아들을 통하여 160권의 나의 뜻을
도적과 같이 세상에 내려보내 도적처
럼 책을 만들어 만백성에게 전하는 그
역사가 흐름이니,
18 과연 이보다 더한 기적이요, 이보다
더한 역사가 어디에 있다 말하는가?
19 이 모두를 너희들의 종교 집단에서 너
희들이 받아야 되며, 그저 이름 석 자
만 대면 아는 허울 좋은 그와 같은 자
들이 역사해야만 된단 말이던가?
20 너희들은 어찌하여 똑같은 말을 하며
똑같은 역사를 해도 그를 믿지 아니하
는가?
21 너희들의 마음의 상태요, 정신이 무엇
이더냐?
22 너희들은 죽어 가는 자를 나의 아들이
살렸을 때 그는 사탄이요, 이단이요,
사악한 자라 말함이니라.
23 그러면서 너희들이 따르는 종교 지도
자요, 목회자요, 그리고 너희들 집단

의 우두머리들이 그와 같이 병든 자를
고치기만 해도, 그것은 하늘의 뜻이
요, 나의 역사의 뜻이라 온통 떠들며
간증한다고 떠들어 대는 것이 너희들
의 오늘의 심성이 아니더냐?
24 너희들의 조상이요, 그 믿음의 길을
가는 너희들 집단의 우두머리요, 너희
들이 말하는 목사요, 종교 지도자는
작은 역사를 이루었을 때 그것은 하늘
의 뜻이요, 위대한 것이라 하면서,
25 그보다 열배 백배 더 위대한, 내가 나
의 아들을 통하여 역사하고 기적을 이
루는 것은 사탄이요, 이단이요, 사악
한 것이라 그리 말함이니, 이를 어찌
한단 말이더냐?
26 이것이 너희들의 오늘의 믿음이요, 오
늘의 너희들이 잘못 가며 잘못 깨우친
것이 아니더냐?
27 참진리를 가르치고 강론하는 것이 진
정한 나의 아들이요, 나의 백성이거늘,
28 너희들은 인간 세상에 살아가는 것을
가지고 말하고 가르치는 종교 집단이
요, 지도자는 위대한 것이며, 하늘의
창조주 나 여호와의 뜻이라 하면서,
29 나의 아들이 참진리요, 하늘의 모든
이치를 깨우쳐 주고 가르쳐 주는 것은
사탄이요, 이단이라 그리 말함이니,
30 이 애통하고 분한 나의 마음을 과연
어찌 다스리고 너희들을 통제할 수 있
다 생각하느냐?
31 내가 너희들에게 극단적으로 말하였
느니라.
32 죽어 가는 자를 나의 아들이 살리면
그는 사탄이요, 이단이요, 사악한 자
요, 마귀가 뒤집어씌워서 하는 짓이
요, 그는 위대한 것이 아니요, 그를 존
경할 수 없다며 너희들이 침 뱉고 내
치느니라.
33 그러나 목사요, 종교 지도자가 다리
삐어 저는 자를 그저 맞추기만 해도
이것은 내 아들이 죽은 자를 살리는
것보다도 더 위대하게 역사하는 것이
요, 하늘의 뜻이요, 은혜라며 '아멘, 할
렐루야!' 하며 광분하는 것이 너희들
이니,
34 그와 같은 사악한 자들, 옳고 그르고
크고 작은 것도 구분하지 못하는 자들
을 어찌한단 말이더냐?
35 나의 아들은 앞에 있는 동산만 한 바
위를 들어 올려도 그는 사탄이요, 마
귀의 힘으로 역사하는 것이요,
36 너희들의 종교 지도자요, 집단들이 그
저 계란만 한 것, 주먹만 한 것을 들어
올려도 하늘의 역사요, 하늘의 위대한
것이라며 울고불고 광란의 짓을 하니,
37 어찌하여 너희는 크고 작은 것을 눈으
로 보면서도 그를 인정하지 아니하며
그를 받아들이려 하지 아니하는가?
38 큰 것은 큰 대로 보며 작은 것은 작은
대로 보면 될 것이거늘, 이것이 너희
들은 봐도 모르는 자요, 들어도 모르
는 자들이니라.
39 그러니 너희들이 얼마나 어리석은 백
성들인 줄 아느냐?
40 나의 아들은 바다에서 건져 온 움식이
는 생선을 보고 이게 바닷물고기요,
생선이라 해도 너희는 그를 믿지 아니
할 것이니라.
41 그러나 너희들의 종교 집단의 목사요,
지도자요, 집단의 우두머리가 나무로

만든 것을 가지고 물고기로 색칠하여
들고 이것이 물고기라 하면,
42 너희는 그것은 정녕 하나님이 역사한
물고기요, 지금 나의 아들이 가지고
있는 것은 사탄이요, 마귀가 뒤집어씌
운 것이니 절대 물고기가 아니라 하며,
43 너희들이 입에다 들이밀고 깨물려 해
도 깨물 수 없는 나무로 만든 물고기
가 정녕 맛이 있으며 그게 하나님이
만든 것이라 그리할 것이니라.
44 제가 씹지도 못하며 깨물지도 못하며
입으로 넘어가는 것이 없으며 비린내
가 나지 않는 생선을 나 여호와가 만
든 것이라며 축복의 은혜라 할 것이니
라.
45 그러나 바다의 생선은 반드시 비린내
가 날 것이며, 이빨로 깨물면 깨물어
질 것이며 살점이 떨어질 것이니라.
46 실제로 살점이 떨어져 제 배를 채워
도, 그들은 그 믿음의 굴레에 세뇌 교
육이 되어, 이는 사탄이요, 마귀니 먹
을 수 없으며 먹으면 큰일이 나며 너
희의 이빨이 다 부러지며 내장이 다
썩어들어 가니, 이것은 절대 목으로
넘기지 말라 하며,
47 그러면서 깨물 수도 없고 먹을 수도
없는 색칠한 나무요, 생선 특유의 냄
새도 내지 않는 그것을 가지고 하나님
의 역사요, 그것만을 너희들이 물고
늘어져야 구원을 받으며 배를 채운다
함이니, 과연 그게 목에서 넘어갈 수
있으며 배를 채울 수 있는가?
48 이보다도 더 사악한 자요, 이보다도
더 엉터리요, 이보다도 더 세뇌된 자
들이니, 너희들이 얼마나 불쌍하고 가
련한 백성인 줄 알겠느냐?
49 바닷가에 하얀 조약돌을 놓고, 지금
내가 나의 아들을 통하여 먹고 즐길
수 있는 밤알을 깎아 너희들에게 줌이
니, 너희들은 그 밤알을 깨물어 목으
로 넘기며 먹을 수 있으나, 이것은 가
짜라 하며,
50 정녕 밤이라 하는 것은 하얀 조약돌
그것이 밤이니, 그것을 깨물고 먹으라
하여, 이빨이 부러지고 넘기지 못해도
너희들은 그를 믿고 따르려 하는 어리
석은 백성들이니,
51 극에서 극보다 더한 것으로 표현해서
내가 너희들을 깨우쳐야 알겠는가?

8,963 번째 하나님 말씀

2003년 12월 29일 08시 05분

1 사랑하는 나의 아들아!
2 "네, 아버님! 말씀하옵소서."
3 내가 너를 통하여 나의 백성이요, 너
를 따르는 제자들에게 깨우쳐 주지 아
니하였더냐?
4 너희들이 죄를 짓는 것은 너희들의 몸
에서 떨어지지 아니하며, 아무리 선하
고 착한 일을 한다 해도 너희들이 지
은 죄는 가슴에서 물러날 뿐이요, 아
무리 아름다운 일을 해도 그것은 지워
지지 아니한다 하였음이니라.
5 그러니 너희들이 나에게 와서 선함과
악함의 무게를 달아 어떤 것이 무거우
냐에 따라서 그 대가의 상을 받고 벌
을 받는다 하지 아니하였더냐?
6 그와 같은 것을 강론하는 것을 수없이
들은 너의 제자들은 과연 살아가면서

어떠한 생각을 하고 있는가?
7 너의 제자들은 아직도 그런 생각을 버리지 못하고 있음이니라.
8 제가 죄를 지었으니, 선한 일을 더 하게 되면 이 죄는 묻힐 것이며 덮일 것이라 그와 같은 생각을 가지고 있는 것이 너의 제자들이요, 나의 법전을 읽은 백성이니,
9 너희들은 이를 가슴에 깊이 새겨, 이와 같은 생각을 지워 버리도록 그리 전하라.
10 나의 아들 너 또한 그리 생각하고 있지 않은가?
11 네가 나의 성령을 받아 열심히 법전을 만들며 160권을 역사하는 것을 단축함으로써 네가 작은 실수요, 작은 욕됨이요, 나를 보아 하나의 부끄럼이 있는 그와 같은 일을 해도 용서받을 것이며 넘어갈 것이라는 안일한 생각을 갖고 있지 아니한가?
12 네 마음부터 한번 들여다보며 그 모두를 꺼내 스스로 진단해 보라.
13 네가 그와 같은 생각을 하고 있다면, 너의 제자들 또한 그 생각을 버리지 못함이니라.
14 내가 너희들에게 남을 위해 기도하며, 제가 구원받고자 하는 그와 같은 생각을 하지 말며, 제가 무엇인가를 얻고자 하는 생각을 하지 말라, 그는 욕심이요, 죄악이라 하였음이니,
15 나의 성전에 찾아오는 자, 그리고 나의 법전을 읽고 깨우친 제자, 너희들 또한 그와 같이 행하고 실천하는가?
16 아무리 좋은 참진리요, 아름다운 말을 듣고 배운다 해도, 그를 행하지 아니하며 실천하지 아니하면 그 모두가 깨우치지 못함이니,
17 너의 제자들은 이와 같은 것을 항상 기억하여 철저히 행하고 실천하도록 그리하라.
18 나 또한 네가 처음에는 아무것도 몰라 너를 달구고 이와 같이 가르쳤으나, 이제 네가 하늘의 뜻을 알며 또 내가 원하는 것을 알고 있음이니,
19 네가 나의 법전을 만드는 데 최선을 다하며 네가 모든 마음을 다스려 가며 변하는 역사로써 작은 실수 정도는 나 여호와가 덮어 줄 것이라는 그와 같은 생각이 네 가슴에 있다면 그 모두를 꺼내 날리라.
20 그렇지 아니하면 너는 용서받지 못할 것이니라.
21 그리고 너의 제자들도 그와 같은 마음을 가지라 단단히 가르치며, 거기에서 어긋나는 삶이 없도록 그리하라 전하라.
22 너희들이 그와 같은 생각으로써 이루는 그 죄는 모르고 짓는 죄보다 열배 백배 더 무거우니,
23 너희들이 나에게 와서 심판대에서 달 때, 그 죄의 무게는 이루 말할 수 없음이니 그리 알도록 전하라.

8,964 번째 하나님 말씀

2003년 12월 29일 08시 11분

1 사랑하는 나의 아들아!
2 **"네, 아버님! 말씀하옵소서."**
3 너희가 지옥으로 떨어지며, 지옥이라는 그 곳에 들어가면 다시 나올 수 없

으며 다시 돌이킬 수 없다 그리 말하
였음이니, 그 뜻은 무엇이더냐?
4 너희들이 죄의 굴레를 쓰고 한 번 지
옥이라는 곳에 들어간다면 나 여호와
또한 너희들을 어찌할 수 없으며 내가
관여하지 아니하며 그를 기억하지 아
니한다는 것과 무엇이 다르더냐?
5 내가 기억하고 역사할 수 있는 그와
같은 은혜를 입는다는 것은 너희들이
상상할 수 없는 것임을 알아야 될 것
이니라.
6 그러니 너희들이 지옥에 가면 두 번
다시 나오지 못한다면, 나 여호와가
거기를 관여하지 아니하며 나 여호와
도 너희들에게 어쩔 수 없는 마음의
뜻을 비쳤음을 알아야 될 것이니라.
7 그러니 지금 살면서 너희들이 그리 가
서는 아니 되는 것이 오늘의 너희들의
삶이라는 것을 명심하고 또 명심하라.
8 모든 종교 집단이요, 지도자들이 역사
하는 지금의 신앙과 믿음이 무엇이더
냐?
9 내가 보는 그들의 신앙이요, 오늘의
믿음이요, 하늘에 와 구원을 받았다는
그 신도요, 모든 종교 집단들은 나의
아들 예수를 팔았던 유다와 같은 짓이
요, 유다가 나의 아들을 팔아 넘기는
그와 같은 행위를 지금 하고 있음을
너희들은 알겠느냐?
10 유다만 나의 아들 예수를 적에게 팔고
그들을 죽이려는 자에게 넘긴 자가 아
니요,
11 지금의 모든 나의 백성들을 사탄에게
지옥으로 끌고 가도록 팔아넘기고 있
는 것이 오늘의 너희들의 신앙이요,
믿음을 가진 자들이 하고 있는 행위라
면 너희들은 믿겠는가?
12 너희들은 그와 같은 것이 아니요, 하
늘에 오르는 길로 역사하는 진정한 나
로부터 선택된 지도자요, 종교 집단이
라 그리 말할 것이니라.
13 그러나 유다가 나의 아들 예수를 그저
몇 푼에 적에게 팔아, 그가 피범벅이
되어 고통스럽게 죽음으로 가도록 몰
아넣은 것보다도 더 고통스럽고 무서
운 지옥으로 사탄에게 나의 아들딸들
을 팔아넘김이니, 지금 팔려 가는 것
을 모르는 것이 너희들이니라.
14 그러니 너희들이 그곳에서 헤어나지
못하면 나와는 영원히 관계없이 끝나
는 것이니라.
15 오늘의 종교 집단이 오늘의 믿음 속에
서 돌아서지 못하며 돌아서 나오지 못
한다면, 너희들은 나와는 아무런 관계
도 없으며 영원한 끝남이라는 것을 잊
지 말라.
16 나의 법전을 읽고 깨우쳐, 사탄에게
지옥으로 팔려 가는 너 자신이 되지
말아야 될 것이니라.
17 너희들은 어찌하여 사탄이 지옥으로
팔아넘기는 거기에 팔려 가는가?
18 천사의 부름을 받아 나에게 오를 수
있는 그와 같은 길을 가라 하여 내가
그 많은 시간과 대역사의 160권의 법
전을 세상에 내려보내거늘, 어찌하여
너희들은 이를 들여다보지 아니하는
가?
19 너희들이 나에게 올 수 있는 것은 지
금의 삶의 이 시간이요, 이 공간에서
만 역사할 수 있다는 것을 잊지 말라.

20 너희들의 육이 존재하는 이 시간에서
천사의 부름을 받아 나에게 올 것인
가, 한 번 가면 나오지 못하는 그 지옥
의 사탄들에게 팔려 갈 것인가?
21 너희들은 여기서 깨우치라, 참진리의
가르침에 너희들이 귀를 기울이지 아
니하며, 나의 법전에 귀를 기울이지
아니하며, 나의 아들을 통하여 세상에
내려보내는 나의 음성을 너희들이 귀
를 기울여 듣지 아니하며, 이를 보고
깨닫지 못한다면,
22 너희들은 반대인 사탄에게 팔려 지옥
으로 가는 그와 같은 신세가 된다는
것을 절대 잊지 말라 전함이니,
23 이러고도 너희가 팔려 가고 안 팔려
가는 것은 너희들의 뜻에 달렸음이니,
너희들이 팔려 갔을 때 나 여호와는
너희들을 모른다 하며, 나도 어찌할
수 없음이니라.
24 지금 여기서만 내가 너희들에게 기회
를 줄 수 있으며, 거듭날 수 있는 기회
를 줄 것이며, 너희들이 팔려 가는 그
쇠사슬을 끊고 나올 수 있다는 것을
나는 명확히 가르쳐 주고 전했음이니,
25 팔려 가 그 쇠사슬에 얽매여 지옥으로
끌려간다면 나도 어쩔 수 없다 함을
알라.

8,965 번째 하나님 말씀

2003년 12월 29일 11시 38분

1 사랑하는 나의 아들아!
2 "네, 아버님! 말씀하옵소서."
3 너희들이 인간 세상에서 살아가면서
쌓아 놓는 것만 알며 제 주먹에 움켜
쥘 줄만 알지 그를 쓸 줄 모르며 활용
할 줄 모르는 자를 뭐라 말하느냐?
4 아무리 많이 가지고 있다 해도, 아무
리 제가 축적해 놓고 있다 해도, 그는
불쌍한 자요, 가련한 백성이라 너희들
이 그리하지 않느냐?
5 그와 같이 가련한 자가 없다 그리 말
하느니라.
6 너희들이 인간 세상에 살아가면서 지
식이요, 학식이요, 학문이요, 그 모두
또한 그러하니라.
7 너희들이 아는 지식이요, 학문을 두고
누구도 다룰 수 없으며 따를 수 없는
그와 같은 경지에 있다 하여도, 너희
들이 그를 쓰지 아니하며 사장시켜 놓
는다면 그것은 무엇이더냐, 아무것도
아님이니라.
8 더욱이 그것을 바른 곳에 쓰지 못하고
사악한 곳에 쓴다면 그는 또한 어찌
되느냐?
9 선이 아니요, 독이 되고 악이 되는 것
이 아니더냐?
10 그와 같은 이치이니, 세상을 어찌 관
리하고 어찌 쓰느냐에 따라서 하늘과
땅과 같은 차이가 남을 너희들은 알아
야 될 것이니라.
11 더욱이 믿음의 길을 가는 백성들이 믿
음의 이치를 다 알며 성서를 달달 외
운다 해도, 저희들이 행함이 없고 실
천하지 아니하는 것은 무엇이더냐?
12 그리하여 내가 죽음이라 하였음이니
라.
13 그러나 나의 아들을 따르는 제자들이
요, 나의 법전을 읽고 깨우친 백성과,
지금 성서를 가지고 공부하며 수천 년

동안 교회요, 성당이요, 성전이라 하
여 배우고 깨우친 자, 그 백성들과의
그 차이점이 무엇인지 알겠느냐?
14 너희들은 두려운 줄을 모르며 행함이
없이 말로써 모두를 다 역사하며 기도
로써 너희들이 그저 부르짖는 대로 너
희 생각을 내뱉는 대로 그 모두가 이
루어지고 역사하는 것처럼 말로써 모
두를 다 하며, 은혜를 받았고 축복을
받았고 하늘에 오르는 그 길에 들어섰
다 함이니라.
15 그러나 나의 아들을 따르는 제자들이
요, 이를 읽고 깨우친 백성이요, 그들
은 과연 어떠한 줄 알겠는가?
16 그들은 하루하루 삶을 두려워하며, 나
의 법전이요, 내가 내리는 새로운 성
경에 위배된 그와 같은 것을 할 때, 저
자신이 얼마나 두렵고 무서워하며 저
자신을 저주하며 무서우리만큼 변하
는 삶을 사는지 너희들은 아는가?
17 그들은 행함을 우선으로 함이니라.
18 그러니 너희들이 수천 년 동안 지킬
수 없다는 많은 율법이요, 십계명이
요, 그 모두를 지킬 수 있다 말하며 그
리 대드는 자들이 그들이 아니던가?
19 그들과 너희들의 그 차이가 어떠한 것
인 줄 아느냐?
20 이것이 나의 참진리요, 나의 성령대로
제대로 진리의 길을 가는 백성과 그렇
지 아니한 백성과의 그 차이점이니라.
21 정녕 참진리를 따르는 자는 나 여호와
의 뜻이요, 나의 명을 들음이니, 그들
이 스스로 변하는 데 모두를 다 바치
며, 변하는 것을 기쁨이요, 영광으로
생각하며, 그와 같은 고통과 시련을
말없이 견디고 가는 자들이니라.
22 그러나 너희들은 말로써 모두를 이루
며 말로써 모두를 다 역사하나 행함이
없음이니,
23 아무리 지식이요, 상식이요, 학문이
뛰어나다 해도 너희들은 그를 바로 써
먹지 아니하며 저 혼자만 감춰 놓는
자이며, 그리고 또 그것을 사악한 쪽
에 쓴다 하면 더욱이 그건 또 어찌하
겠느냐?
24 그러니 재물을 쓰지 아니하는 자, 쌓
아 놓고 쓰지 못하는 자를 불쌍하고
가련한 자요, '죽을 때 단돈 한 닢도
가지고 가지 못하는 자가 어찌 저리도
욕심이 많으냐!' 저주받는 그와 같은
자보다도 잘못 가는 자들이 종교 집단
이요, 지도자들이니라.
25 너희들은 그와 같은 것을 행하지 아니
하면서, 행하는 자를 시기하고 질투하
며 행하는 자를 하지 못하도록 하는
것이니, 너희들보다 사악한 자가 이
세상에 없음이니라.
26 말로써는 천사와 같은 자요, 가장 아
름답고 인간다운 도리를 하고 산다 하
며 너희들처럼 위대한 백성이 없다 말
하나,
27 너희들처럼 시기 질투가 많으며 제 것
밖에 모르며, 남의 것을 들여다보지
아니하며 남의 것을 인정하지도 아니
하는 자가 없느니라.
28 제가 가지고 있는 것만 최고요, 제가
가진 것을 남에게 전하여 깨우쳐 주는
것도 두려워하며 오로지 말로만 모든
잔치를 벌이니,
29 말로써 벌이는 잔치요, 말로써 차려

놓은 그 제사상이요, 말로써 하는 그
잔칫상에는 아무것도 없음이니라.
30 바로 너희들의 오늘의 믿음이 말로써
잔칫상을 벌이고 말로써 모두를 다 흥
청망청 쓰는 그와 같은 자요, 그 결과
만 지금 하고 있으며, 그리 가는 길이
라는 것을 잊지 말라.
31 그 허상을 알게 되며 그 실상을 알게
되는 그날이 머지않았으니, 그때는 너
희들이 지옥문 앞에서 몸부림치는 네
모습이니 그리 알라.

8,966 번째 하나님 말씀

2003년 12월 29일 11시 43분

1 사랑하는 나의 아들아!
2 지금 수천 년 동안 저희들이 오는 그
와 같은 믿음의 길에서 어떠한 것을
역사했느냐?
3 너희들도 잘 알고 들어서 알 것이니라.
4 모든 믿음의 길을 가는 자들이 저 자
신을 위해서 기도하며, 제가 무엇을
얻고자 하는 기도를 드렸으며, 그들은
그와 같은 것으로써 세상을 다 덮었음
이니라.
5 그러면서 그들은 뭐라 하느냐?
6 우리 부자의 이름을 팔아 저희들이 그
모두를 착복하고 이루고자 함이니, 그
들의 변한 모습이 어떠한 줄 알겠느
냐?
7 흉물스러운 괴물과 같이 변해진 자라
는 것을 너희들은 알아야 될 것이니라.
8 우리 부자의 이름을 팔아 무엇인가 챙
기고자 하는 자, 그들이 얼마나 흉물
스러운 괴물로 변해졌는지 저희들은
모르느니라.
9 그리 변화되어 가는 종교 지도자요,
나의 백성들을 더 이상 볼 수 없으며
더 이상 바라볼 수 없는 것이 나 여호
와의 뜻이니라, 사랑하는 나의 아들아!
10 그들을 더 이상 볼 수 없으며 그대로
놔둘 수가 없음이니, 이를 어찌한단
말이더냐?
11 지금의 모든 종교 집단이요, 나의 백
성들을 하늘로 인도하며, 저희들이 내
뜻과 내가 전하고자 했던 그 역사대로
살았더라면, 오늘에 지상의 낙원이 이
루어졌을 것이니라.
12 그들의 종교 집단과 교회요, 성당이
요, 성전이요, 이 모든 것들이 사악한
쪽으로 부정과 부도덕한 행위로써 뒤
범벅이 되었으며, 거기에 진정한 아름
다운 사랑이요, 새싹을 볼 수가 없음
이니,
13 썩을 대로 썩은 그들을 이제 도려내
고 수술한다 해도 전체를 도려내지 않
으면 아니 될 정도로 되었음이니, 이
를 어찌 다스리고 바로잡는단 말이더
냐?
14 그러니 그들이 부도덕으로써 모두가
젖어 있으며 썩을 대로 썩어 있음이
니, 그 모두를 도려내지 아니하면 아
니 되는 그와 같은 오늘의 형국이 되
었으니,
15 그들은 참진리요, 아름다운 나의 성령
이라 해도 받아들이지 아니하며 거부
하는 것이 당연하며 거부하는 것이
당연한 길이니라.
16 그러니 그들은 영혼을 구할 수 없으며
다시 태어날 수 없는 그와 같은 자들

이니,
17 사랑하는 나의 백성들을 거두며 구원
하며 그들을 이끈다 하여 나의 백성들
을 세 치 혓바닥으로 현혹하여 그들
을 우리 안에 가둬 놓고 저희가 세뇌
교육을 시킴이니라.
18 배고프게 굶게 만들며 고통스러움 속
에 몰아넣어 저희들을 바라보지 아니
하면 아니 되도록, 저희들이 주는 먹
이만 바라보는 짐승처럼 우리에 가둬
놓고 며칠씩 너희들이 먹이를 주지 아
니함이니,
19 먹이를 주는 자를 따라서 흉내내고
움직이도록 길들이는 그보다도 더 사
악한 방법으로써 나의 사랑하는 백성
들을 우리에 묶어 놓았으며 쇠사슬로
묶어 놓고 그들을 세뇌시키고 있는 것
이니라.
20 그리하여 그들이 하는 짓이 무엇이더
냐?
21 나의 백성을 그리 세뇌시키는 것이 곧
사탄에게 나의 백성들을 팔아넘겨 지
옥에 던지는 그와 같은 행위를 저희들
이 하고 있음이니, 이게 사탄의 소굴
이요, 지옥의 소굴이니라.
22 나의 백성들을 그리 훈련시켜 사탄에
게 팔아넘기는 그것이 오늘의 종교
집단이요, 지도자들이니 그리 알라.
23 그러니 나의 아들딸, 그 가련하고 불
쌍한 자들을 누가 구출하며 누가 구원
할 수 있는가?
24 그들을 구출하고 구원하는 것은 오로
지 너희들이니라.
25 그들이 한 번 들어가면 두 번 다시 나
올 수 없는 그 지옥행이 얼마나 잔혹
하고 무서운가를 모름이니, 너희들은
상상할 수 없는 고통이 거기에 있음이
니라.
26 그러니 너희들의 형제가 어떠한 죄요,
어떠한 원수 같은 일을 했다 해도, 그
들이 그 길을 가는 것만큼은 막아 주
는 것이 너희들의 도리요, 깨달음의
길을 가는 나의 선택된 백성 너희들이
해야 될 것이니라.
27 그들은 지금 이성을 잃었으며, 정신을
잃었으며, 모두 저 자신을 구분하지
못하는 자들이니라.
28 그러니 그 백성들을 너희들이 사탄의
소굴에서 구원해야 되며, 그들이 지옥
불로 떨어지기 전에 너희들이 그들을
구원해야 된다는 것을 절대 잊지 말라.
29 그를 구원하는 것이 나 여호와의 기쁨
이요, 그 죽어 가는 생명이 살아나올
수 있는 것을 보는 나 여호와의 기쁨
이 어떻겠는가?
30 육의 세상에서 죽어 간 자식이 다시
살아왔다면 그 부모의 기쁨이 어떠하
겠느냐?
31 그보다 더한 것이 나 여호와이니, 그
들을 구원하도록 하라, 사랑하는 나의
아들딸들아!

8,967 번째 하나님 말씀

2003년 12월 29일 11시 53분

1 사랑하는 나의 아들아!
2 "네, 아버님! 말씀하옵소서."
3 너희들이 그저 쉽게 부르며, 그저 쉽
게 하늘나라요, 나의 천국에 올 수 있
는 것은 내가 뭐라 했느냐?

4 죄지은 자는 절대 역사할 수 없으며
올 수 없다 그리 내가 못 박아 너희들
에게 일찍이 깨우쳐 주었음이니,
5 너희들이 돌이켜 생각하면, 죄지은 자
는 어떠한 것도 역사할 수 없으며, 어
떠한 것도 하늘나라에는 이를 수 없으
며, 내 앞에서 고개를 들 수 없는 것이
죄지은 자의 삶이니라.
6 그러니 너희들이 오늘의 삶을 어찌 살
아야 될 것인가 그건 두말할 것이 없
거늘, 너희들이 어찌하여 오늘의 삶을
그리 소홀히 생각하며 사는가?
7 너희들은 보이는 그 삶에 모두를 다
바치며, 보이지 않는 미래의 그 찬란
하고 위대한 삶에 대하여 생각할 여유
가 없는 나의 백성들이니, 그게 너희
들의 불행임을 알아야 될 것이니라.
8 내가 너희들에게 죄를 지은 자는 어떠
한 것도 역사할 수 없으며 나에게 쓰
임을 받을 수 없으며 나와 더불어 같
이할 수 없다는 그 의미가 무엇이더냐?
9 내가 생수를 부어 주어 만백성을 구하
려 하나, 오물이 있으면 그 오물이 있
기에 생수를 부어도 생수의 역할을 할
수 없다 내가 너희들에게 일찍이 깨우
쳐 주었음이니라.
10 그러니 깨끗한 삶을 살지 못하는 자는
나의 아들 예수의 피를 받을 수 없다
는 그 원치을 너희들이 알아야 될 것
이니라.
11 모든 백성들이 너희 손으로 지은 교회
요, 법당이요, 성당에 와 재물을 바치
고 기도하고 울고불고하며 너희 죄를
빌면 용서를 받는다 그리 생각하나,
12 생수를 담을 그릇에 오물이 붙어 있으
면 내가 담을 수 없으며 물을 넣을 수
없다 했듯이,
13 너희가 나의 아들 예수의 피를 받으며
그 보혈로써 구원을 받았다 말하나,
너희는 그리 말하지 말라.
14 나의 아들 예수의 그 귀하고 소중한
보혈을 받을 수 있도록 네 그릇이 비
어 있으며 네가 다스려져 있는가를 먼
저 생각하라.
15 다스려질 수 없으며 받을 수 없는 너
희들에게 예수의 보혈이요, 그 피는
아무런 관계가 없다는 그와 같은 무서
운 사실을 이제 나의 아들을 따르는
제자 너희들은 깨달으며 알아야 될 것
이니라.
16 내가 만백성을 구하는 그 생수도 그릇
에 오물이 붙으면 생수의 역할을 할
수 없으니 내가 생수를 부어 줄 수 없
기에, 너희들은 성령으로 임하며 모두
를 비우는 백성이 되기 위해 고되고
힘든 길을 가라 내가 너희들에게 그리
명하고 있거늘,
17 나의 아들의 그 보혈이요, 그 죽음의
갈증이요, 육신이 피 한 방울, 물 한
방울까지 말라 가는 그 갈증의 고통이
무엇인 줄 알겠는가?
18 그보다 더한 것이 너희들을 구원하지
못하는 그 갈증에 그는 더 몸부림쳤다
하였거늘,
19 그와 같이 고통 속에 그 갈증 속에 몸
부림치고 간 나의 아들의 그 피를 너
희들이 받을 자격도 안 되어 있으며
그릇도 되지 않은 곳에 부어 준다 해
서 그가 용해되어 너희들이 세척된다
생각 하는가?

20 꿈에도 생각지 말라.
21 너희들이 그와 같은 것으로써 구원을
받으려면, 받을 수 있는 자가 되어야
되는 것을 잊지 말라.
22 나의 성령 또한 그러하니라.
23 비어 있지 않은 자는 절대 받을 수 없
음이니, 교회라는 곳이 무엇이더냐?
24 나의 성령이요, 예수의 피로써 은혜를
받는다면, 그 교회가 과연 받을 준비
가 되어 있으며 그 자격이 있다 생각
하는가?
25 그러니 교회요, 성당이요, 회막은 너
희들이 구원을 받는 곳이 아니요,
26 너희들이 정녕 그곳에서 공부하고 깨
우치며 너희들이 집단으로써 무엇인
가 연구한다면, 그를 받아들일 수 있
도록 그릇을 닦고 씻는 그 교육의 장
소요, 교육의 방법으로만 쓰여지는 것
이니,
27 닦아지지도 아니하고 씻어지지도 아
니한 자를 어찌하여 나의 아들 예수의
귀하고 귀한 그 보혈로써 씻어 준다
하느냐?
28 나의 아들 예수가 십자가에 못 박혀
피범벅이 되어 죽어 갈 때, 피가 마르
고 물이 마를 때, 그가 얼마나 갈증과
고통 속에서 허덕이며 몸부림치다 갔
는지 너희들은 알겠는가?
29 그 귀중하고 소중한 피를 죄가 뒤범벅
이 된 너희들에게 부어 너희들을 씻겨
주고 너희가 세척된다 생각하지 말라.
30 나의 성령이요, 나의 아들 예수의 보
혈로써 너희들이 그 은혜를 입는다면,
그를 받을 수 있는 그릇이 되도록 닦
고 또 닦고 씻는 그곳이 너희들의 성
전이요, 교회에 모여서 공부하는 곳이
요, 나의 법전을 가지고 너희들이 깨
닫는 곳이요, 오늘의 모든 교육의 장
소요, 강론을 듣는 곳이요, 설교를 듣
는 곳이요, 배움의 변화되는 길을 가
는 곳이니라.
31 깨끗하게 너희들이 정성을 들여 그릇
을 닦고 닦아 거기에 무엇을 담는 것
보다도, 천배 만배 다듬어지고 닦아져
야만 나의 성령이요, 예수의 보혈의
그 한 방울이 거기에 떨어질 수 있는
것이라는 이 당연하고 엄연한 사실을
너희들은 알라.
32 이를 거부하고 이를 욕되게 하는 짓을
더 이상 하지 말라.
33 너희들의 교회요, 성전은 회개되지 않
은 자들이요, 그 신도들이 와서 회개
하고 반성하며 그릇을 닦고 닦는 그와
같은 수고로움의 교육의 장이라는 것
을 잊지 말라.
34 거기서 구원을 받고 안 받는 것은 차
후의 문제라는 이 이치를 알라.
35 너희들이 와서 죄를 회개하고 용서를
받는 곳이라면 그곳에는 나의 아들 예
수의 피요, 그 대가를 받을 수 있는 그
모두가 갖춰져야 했으나,
36 너희들은 지금 준비되지 않은 곳이니,
그것이 갖춰지지 아니한 곳은 그와 같
은 역사를 이룰 수 없음이니라.
37 그러니 너희들에게 내가 말하는 것이
무엇이더냐?
38 교회요, 성전이요, 성막이요, 너희들
이 모여서 강론하고 설교하는 곳은 죄
지은 자는 올 수 없다 내가 했음이니
라.

39 그리고 죄가 있는 자는 거기에 올 자
격이 없다 너희들에게 그리 가르친다
했음이니라.
40 너희들 말로 그곳에 오면 예수의 보혈
로써 나의 성령으로써 기름 부음을 받
으며 은혜를 받으니, 깨끗한 자만 와
서 나의 아들 예수의 그 보혈의 핏방
울을 받을 수 있으며 나의 성령을 받
을 수 있으며 생수를 받는 곳이기 때
문이니,
41 그리하여 죄지은 자는 교회요, 성당이
요, 성막에 들어올 수 없다는 것을 내
가 말하지 않더냐?
42 제사장이 죄 있는 자는 들어가서 죽어
나오는 그와 같은 역사가 오늘의 성당
이요, 교회가 그와 같은 곳이 되어야
되거늘, 너희들은 과연 어떠한 장소로
지금 활용하고 있느냐?
43 그와 같은 것이 지금 얼마나 잘못된
짓이요, 나를 욕되게 하며 사악한 짓
인 줄 알겠는가?
44 이제 사랑하는 나의 아들, 너는 알아
야 될 것이니라.
45 그러니 너의 제자들이 완벽하게 변하
는 그 삶을 살지 않는 자, 이 성전에
들어올 수 없으며, 성전에 와서는 아
니 되는 그와 같은 시대가 올 것이니,
46 너의 제자들이 나의 법전을 읽고 갈고
닦아 변하고 변하여, 내가 들어올 수
있는 자격을 부여할 때, 그 자격을 받
고 못 받는 것은 너희들이니라.
47 나의 성전에 와서 나의 성령을 받을
수 없는 자는 감히 천국의 나라요, 천
사만 사는 그 세상에 오려 하지 말며,
들여다보려 하지도 말라.
48 너희들은 볼 수도 없으며, 그 찬란한
빛에 눈을 떠서 그를 볼 수도 없으며
상상할 수도 없는 것이 너희들이니 그
리 알라.
49 죄짓지 않은 자만 교회요, 성전이요,
나의 성전에 올 수 있다는 것을 잊지
말라.
50 그래서 너희들이 그 죄를 씻는 것, 용
서를 비는 것, 그 모두를 너희들이 알
지 못하고 우왕좌왕하기에,
51 내가 나의 아들을 통하여 이 대장정의
어렵고 힘든 160권의 법전이요, 모두
가 다 들어 있는 것을 세상에 내려보
내니, 이보다 깨끗하고 소중한 것이
없음을 너희들은 알라.
52 나의 성전 또한 너희들이 깨끗하게 변
하지 아니하면 절대 와서는 아니 될
것이며,
53 내가 그를 선별할 때가 머지아니하였
음이니, 이 교육장에 오고 못 오는 것
을 그때 가서 후회하지 말도록 그리
너의 제자들에게 전하라.

8,968 번째 하나님 말씀

2003년 12월 29일 11시 58분

1 사랑하는 나의 아들아!
2 "네, 아버님! 말씀하옵소서."
3 모든 백성들이 수천 년 흘러오는 그
세월 속에서 너희들은 뭐라 말하느냐?
4 나 여호와에게 범사에 감사하는 삶을
살라, 그리 말로써 부르짖고 그리 전
하고 살아가느니라.
5 그러나 이제 나의 아들을 따르는 제자
들이요, 나의 법전을 읽고 깨우친 백

성 너희들은 범사에 감사함을 말로써
표현하는 그와 같은 것을 하지 말라
내가 전하고자 함이니,
6 너희들은 매사에 감사하다는 마음이
기 전에 너희들이 지키고 행해야 할
것이 있으니,
7 나 여호와가 사랑하는 나의 아들을 통
하여 너희들에게 전함이니, 이것부터
먼저 행하고 실천한 다음에 너희 스스
로 범사에 감사하는 마음이 우러나거
든, 너희들은 다락방이든 들이든 그저
나에게 감사의 기도를 드리면 될 것이
니라.
8 나 여호와가 너희들을 이 세상에 가장
아름다운 모습으로써 내려보내 지금
세상에 존재함이니라.
9 너희들이 존재하고 살아가는 그 생활
속에서 너희들이 오늘의 현실에 만족
할 줄 아는 마음이요, 삶을 살도록 그
리할 수는 없는가?
10 그것이 너희들이 먼저 지켜야 할 일이
니라.
11 쓸데없는 말로써 범사에 감사하다는
소리를 지르지 말고,
12 오늘의 삶이 나 여호와로부터 얻은 것
이요, 나로부터 받은 것이니, 오늘의
삶에 만족한다는 그와 같은 마음부터
너희들의 가슴속에 기르도록 그리하
라.
13 너희들이 범사에 감사하다며 말로써
는 그리하나, 지금 나로부터 받아 나
간 오늘의 삶에 대해 만족함을 먼저
느끼지 못함이니,
14 나의 아들을 따르는 제자들이요, 나의
법전을 읽은 백성 너희들은 오늘의 삶
에 만족하는 마음으로 다스리며, 너희
를 그리 다스려 가도록 하라.
15 매사에 만족함을 얻고 만족하다 생각
하는 자는 욕심이 없는 자요, 또한 더
무엇인가 제 앞에 더 쌓아 놓고자 하
는 그 마음을 지울 수 있음이니라.
16 그것이 먼저 너희들에게 소중함이니
라.
17 그러니 만족함을 얻지 못하는 백성은
무엇이더냐?
18 아무리 하늘에서 빗물처럼 내려 제 앞
에 재물을 쌓아 준다 해도, 만족하지
못하는 자는 불행한 자요, 그는 죄 속
에 살게 되는 자이니라.
19 그것이 무엇이더냐?
20 욕심이요, 끝없는 욕심이니, 끝없는
욕심을 가득 채우기 위하여 그는 이룰
수 없는 그와 같은 행위를 하게 됨이
니, 그것이 얼마나 불행한 것이며 저
자신이 파멸로 가는 것이더냐?
21 그러니 모든 믿음이요, 종교 집단이
요, 그 백성들이 말로써만 '범사에 감
사하다, 감사합니다.' 하며 아버지인
나를 찾으며 울고불고 광란의 짓을 하
는 그들 속에서,
22 너희들은 그들과 같이 똑같이 외치는
그와 같은 생각을 오늘 이 순간부터
버리라.
23 다만 너희들이 나를 경배하고 생각하
는 그 마음속에 '아버님, 오늘의 삶에
만족하며, 오늘에 제가 존재함에 감사
하며, 오늘 가족과 더불어 살아감에
행복하며, 이웃과 더불어 대화하고 형
제와 더불어 어울려 살아가는 것이 감
사하며 만족합니다.' 그리 생각하는

만족함부터 넌서 기르도록 그리하라.
24 만족함을 너희들이 느끼고 있을 때 욕
심이 없어지며, 욕심이 없어 너희들이
백조와 같이 아름다운 마음이 되었을
때, 진정 범사에 감사하는 마음이 스
스로 나올 것이니,
25 너희들이 백조와 같이 곱고 고운 아름
다운 마음에서 진정 범사에 감사하는
마음이 하늘에서 내리는 감사의 은혜
에 보답하는 길이니,
26 너희들은 말로써 그와 같은 행위를 하
지 말고, 오늘의 생활에 만족하다 생
각하는 마음을 가지고 살라.

8,969 번째 하나님 말씀

2003년 12월 29일 12시 02분

1 사랑하는 나의 아들아!
2 "네, 아버님! 말씀하옵소서."
3 천사와 같은 마음을 가지고 세상에 내
려간 나의 사랑하는 아들딸들이 어찌
하여 이와 같이 무섭도록 변해졌으며,
이와 같이 상상할 수 없는 사악한 마
음의 뿌리를 가지고 살아간단 말이더
냐?
4 너희는 얻어도, 가져도, 쌓아 놓아도,
그리고 명예를 얻어도 그 욕심이 끝이
없음이니,
5 가진 자는 더 가지고, 쌓아 놓은 자는
더 쌓아 놓으려 하는 그와 같은 마음
만 가지고 있음이니, 이것이 나의 피
조물 만백성 너희들이 불행을 자초하
는 것이며,
6 너희들이 사랑이 없고 베풂이 없으며,
인간이 인간을 두려워하는 이와 같은
험악한 세상으로 변해졌음을 과연 알
겠느냐?
7 내가 바라다보는 너희들은 그러하니
라, 내가 하늘에서 재물을 가지고 쉴
새 없이 빗물보다도 더 쏟아 내려도,
그게 쌓이고 또 쌓여 너희들이 거기에
파묻혀 죽는다 해도,
8 '아버님! 더 이상 내려 주지 마옵소
서.' 하고 너희들이 나의 수고로움에
기도할 자가 없는 세상이 되어 버렸으
니,
9 이보다 더 사악하고 이보다 더 험악한
세상이 어디에 있으며, 이보다 더 황
폐한 세상이 어디에 있더냐?
10 아무리 내리고 내려도, 너희들이 그를
거절하며 더 이상 내리지 말아 달라
기도하는 자가 없으며, 그래도 더 죽
을 때까지, 그저 파묻혀 죽는다 해도
그저 더 받으려고만 하는 것이니라.
11 그러니 나의 백성들이 어떠한 자들이
더냐?
12 너희들은 모두 병들어 있는 자들이니
라.
13 재물을 쌓아 놓고자 하는 그 병에 걸
린 자들이요, 명예를 높이 갖고자 하
는 거기에 다 병이 걸려 있는 자들이
니라.
14 그러니 재물을 쌓아 놓기 위하여 먹지
도 아니하고 자지도 아니하며 그 쌓는
것에 모두를 바치는 것이 오늘의 백성
너희들이니, 정녕 너희들이 얼마나 중
환자들이더냐?
15 제 몸이 무너지고 썩어져 가는 것, 제
영혼이 병들어 가는 것도 모르는 자들
이 너희들이니라.

16 오늘의 육의 세상에 보이는 것, 역사
하는 것이 전부가 아니요, 다음의 세
상에 너희들이 영원히 죽지 않는 세상
의 삶을 위하여 모두를 행하고 살아가
야 하거늘, 그를 바라보지 못하며,
17 그저 재물을 쌓아 놓는 것, 명예를 더
높이 움켜쥐고자 하는 것에 자지도 먹
지도 아니하고 지금 발버둥치는 너희
들로 그리되었음이니,
18 그리하여 너희들은 스스로 병을 얻으
며 스스로 죽음을 선택하며, 너희 스
스로 나에게 오른다 말하나 지옥의 길
로 달려가는 것이니라.
19 그러니 내가 나의 법전을 통하여 나의
아들을 따르는 제자들이요, 너희들에
게 전함이 무엇인 줄 알겠느냐?
20 너희들은 나누며 베풀며, 베풀어 주는
즐거움을 얻으며, 이웃을 사랑하는 그
사랑의 기쁨을 얻으며, 인간으로서 서
로 웃으며 살아가는 그와 같은 삶을
살도록 하라 함이니,
21 이것이 내가 세상에 내려보낸 인간의
본질의 마음이요, 본성이니라.
22 그리하여 그를 도로 찾고자 하여 되찾
는 세상을 이룸이니, 그와 같이 내가
내려보낸 인간의 본성을 바로 찾을 때
그 모두가 이루어 졌을 때, 곧 이는 하
늘에서 이루어진 것처럼 지상에 낙원
이 이루어지는 내 역사를 이룸이니 그
리 알라.

8,970 번째 하나님 말씀

2003년 12월 29일 12시 07분

1 사랑하는 나의 아들아!
2 "네, 아버님! 말씀하옵소서."
3 모든 종교 집단이요, 믿음의 길을 가
는 자들이 무엇으로써 시시비비를 하
며, 죽기 아니면 살기로 그와 같은 정
적과 같은 전쟁을 치르고 살아가는 것
이냐?
4 너희들은 어떤 것이 우상이요, 어떤
것이 우상이 아니냐, 그리고 어떤 것
이 잡신이요, 어떤 것이 사탄이며 악
마냐 하는 그것을 가지고 지금까지 싸
우고 치고받고,
5 그것을 '내 것이 맞다, 네 것이 맞다.'
하며 그와 같이 가는 것이 너희들이
아니더냐?
6 그러니 나 여호와가 나의 법전을 통하
여 너희들에게 전함이니, 너희는 잘
들어 그 답을 찾도록 그리하라.
7 참진리의 길을 가르치면서 참진리를
모르고 가는 자, 그리고 참진리를 배
우지 못하는 것, 참진리의 길이 아닌
길로 가는 것이 바로 무엇인 줄 알겠
느냐?
8 우상이요, 잡신이요, 사탄이요, 악마
라 하는 것을 너희들은 알아야 될 것
이니라.
9 너희들이 참진리를 배우고 따르는 것
은 진정한 길이요, 그렇지 않은 것은
우상이요, 미신이요, 잡신이요, 사탄
을 섬긴다는 이 무서운 사실을 알아야
될 것이니라.
10 그러니 참진리의 그 길을 찾는 것이
얼마나 소중하고 귀한 것인가?
11 그러니 그를 찾는 데 최선을 다해야
하는 것을 너희들은 알아야 할 것이니
라.

12 내가 여기서 너희들에게 전함이니라.
13 제 것만이 옳다 움켜쥐고 있는 자는
세상사를 알 수 없음이니, 참진리를
찾을 수 없는 어리석고 불쌍한 백성들
이니라.
14 그러니 지금 나의 아들을 따르는 제자
너희들이 얼마나 축복된 자인 줄 알겠
느냐?
15 너희들은 진정한 믿음을 찾기 위하여
방황한 자들이니라.
16 그리하여 진정한 참진리를 찾기 위하
여 너희들은 이곳저곳 수없이 다녔으
며, 그러다가 나의 법전을 만났으며
나의 아들을 만났으며 강론을 들어 너
희들이 변하기 시작하였음이니,
17 그와 같이 변하고자 역사하는 그 노력
의 대가로 인하여 참진리를 찾았고,
그리고 참진리의 길을 가고 있는 것이
니라.
18 그러니 바로 너희들같이 노력하는 자,
변하고자 역사하는 자, 그러한 자만
그를 얻을 수 있으며 취할 수 있음을
너희들은 알라.
19 너를 따르는 제자들이 그 진리를 찾기
위하여 노력하고 발버둥친 것만큼 그
들이 상을 받았으며 그들이 은혜를 입
은 것이니,
20 그들이 바로 진정 나의 법전이요, 나
여호와의 뜻이요, 참진리를 만나 서서
히 변하여 가고 있음이니, 그들에게
그것보다 더 큰 은혜요, 영광이 없음
이니라.
21 지금의 종교 집단이요, 신도 그들은
제 것이 제일이니 제 것 외에는 보지
아니하려 하며,
22 아무것도 그에 버금갈 수 없으며 견주
어 볼 수도 없으며 대화할 가치도 없
음이니 시시비비할 가치도 없다 하여
제 것만 안고 그저 뒹구는 자들이니,
그들이 얼마나 어리석고 불쌍한 백성
인 줄 알겠느냐?
23 그들이 그를 버리고 세상에 나와 모두
를 접할 때, 이와 같은 자의 강론을 들
으며 저와 같은 자의 설법을 들으며,
그 가르침 속에서 그가 행하고 역사하
는 것을 보는 그 속에서 너희들은 참
진리를 스스로 얻고 변할 수 있는 것
이거늘,
24 우물 안 개구리 같은 종교 집단들이
그저 세뇌시키는 그 속에서 너희 자신
이 벗어나지 못하고 있는 한 너희들은
절대 얻을 수 없음이니라.
25 이제 나의 아들을 따르기 위하여 방황
했던 너희들은 노력한 만큼 그리고 너
희가 찾아 수고한 만큼 진정한 나의
성령이요, 진정한 참진리의 길을 가고
있음이니,
26 그 은혜에 보답하는 마음으로써 너희
들은 하늘을 향하여 한 점의 부끄럼이
없는 그와 같은 삶으로 사는 것이 나
의 은혜에 보답하는 길이라는 것을 절
대 잊지 말도록 그리하라.

8,971 번째 하나님 말씀

2003년 12월 29일 12시 12분

1 사랑하는 나의 아들아!
2 **"네, 아버님! 말씀하옵소서."**
3 내가 너의 제자들에게, 나의 법전을
만들어 이고 지고 전하여 세상을 다

덮으며, 그 수고로움에 최선을 다하라
그리 명하는 것이 무엇인 줄 알겠느냐?
4 나의 법전에 일찍이 기록하여 너희들
에게 전하였느니라.
5 팽이가 오른쪽으로 돎이니, 그것을 반
대로 돌리는 그와 같은 것이 나에게
오를 수 있는 길이라 가르쳤음이니,
그 원칙이 과연 무엇이더냐?
6 너희들은 지금의 삶을 반대로 사는 것
만이 역사한다 그리 생각할 것이니라.
7 너희들은 여기서 알아야 될 것이니라.
8 나의 아들을 따르는 제자들이요, 나의
법전을 읽고 깨우친 만백성 너희들은
이미 팽이가 반대로 돌아가는 원칙이
요, 그 삶을 살고 있음이니라.
9 너희들이 보이는 세상이요, 육의 세상
에서 얽히고설켜 사는 그 삶이 너희들
의 본업이요, 진정한 삶의 근본의 가
장 중요한 것이라 그리 생각하고 살고
있지 않으냐?
10 그러나 너희들의 육의 생활은 정녕 부
업이요, 너희들의 본업이라는 것은 무
엇인 줄 알겠느냐?
11 미래에 나에게 구원을 받을 수 있는
것, 참진리를 깨닫는 것, 그리고 거듭
나는 영광을 얻는 그와 같은 삶이요,
그 길을 가는 것이 인간 세상의 본업
임을 알아야 될 것이니라.
12 지금 나의 아들을 따르는 제자들이요,
나의 법전을 접한 너희들은 정녕 인간
세상의 육의 삶이 본업이라는 것을 벌
써 뛰어 넘었으며,
13 너희들이 육의 삶을 사는 것보다 너희
들의 본업의 삶에 목표를 두고 가는
것은 나 여호와에게 오는 길이요, 나
여호와가 역사하는 것이요, 내가 이루
고자 하는 것을, 너희들은 미약한 힘
이나 그 모두를 바쳐 그 뜻을 받아 행
하고자 하는 것이니,
14 그것이 바로 너희들이 미래의 삶을 준
비하는 자들이며, 미래의 삶을 위해
살아가고 있는 것이니라.
15 그러니 너희들은 육의 세상의 삶을 본
업이라 생각하는 그 백성들에게서 이
미 벗어났으며, 그들과 차원이 다른
삶이요,
16 육의 세상에 보이는 세속의 삶은 부업
이요, 너희들이 나를 경배하며 나의
법전을 만들며 만백성을 구하여 그들
을 깨우쳐 나에게 기쁨을 주는 그와
같은 것은 미래의 준비된 삶이요, 미
래를 위해 사는 것이니,
17 너희들은 이미 팽이가 오른쪽으로 도
는 것을 왼쪽으로 돌리는 삶을 사는
것이니, 나의 아들을 따르는 제자 너
희들이야말로 나로부터 받은 은혜와
영광이요, 축복이 얼마나 크고 방대한
줄 한번 생각해 보고 그 뜻을 알고 있
느냐?
18 너희들은 그와 같은 위대한 영광 속에
사는 자들이니라.
19 너희들은 스스로 본업과 부업이라는
것을 생각하지 아니하며, 너희들이 어
떠한 삶을 살아야 될 것인가 생각하기
전에,
20 너희들 스스로 육의 세상의 모두가 다
본업이요, 그를 위해 살아가는 그들의
삶을 벗어나, 나 여호와의 뜻에 따라
미래에 내가 역사하는 그 세상을 열기
위하여 한 걸음 한 걸음 너희 자신을

씻이 가며 전진함이니,
21 너희들은 팽이가 반대로 도는 삶을 벌
써 깊이 살고 있으며, 나 여호와의 뜻
에 따라 살아가는 것이요, 미래에 거
듭나는 삶을 위하여 하나하나 다져 가
는 그와 같은 삶을 살고 있음을 너희
들은 알라.
22 너희들은 모르나, 너희는 이미 인간
세상은 부업이요, 하늘에 오르는 길이
요, 나 여호와의 뜻에 따라 사는 것이
본업이라는 것을 알아 그 길을 위하여
너희들이 매진하여 달려가고 있음이
니라.
23 나의 아들을 따르는 몇 명 안 되는 제
자 너희들이 각자 제자리에서 최선을
다하며,
24 나의 아들과 더불어 대화하며 가는
자, 나의 아들과 더불어 법전을 만들
어 기록하는 자, 그리고 이를 책으로
만드는 자, 이를 전하는 자,
25 그리고 이에 대한 물질적인 그 모두를
역사하는 자, 나의 아들이 바로 설 수
있도록 하는 자, 나의 아들의 마음을
다스리며 기도할 수 있도록 인도하는
자,
26 그들이 또 잘못 가면 조언하여 바로
설 수 있게 하는 자, 그리고 나의 아들
이 역사하는 나의 법전을 이고 지고
뛰는 자, 그와 같은 너희들은 미래의
삶을 위하여 살아감이니,
27 본업의 삶을 시작한 너희들이 가장 축
복되고 영광된 백성들의 삶이라는 이
것 하나로써 오늘의 고통과 시련을 다
이기고 가도 되기에,
28 법전을 만드는 데 게을리하지 말라 하
였으며, 만백성을 구하는 데 너희들이
한 치도 소홀함 없이 모두를 다 바쳐
최선을 다하라 내가 너희들에게 명한
뜻이 여기에 있음을 알라, 사랑하는
나의 아들딸들아!

8,972 번째 하나님 말씀

2003년 12월 29일 12시 15분

1 사랑하는 나의 아들아!
2 "네, 아버님! 말씀하옵소서."
3 지금 너희들의 삶의 그 중요함이 무엇
이더냐?
4 너희들이 미래의 삶을 위하여 살아가
는 그 시간도 중요하며 육의 세상에
너희들이 종말을 거두는 날까지 삶도
귀하고 소중한 것이니라.
5 그러나 그보다 더 급하고 소중한 것이
있음이니, 그 시간이 무엇인 줄 알겠
느냐?
6 지금 미래의 삶을 위해서 설계하며 그
를 위해 달려가는 것보다도 너희들이
지금까지 살아온 너희 자신을 들여다
보도록 그리하라.
7 너희들이 지금까지 살아온 그 과거를
제삼자의 입장에서 냉철히 분석하여,
너희들이 몇 점의 점수를 맞을 수 있
는 삶을 살았는가, 그 점수를 알아보
고 점수를 점검해 보는 그와 같은 현
명한 시간이 더 소중하고 귀함을 너희
들은 알아야 될 것이니라.
8 그리하여 너희들이 지난날의 삶을 잘
못 살며 잘못 엮어 왔다면, 너희들은
그를 거울삼아 거듭나는 그 길을 위하
여 본업의 삶의 길을 찾는 데 최선을

다하지 아니하면 나에게 오를 수 없는
것이니라.
9 너희 자신이 과거의 삶에 대한 죄를
벗어나기에도 시간이 없음을 너희들
은 알 것이니라.
10 그러니 너희들은 내일의 삶의 설계를
위하여 달려가는 것보다, 오늘의 너희
들의 삶이 어찌 되었는가 그것을 분석
하고 연구하여 그걸 고치고 바로 사는
삶을 살도록 그리하라.
11 그것만이 나의 명에 의해 전함에 한
치의 어긋남이 없을 것이니라.
12 그러니 내가 너희들을 통하여 지금 가
르치고 전하는 것이 잘못된 것이며 하
늘의 뜻이 아니라면, 너희들이 나의
명을 따르지 아니하고 떠나도 내가 말
하지 아니할 것이니라.
13 그러나 이를 보고 맞다 해도 이를 따
르지 아니하며 행하지 아니할 때, 너
희들은 그와 같은 대가를 치름이 무엇
인지 알 날이 머지아니하였음을 알도
록 그리하라.

8,973 번째 하나님 말씀

2003년 12월 29일 12시 19분

1 사랑하는 나의 아들아!
2 **"네, 아버님! 말씀하옵소서."**
3 너희들이 지옥문에 와 몸부림치며 그
곳을 들어가지 아니하려 하나, 너희들
의 죄의 발목에 걸린 그 쇠사슬을 잡
고 있는 주인은 지옥을 지배하는 자이
니, 그가 당기는 그 힘을 너희들이 버
티고 견딜 수 없음이니, 결국 끌려가
며 넘어가게 되어 있느니라.
4 그러니 너희들이 그 고통스러운 길을
가지 아니하려 한다면 최소한 몇 가지
만 지키고 행하면 그와 같은 고통은
면할 수 있는 것이거늘, 어찌하여 너
희들이 그리 우매하고 어리석은 삶을
산단 말이더냐?
5 너희들이 남을 시기하고 질투하지 아
니하며 욕하지 아니하며,
6 남이 너희들에게 깨우쳐 주는 것, 그
리고 그들의 경험을 너희들에게 들려
주어 바른 삶을 살라 말하는 것, 부모
요, 형제요, 이웃이 너희들에게 가르
쳐 주는 것, 그와 같은 것을 들어서 너
희 것으로 만들어 전하는 그와 같은
지혜만 있다면,
7 그와 같은 지혜로운 삶을 산다 해도
너희들은 지옥문 앞에서 울고불고 몸
부림치는 것은 면할 것이거늘, 어찌하
여 너희들은 그리도 어리석은 삶을 사
는가?
8 그중에 가장 어리석고 불쌍한 백성이
누구인 줄 알겠느냐?
9 제가 가는 길이 불변이요, 제가 역사
하는 것만 구원을 받으며 하늘에 오를
수 있다는 그와 같은 변하지 못하는
생각을 가지고 있는 자들이니라.
10 그와 같은 자들이 얼마나 불행하고 불
쌍한 백성들인 줄 알겠느냐?
11 제 손에 들고 있는 것이 잡석이라는
것을, 아무 쓸모도 없는 잡석이라는
것을 어린 아이도 알며 남들도 알며
남녀노소가 다 알고 보고 있건만, 저
만 그것이 보석이요, 세상에 다시 없
는 것이라 움켜쥐고 몸부림치니,
12 그와 같이 제 손에 들어 있는 잡석을

보석이라 함이니, 정녕 진정한 보석이
요, 찬란한 빛을 발하는 그 귀한 보석
이 남의 손에 있는 것을 보지 못하는
자요, 남이 소유하고 있는 것을 보지
못하는 어리석은 삶을 사는 백성이 되
어 있음이니라.
13 그러니 그들을 깨우치기 위해서는 어
찌해야 되겠는가?
14 그것이 너희들이 오늘에 가야 할 일이
며 너희들의 과제임을 알아야 될 것이
니라.
15 내가 그들에게 전하니, 나의 법전에
전한 이 내용을 너희들이 전하도록 그
리하라.
16 남을 시기하지 아니하고 미워하지 아
니하며 욕하지 아니하는 것,
17 그리고 남이 너희들에게 깨우쳐 주는
아름다운 말이요, 그가 인생을 살아가
면서 경험하고 체험한 것을 너희들에
게 들려줄 때, 그것을 듣고 제 것으로
만드는 것,
18 그와 같은 간단한 삶을 살아도 너희들
이 지옥문 앞에서 울고불고 통곡하는
그와 같은 길은 면할 것이라는 나 여
호와의 뜻을 잘 들어 전하도록 그리하
라.
19 그리고 제 손에 든 것을 남들이 잡석
이라 말하면 한번 손을 펴 그를 보도
록 그리하라.
20 그리고 남의 손에서 빛나는 그 보석과
견주어 보면 너희들이 그를 다 알 수
있는 것이거늘,
21 어찌하여 제 것만 위대하다 하여 움켜
쥐고 펴 보지 아니하며, 남의 손에 있
는 그 찬란한 빛을 보려 하지 아니하
며, 제 손에 있는 잡석이 더 위대하다
는 어리석은 생각을 하는가?
22 이것이 너희들이 오늘에 지옥으로 가
는 것이요, 수천 년 동안 나에게 오를
수 있는 백성이 없었던 것임을 알라.

8,974 번째 하나님 말씀

2003년 12월 29일 12시 22분

1 사랑하는 나의 아들아!
2 "네, 아버님! 말씀하옵소서."
3 너희들이 정녕 마음을 다스리지 못하
며 변화되는 그와 같은 삶을 살 수가
없거든,
4 너희들은 아침 일찍 잠자리에서 눈을
뜸이니, 그때부터 선한 생각으로 모든
하루의 일과를 설계하고 시작하도록
그리하라.
5 너희들이 아침에 일찍 눈을 떠 선한
것을 생각하며 선한 마음으로써 하루
를 설계를 한다면, 그 의미가 무엇인
줄 알겠느냐?
6 선한 것을 생각하는 것은 선한 씨앗을
낳으며, 선함은 선함을 계속 생각하게
되며, 그리하여 선함의 그 씨앗을 낳
게 되는 것이 인간의 삶이니라.
7 그러니 너희가 변할 수 없고 다스릴
수 없거든, 가장 기초적인 이 훈련부
터 시작하라.
8 눈을 떠 선한 것부터, 아름다운 것부
터 하루의 설계를 하고 생각하는 그
마음을 단련시키며 훈련하도록 그리
하라.
9 새벽에 너희들이 악한 마음을 갖고 생
각하며 하루의 일과를 시작한다면 그

하루는 너희들이 악의 씨를 낳게 될
것이며 모두는 다 무너짐이니, 너희들
은 건잡을 수 없는 하루가 되는 것이
니라.
10 그러니 하루를 선한 것으로 생각하면
선한 것이 선한 싹을 낳기 시작하니,
너희들이 1년이요, 10년이요, 평생 동
안 그와 같은 생각으로 살아간다면 어
떠한 결과가 나오겠느냐?
11 이것이 가장 기초적인 것이니, 정녕
변화되는 삶을 살 수 없으며 거듭나지
못하겠거든 다시 이 훈련부터 시작하
며,
12 너희들은 모두를 다 버리고 어린아이
와 같은 마음으로 그 선한 씨앗을 심
고 또 선한 생각을 심어, 하루의 아침
을 역사하는 그와 같은 길로 시작하도
록 그리하라.
13 그리하면 너희들이 세월이 지나면 변
화되는 그 역사가 있음이니, 어느 날
너희들은 내 앞에 와 있는 은혜와 영
광을 얻게 될 것이니라.

8,975 번째 하나님 말씀

2003년 12월 29일 13시

1 사랑하는 나의 아들아!
2 "네, 아버님! 말씀하옵소서."
3 그 누가 뭐라 해도, 어떠한 백성이 너
희들을 핍박을 한다 해도, 너희들은
나의 법전이 나의 새로운 성경이요,
나 여호와의 뜻임을 가슴 깊이 새겨야
될 것이니 그를 잊지 말라.
4 내가 나의 법전에 기록하여 너희들을
깨우침이니, 이것에 잘못된 것이 있으
며 도를 벗어난 길이 있더냐?
5 지금 나의 피조물 만백성을 구원하며
하늘에 오른다는 그 종교 집단, 수천
년 동안 흘러온 백성, 그들은 나의 뜻
하나를 모르고 있는 자들임이니라.
6 사랑하는 나의 아들아, 나 여호와는
사람이 사람을 사랑하며, 사람이 사람
에게 베풀며, 감사할 줄 알며, 서로 이
웃과 이웃의 소중함을 아는 그와 같은
백성을 사랑함이니라.
7 그러나 지금의 모든 종교 집단이요,
지도자 그들은 사람이 사람에게 감사
하며 기쁨을 나눌 줄 모르며 그를 소
중히 생각하는 것이 아니라,
8 오로지 나 여호와에게 감사하며 나에
게 기쁨을 드리며 나에게 모든 영광을
돌리고 바치는 그와 같은 것으로써 저
희들이 구원을 받으며 나에게 오른다
그리 생각하고 있음이니, 이것이 잘못
되었음을 너희들은 깨우치고 전해야
될 것이니라.
9 이것이 성서의 비밀이요, 하늘의 비밀
이니라.
10 그러니 너희들이 성경을 열지 못하며
그 열쇠가 없음이니, 내 뜻을 모르느
니라.
11 나 여호와는 사람에게 감사할 줄 아는
자, 사랑할 줄 아는 자를 사랑함이니,
12 나를 사랑하며 나에게만 감사한다는
그와 같은 백성을 나는 절대 사랑하지
아니함이니 그리 알라.
13 그러니 지금의 종교 집단과 신도들 그
백성들이 어찌 가고 있는가, 너희들은
그를 알아야 될 것이니라.
14 정녕 사람에게 감사할 줄 모르는 자들

이 그들이 아니더냐?
15 그저 나에게만 감사하며 나에게만 바
치며 나를 생각하면 그것으로써 저희
들이 구원을 받으며 역사한다 함이니,
16 그들이 오늘과 같이 황폐한 세상을 만
들었으며 돌이킬 수 없는 그와 같은
세상을 만들었음이니라.
17 내가 나의 법전에 기록하여 전하기를
무어라 말하였느냐?
18 물 속에 빠져 죽어 가는 자를 건졌으
나, 저희들과 같은 종교 집단이 아니
요, 같은 믿음이 아니요, 나를 믿지 않
는 자이기 때문에, 그는 나로부터 사
랑을 받을 수 없으며 은혜를 받을 수
없다고 가르친다면,
19 그들은 인간이 인간에게 베푸는 것,
사람에게 받은 것을 감사할 줄 모르
니, 그는 기본이 안 되어 있으니 짐승
과 무엇이 다르단 말이더냐?
20 나 여호와는 짐승만도 못한 생각을 하
는 자들을 사랑하지 아니함이니라.
21 너희들은 물에 빠진 자를 구원해 주면
그에게 감사하며, 그에게 진심으로 은
혜를 갚을 줄 아는 자가 되면 될 것이
니라.
22 그러니 그것이 내가 원하는 것이요,
내가 역사하고자 하는 나의 뜻임을 알
라, 사랑하는 나의 아들딸들아!
23 너희들이 물에 빠져 죽어 감이니, 어
느 믿지 않는 자가 제 목숨을 다 바쳐
물에 빠진 자를 구원해 주었음이니라.
24 그러나 목숨을 건져 밖에 나온 자가
목숨을 바쳐 저를 구해 준 자에게 감
사하며 고맙다 인사하지 아니하고, 무
릎 꿇고 '하나님! 감사합니다. 여호와
하나님! 감사합니다.' 하며 등을 돌리
고 간다 하면, 목숨을 바쳐 저를 구원
해 준 그 사람은 무엇이더냐?
25 그와 같은 것을 감사할 줄 모르는 너
희들이 나를 아무리 찾고 몸부림치고
나에게 세상 것을 다 갖다 바치며, 너
희들이 1년 동안 지은 농작물을 아무
리 씻고 깨끗한 것을 골라 나에게 바
친다 해도,
26 사람에게 은혜를 받고도 감사할 줄 모
르는 그와 같은 백성을 나는 모르며
그를 사랑하지 아니함이니 그리 알라.
27 너희들이 불에 타들어 가는 자를 그
속에 뛰어들어 구원함이니, 그가 생명
을 바쳐 제 자식이요, 제 목숨을 구해
왔으니,
28 그 인간에게 손을 잡고 감사함을 먼저
표시하며, 그리고 조용한 시간에 너희
들이 나 여호와에게 감사하다 하는 그
기도를 드리면 될 것을,
29 제가 화상을 입어 가면서 제 목숨을
건져 준 자는 뒤로하고 무릎 꿇고 '하
나님 감사합니다. 여호와 하나님, 감
사합니다. 그 은혜에 감사합니다.' 그
와 같이 하는 자는 사악한 자요, 내가
그를 용서하지 아니하며 그를 모른다
함이니라.
30 이제 나의 아들을 따르는 백성이요,
선택된 제자 너희들은 하늘의 비밀이
요, 하늘의 뜻을 따라 행하도록 하라.
31 너희들에게 감사한 은혜를 주면 먼저
그 사람의 손을 잡고 그에게 감사함을
진심으로 표현하고 그 은혜를 표시하
라.
32 그리고 나 여호와에게 기도하고 나를

찾는 그와 같은 백성이 되라.
33 그것이 내가 사랑하는 백성이요, 나의 아들딸이니,
34 그와 같이 하지 아니하는 자들이 이와 같이 삭막한 세상을 만들어 나의 피조물 만백성이 구원의 길을 보지 못하도록 하는 자들이니라.
35 나의 만백성을 소중히 여기며 그를 사랑하는 것이 너희들이 가야 할 길이니라.
36 그와 같은 백성은 내가 기억하고 사랑함이니라.
37 인간이 인간을 사랑하며, 인간에게 은혜를 입은 것을 감사하지 아니하고 고마운 줄 모르며, 나에게 기도하고 감사하는 것만으로 구원받았다 말하는 자, 그와 같은 자를 정녕 나는 모른다 함이니,
38 그는 사랑이 아니요, 형제와 이웃의 사랑도 모르는 자이니 그리 알라.
39 너의 제자들과 나의 법전을 읽고 깨우친 만백성 너희들은 나 여호와의 뜻을 알아 그리 행하라.
40 감사함을 받은 자, 감사한 은혜를 받은 자, 그 인간이요, 백성에게 먼저 감사의 표시를 하도록 그리하는 마음을 가지라.
41 그가 정녕 나 여호와에게 감사함을 알며 나를 경배하며 나를 따를 수 있는 백성이니라.
42 내가 저희들을 구원해 주지 아니하며 저에게 역사해 주지 아니한다면 그는 나에게 감사를 하겠느냐?
43 그는 그와 같은 감사한 마음의 기본도 되지 아니한 자이니, 제 생명이요, 저를 구원해 준 자에게 먼저 감사하는 마음을 갖고, 저에게 진리를 깨우쳐 주며 아름다움을 전해 준 백성에게 감사하는 마음을 갖는 인간이 되어야만 되느니라.
44 그와 같은 인간을 내가 구원하며 사랑함이니 그리 전하도록 하라, 사랑하는 나의 아들아!

8,976 번째 하나님 말씀

2003년 12월 29일 13시 05분

1 사랑하는 나의 아들아!
2 "네, 아버님! 말씀하옵소서."
3 지금의 모든 믿음의 길을 가는 백성이 정녕 하늘에 오르는 길이요, 나의 아들을 통하여 내리는 160권의 법전이요, 그를 따르는 제자들을 사탄이요, 이단이라 그리 말하고 핍박함이니라.
4 그러니 너희들은 알라, 사랑하는 나의 아들딸들아!
5 선과 악의 차이가 무엇이며, 무엇이 다른 줄 알겠느냐?
6 너희들은 알아야 될 것이니라, 악은 선한 것을 결박하며 핍박하며 그를 욕하며 그를 무너트리고자 하나, 선은 결코 악을 핍박하지 아니하며 그를 욕하지 아니하며 그를 무너트리지 아니함이니라.
7 다만 바르게 깨우치고 인도함이니, 악은 선을 핍박하나 선은 절대 핍박을 하지 아니함이니라.
8 그러니 지금의 종교 집단이요, 지도자들의 형태가 어떠한 것이더냐?
9 참진리의 길을 가는 백성이라면 저의

종교요, 저의 종파를 믿지 않는 자를
적으로 생각하지 아니하며, 적으로 생
각할 수가 없는 것이니라.
10 참진리는 비진리를 멸망시키고자 하
지 아니하나,
11 저희들과 같이 앉으려 하지도 아니하
며, 같이 겸상도 하지 아니하며, 같이
대화도 하지 아니하려는 것이 비진리
요, 잘못 가는 자들임을 너희들은 알
아야 될 것이니라.
12 참진리의 길을 가는 것을 무너트리고
쓰러트리고자 온갖 수단과 방법을 다
하는 것이 바로 비진리이니라.
13 그러나 참진리요, 나 여호와의 뜻에
의해 가는 것은 절대 그렇지 아니함이
니라.
14 참진리는 비진리를 무너트리려 하지
아니하며, 그를 죽이려 하지 아니하
며, 그를 세상에 존재하지 아니하도록
그리하지 아니하는 것이니라.
15 그러니 이제 나의 아들을 따르는 백성
너희들은 잘 들어 깨우치라.
16 과연 누가 같이 겸상하지 아니하려 하
며, 저와 뜻이 다르며 종파요, 믿음이
다르다 하여 같이 행하지 아니하고,
한자리에 같이하지 아니하는 자들이
어떤 백성인가?
17 그러니 같이하지 아니하고 같이 대화
하지 아니하려는 것, 그것이 바로 비
진리의 길을 가는 자들임을 너희들은
알아야 될 것이니라.
18 모두와 대화를 하며 모두를 가슴에 안
으며, 그리고 때와 장소를 가리지 아
니하고 사람을 구분하지 아니하고 모
두와 대화하며 가슴에 안아 주는 것이
참진리요, 나 여호와의 뜻이니라.
19 그러니 이제 나의 아들을 따르는 제자
들이요, 그리고 나의 법전을 읽고 깨
우친 너희들은, 너희들도 모르는 사이
에 하늘의 이치를 알며 하늘에 높이
와 있음이니, 그 누구도 너희들과 대
적할 수 없는 그와 같은 경지에 있음
이니,
20 만백성을 구하는 역사를 시작할 때가
되었음을 알라.
21 내가 다시 너희들에게 말함이니, 악은
선을 핍박하느니라.
22 그러나 선은 악을 핍박하지 아니하느
니라.
23 참진리는 그 누구도 다 사랑하며 가슴
에 안고 대화하고자 하느니라.
24 그러나 비진리는 나 여호와의 뜻과는
반대로 같이하지 아니하며 겸상하지
아니하며 대화하지 아니하려는 것이
니, 그게 어떠한 자들인지 너희들이
스스로 깨우쳐 그 길을 가도록 하라.
25 왜 그들은 그리 가르치고 그리 행하
며, 대화하지 못하며 같이 겸상하지
못하게 하겠는가, 그것은 너희들이 스
스로 깨달아 보면 알 것이니라.
26 그러니 너희들은 전하도록 하라, 사랑
하는 나의 아들아!
27 폭력과 복수를 하는 것, 그리고 인간
을 적대시하는 것, 그리고 인간을 적
으로 생각하는 것은 모두를 정복할 수
없으며 세상을 아름답게 만들 수 없으
며 하나가 될 수가 없는 것이니라.
28 그러니 그 씨앗은 씨앗을 낳고, 복수
는 복수를 낳으며 폭력은 폭력을 낳는
것이 이 세상 이치이니,

29 같이 대화하지 아니하려 하며 같이 만
나려 하지 아니하며 겸상하지 아니하
려 하며 대화를 나누지 아니하려는 자
들은 그와 같은 것이 씨앗을 낳고 또
낳음이니, 그들은 이 세상을 정복할
수 없음이니라.
30 그러니 비진리요, 악의 뿌리요, 악의
자손들이니라.
31 그러나 나의 아들을 따르는 제자 너희
들은, 많은 세월이 흐르지 않았으나,
나의 법전을 읽고 깨우친 너희들이 모
두를 가슴에 안고 모두를 용서하며 사
랑하라 함이니,
32 사랑이라는 것은 세상의 모두를 정복
할 수 있는 것이니라.
33 그것만이 정복할 수 있는 것이며, 폭
력이요, 복수요, 그와 같은 것으로써
는 세상을 정복할 수 없다는 것을 알
고 있지 않으냐?
34 그러니 누가 참진리요, 나 여호와의
뜻이요, 하늘의 뜻인가를 너희들이 알
것이니,
35 알았으면 목숨을 다하고 마음을 다하
여 나 여호와의 뜻을 세상에 전하도록
최선의 노력을 아끼지 말라, 선택된
사랑하는 나의 아들딸들아!
36 너희들은 말하느니라, 어린 자식을 눈
에 넣어도 아프지 않다 함이니,
37 내가 수십억 인구 중에서 선택하고 초
청한 너희들이 오늘은 보잘것없는 초
라한 모습이나, 너희들은 내 눈에 넣
어도 아프지 않은 선택된 나의 아들딸
임이니 그리 알라.

8,977 번째 하나님 말씀

2003년 12월 30일 06시 42분

1 사랑하는 나의 아들아!
2 "네, 아버님! 말씀하옵소서."
3 나의 율법이요, 나의 성경이요, 십계
명이요, 그것이 무엇이더냐?
4 또한 지금 나의 아들을 통하여 내리는
새로운 성경, 그 또한 무엇이던가?
5 너희들이 인간 세상에 살아가면서 남
에게 폐 끼치지 말며 남에게 욕된 짓
하지 말며, 인간의 도리를 하고 살라
내가 내린 것뿐이니라.
6 너희들이 그를 지킬 수 있다 없다 그
와 같이 시시비비하는 것, 이것으로써
그것이 절대 안 된다는 것이 여기에
있음이니라.
7 내가 내린 계명이 무엇이던가?
8 너희들이 세상에 살아가면서 남에게
누를 끼치지 아니하며 남에게 폐를 끼
치지 아니하며 남에게 욕되지 않은 삶
을 살라 하는 것, 그 간단한 것이니라.
9 나로부터 생명을 받아 세상에 나가 살
아감이니, 인간이 살면서 남에게 욕되
는 짓, 남에게 폐가 되는 짓, 남을 음
해하는 짓, 그와 같은 도덕적으로 인
간의 자질을 갖추지 못한 행위를 하지
말고 살라는 것이 나의 십계명이요,
그 이상 그 이하도 아닌 것임을 너희
들은 알아야 될 것이니라.
10 나로부터 생명을 받아 세상에 나와 사
는 너희들이 아름답고 사랑하는 마음,
그저 내가 내린 그 마음만 가지고 살
라는 그것뿐이니라.
11 나 여호와가 그 이상 너희들에게 무엇

을 바라고 원하는 것도 없거늘, 어찌
하여 그와 같은 삶을 살지 못하는가?
12 내가 너희들에게 생명을 주었으며 세
상에 살아갈 수 있는 모두를 다 내려
주며, 나 여호와가 너희들에게 명한
것이니라.
13 남에게 폐를 끼치지 말며 남을 욕되게
하지 말며 남의 마음을 울리지 말며
남의 가슴 아픈 짓을 하지 말고 살라,
그것이 나 여호와의 가르침이요, 진리
이니라.
14 지금 내가 내리는 새로운 성경 또한
무엇이던가?
15 너희들이 인간의 도리를 잘 지키며 살
라는 것, 그것뿐이니라.
16 그 이상도 그 이하도 아닌데, 이것을
지키지 못하며 이것을 지킬 수 있다
없다 시시비비하는 너희들이 지금 되
어 있기 때문에 오늘의 세상이 이와
같이 험악한 형국이 이루어졌음을 알
라.
17 너를 따르는 제자들이요, 나의 법전을
읽고 깨우친 만백성 너희들은 십계명
을 다시 한 번 암송하며 그 의미를 되
새겨 보라.
18 그것이 무엇이더냐?
19 너희들이 인간 세상에 도덕적으로 부
끄럽이 없는 삶을 살도록 하라는 것이
요,
20 그리 사는 것이 인간이 짐승과 모든
미물과 다른 점이요, 나의 뜻에 따라
너희들을 만든 그것이 거기에 있음을
너희들은 알아야 될 것이니라.
21 그러한 너희들이 그 기본을 지키지 아
니하며 근본을 행하지 아니하며, 그러
면서 너희들은 세상이 어렵고 힘들다
하며, 악한 자 선한 자를 구분을 짓는
것이니라.
22 이제 모든 백성 너희들은 들으라.
23 너희들이 살아가면서 남에게 폐 끼치
지 아니하며 남에게 욕되지 아니하며
그와 같은 마음으로 살아가는 것이 너
희가 나에게 오르는 간단한 이치요,
길이니라.
24 그래서 너희들이 나를 믿고 하늘에 오
르는 길은 가장 즐거운 마음으로 행복
한 마음으로 지키고 살 수 있다는 것
이 나 여호와의 뜻이니,
25 율법이 어려우며 십계명이 어려우며
내가 내리는 새로운 성경이 어렵고 복
잡하며, 인간이기 때문에 지킬 수 없
다는 그와 같은 말을 하지 말라 전하
라.
26 너희들이 그저 도덕적으로 한 점의 부
끄럼이 없는 삶을 살아가도록 내가 너
희들에게 명한 것이지, 그 이상도 아
님이니, 너희들은 지키고 행해야 된다
는 것을 절대 잊지 말도록 그리 전하
라.

8,978 번째 하나님 말씀

2003년 12월 30일 06시 46분

1 사랑하는 나의 아들아!
2 **"네, 아버님! 말씀하옵소서."**
3 너희들이 믿음으로 살아가는 것이 무
엇이더냐?
4 너희들은 나 여호와를 믿고 내가 존재
함을 알며, 내가 창조주요, 구세주요,
너희들의 구원의 아버지요, 그러니 내

뜻대로 행하고 살아가면 될 것을, 너
희들은 어찌 말하느냐?
5 그저 나의 아들 예수가 구세주요, 창
조주요, 나와 아들과 성령과 삼위일체
요, 하나라는 그와 같은 말을 하고 지
금 가고 있지 않으냐?
6 나의 아들이 성서에 기록하여 전하였
느니라, '나를 보내신 분이 있으니, 보
낸 이의 뜻에 따라 행동하고 그 뜻에
따라 사는 것이 구원의 길이다.' 그리
가르쳤고 전했음이니라.
7 그러나 너희들은 이를 따르지 아니하
며, 예수를 구세주라 말하며, 그의 보
혈로써만 구원을 받는다 생각하는 그
고정관념에서 벗어나지 못한다면,
8 너희들은 정녕 방대한 나의 뜻이요,
하늘의 이치를 알 수 없으며, 정녕 어
떠한 것이 하늘에 오르는 그 길인가
그 또한 볼 수가 없을 것이니라.
9 다만 나의 아들을 통하여 역사하는
것, 그 아들이 순종하여 모두를 바쳤
던 것, 그를 너희들이 본받아 그와 같
은 마음의 자세로 거울삼아 가는 것이
지,
10 나의 아들 예수가 너희들을 구원하며
구세주며 믿기만 하면 구원을 받는다,
그리고 보혈로써 구원을 받는다는 생
각을 지워야 될 것이니라.
11 너희들이 생수를 받을 수 있는 그릇이
안 되면 내가 부을 수 없다 했듯이, 나
의 아들 예수의 보혈을 받을 수 있는
깨끗한 그릇이 되어 있지 아니한 너희
들에게 절대 부을 수가 없으며, 부어
주어도 아니 되는 것이 그와 같은 이
치이니,
12 너희들은 이제 고정관념의 믿음에서
벗어나지 아니하면 아니 될 것이니라.
13 너희들은 한 가지 생각을 네 머릿속에
입력시켜 놓으면 그것이 변하지 아니
하고 그것을 변동시킬 수 없는 것이
너희들의 어리석음이니, 바로 무엇이
더냐?
14 악은 악을 낳고 선은 선을 낳는 그와
같은 이치이니,
15 너희들이 한 번 악을 낳기 시작하면
그 머릿속에 고정관념을 버리지 못하
여 악의 씨만 계속 뿌리는 것이 나의
백성 너희들의 살아감이니,
16 그와 같은 백성이 가장 어리석고 불쌍
한 백성임을 너희들은 알아야 될 것이
니라.
17 너희들은 그 무서운 말을 함부로 하느
니라.
18 믿기만 하면 누구나 구원을 얻고, 마
지막 심판 날에 죽은 자까지 부활하여
영원한 천국의 나라에 올 수 있으나,
그리 믿지 아니하면 그는 구원을 받을
수 없으며 그것은 진정한 믿음의 길을
모르는 백성이라 그리 말하느니라.
19 그러나 너희는 창조주 나 여호와의 뜻
에 따라 역사하고 행하는 것이 구원의
길이라는 것을 알아야 될 것이니라.
20 너희들이 말로써 역사하는 것, 말로만
하는 것, 너희들이 믿기만 하면 된다
는 그와 같은 고집스러운 생각을 이제
버려야 될 것이니,
21 그와 같은 마음을 가지고 믿음의 길을
가는 백성이 얼마나 어리석은 것인지
너희들이 머지않아 알 날이 있음이니,
그 길을 계속 고집스럽게 가서는 아니

되는 것이니라.
22 이제 내가 새로운 시대에 나의 새로운
성경이요, 나의 법전에 이렇게 상세히
기록하여 하늘에 오르는 그 길이요,
안내서를 만들어 내려보내거늘,
23 어찌하여 너희들은 네 머릿속에 입력
된 것을 가지고 고집스럽게 그리 가는
가?
24 남의 것을 보고 듣고 배워 너희 것으
로 만드는 그 현명함을 얻는다면 너희
들은 죽음의 길에 가서 나에게 울고불
고 매달리는 그와 같은 일도 없을 것
이거늘,
25 어찌하여 그와 같은 현명함을 버리고
어리석은 길을 가느냐?

8,979 번째 하나님 말씀

2003년 12월 30일 06시 52분

1 사랑하는 나의 아들아!
2 **"네, 아버님! 말씀하옵소서."**
3 너희가 믿음의 근본이요, 그 길이 어
떠한 것인지 알겠느냐?
4 믿음이라는 것은 나 여호와의 진리가
끝이 없으며 한이 없다 너희들이 그리
알지 않느냐?
5 바닷물을 잉크 삼아 쓰고 써도 다 쓰
지 못하는 것이 나의 진리라 하였음이
니,
6 너희들의 믿음이요, 그 진리의 길을
가는 것은 쉬지 아니하고 계속 전진하
며 변해 가는 것이 그 믿음의 근본임
을 너희는 알아야 될 것이니라.
7 그러나 수천 년 동안 오는 지금의 종
교 집단이요, 지도자 너희들은 한 번
생각된 것을 바꾸지 못하며 전진이 없
는 그와 같은 믿음에만 매달리고 있지
않으냐?
8 믿음이라는 것은 쉬어서도 아니 되는
것이니라.
9 그러니 믿음은 가다 중단하고 쉬는 것
이 곧 산 믿음이 아니요, 죽은 믿음이
니, 지금 너희들이 가고 있는 것은 죽
은 믿음으로만 달려가는 그와 같은 것
이라는 것을 알아야 될 것이니라.
10 믿음이라는 것은 그 자리에 머물 수도
없는 것이요, 중단해서도 아니 되는
것이라는 것을 너희들은 알아야 될 것
이니라.
11 너희들이 말하는, '하늘을 두루마리
삼고 바닷물을 잉크 삼아 쓰고 써도
다 못 쓴다.'는 그 진리를 너희들이 듣
고 깨우쳐 전진하는 것이 믿음이요,
참진리의 길을 가는 백성이 해야 할
길이라는 것을 너희 스스로도 알 수
있지 않더냐?
12 그러한 믿음의 본질을 모르니, 너희가
몇천 년 동안 같은 방법이요, 같은 설
교로써 일관하고 있는 그것이 곧 죽음
이니,
13 그를 듣고 깨우치다 한계에 부딪치고
죽으니, 그 자손이 그 믿음을 또 그곳
까지 깨달아 몇 가지를 깨닫는 듯하다
가 그 또한 죽어 가니, 전진이 없는 믿
음이요, 변화 없는 믿음이니,
14 곧 이것이 잘못된 믿음이요, 산 믿음
이 아니요, 하늘에 오르는 것이 아니
요, 죽은 믿음이요, 제자리에서 한 발
짝도 나가지 못하는 너희들의 오늘의
그 믿음임을 알아야 될 것이니라.

15 믿음이라는 것은 나의 백성 너희들이
세상에 나와 성장하는 것처럼 끝없이
자라는 것이라 하지 아니하였더냐?
16 너희들이 인간 세상에서 자라면서 세
월과 경험에 따라 변화되며 깨닫고 연
구하는 그 모습으로써 살아가듯이,
17 그보다도 더 변화가 요구되는 것이며
그보다도 더 변화와 연구가 필요한 것
이 내가 너희들에게 내리는 참진리의
길을 오는 그 믿음임을 알아야 될 것
이니라.
18 그러니 내가 나의 아들을 따르는 제자
너희들에게 무어라 말하였느냐?
19 나의 법전이 내려가는 것을 읽고 깨우
쳐 너희들이 그 속에서 뼈와 살을 붙
여 깨닫는 길을 가라 하였음이니, 이
는 한없이 연구하고 노력하라 함이니
라.
20 그리하여 너희들이 선한 것을 생각하
게 되면 그 선함은 끝없이 선함을 계
속 발전시켜 나가는 것이 너희들이기
에, 그러니 변하지 아니하면 아니 됨
이니라.
21 너희들이 선한 것을 평생 동안 열 개
를 가지고 그걸 행하라 그리 부르짖으
며, 너희들이 악한 것은 열 개를 정해
놓고 이것이 악한 것이라며 그걸 가지
고 평생을 매달리며 그 속에서 살아간
다면 얼마나 가련하고 불쌍한 백성들
이던가?
22 너희들은 끝없이 선함을 행할 수 있으
며, 또 끝없이 악에 무너지는 것이니,
23 그와 같은 이치를 깨닫는다면, 내가
나의 아들을 통하여 너희들의 믿음은
나의 백성이 성장하는 것처럼 성장해
간다는 것이 이치가 맞지 않느냐?
24 그러니 너희들의 머릿속에 박힌 그 고
정관념을 벗어나지 못하고 그를 가지
고 다람쥐 쳇바퀴 돌듯이 돌고 도는
그 믿음은 죽음이요,
25 나의 백성들을 앞으로 한 발짝도 나가
지 못하며 한계선을 넘지 못하게 하여
죽음의 길로 인도하는 그와 같은 것이
오늘의 종교 집단의 지도자임을 너희
들은 알라.
26 그러니 내가 나의 법전에 이와 같은
뜻을 상세히 기록하여 전함이니, 이를
읽고 깨우친 백성 너희들은 이제는 깨
어나야 될 것이니,
27 나의 법전을 높이 들어 만백성을 구하
는 전사로서 거듭나는 영광을 얻도록
그리하라.
28 세상은 그리될 것이며, 그와 같은 변
화가 이루어진다는 것을 너희들은 알
아야 될 것이며,
29 반드시 승자는 나의 법전이요, 나의
아들을 통하여 내리는 새로운 성경이
이 세상을 덮어 나간다는 것을 알 것
이니,
30 너희들은 그 방대한 힘 앞에 버티려
하지 말며, 그를 역으로 치려 하지 말
라, 사랑하는 나의 아들딸들아!

8,980 번째 하나님 말씀

2003년 12월 30일 06시 58분

1 사랑하는 나의 아들아!
2 **"네, 아버님! 말씀하옵소서."**
3 너의 제자들이 완벽한 사람이요, 사랑
을 실천하는 그와 같은 백성으로 서지

아니하면 아니 된다는 그 의미를 알겠
느냐?
4 나의 법전을 읽고 깨우치는 백성 너희
들이 법전대로 행하지 아니하면 만백
성을 구하는 역사를 할 수 없음이니라.
5 내가 나의 법전에 기록하여 전하기를,
악은 선을 공격하며 선을 무너트리려
하나, 선은 악을 공격하지 아니하며
그를 탓하지 아니한다 내가 그리 말하
였음이니라.
6 그러니 너희들이 하늘에 오르는 길이
요, 나의 뜻 또한 그러하니라.
7 참진리는 비진리를 탓하지 아니하며
그를 욕하지 아니하며 그를 무너트리
려 하지 아니하며 그를 죽이려 하지
아니하며 그를 행동치 못하게 하려 하
지 아니함이니라.
8 다만 그들이 깨닫기를 기다리는 것이
니라.
9 그러나 비진리는 그를 공격하며 무너
트리려 함이니, 저 자신의 잘못됨을
깨닫게 하기에 정상적이요, 아름다운
모습을 가지고 사는 참된 것을 그냥
두지 못하는 것이 그와 같음이니라.
10 지금 너희들이 그와 같은 사랑으로써
모두를 감싸고 인내해야 하기에 너희
들이 완벽한 자가 되어야 되는 것이니
라.
11 선이 악을 공격하지 아니하듯이, 참진
리가 비진리를 공격하며 그를 무너트
리려 하지 아니하고 그 모두를 받아들
이고 기다리듯이,
12 지금의 잘못 가는 모든 백성들의 삶을
가슴으로 안고 기다리는 것은 너희들
이 사랑을 완벽히 실천해 나가는 그와
같은 백성이 되지 아니하면 아니 되기
때문이니라.
13 너희들이 선한 자가 되어야 악이 공격
치 아니하며 그를 기다려 주며, 너희
들이 참진리의 길을 가는 백성이 되어
야만 비진리의 길을 가는 백성을 가슴
에 안고 시시비비를 하지 아니할 수
있기 때문이니,
14 그리하여 너희들이 그 누구도 갈 수
없는 깨달음의 경지에 오르며, 계명이
요, 율법이요, 나의 법전을 지키고 행
하는 사람이 되라 함이니라.
15 그러니 높이 있는 자가 밑에 있는 것
을 감쌀 수 있으며, 큰 그릇이 작은 그
릇을 품을 수 있는 그와 같은 이치이
기에,
16 너희들에게 어렵고 힘든 그 길을 가라
나 여호와가 훈련을 시키며, 고통과
그 모두를 깨달을 수 있도록 내가 지
금 거듭 너희들에게 강도 높은 그 길
로써 몰고 감이니 그리 알라.
17 그러니 너희들이 빨리 깨우치고 변하
는 것이 타당한 것이니라.
18 지금 내가 나의 모든 백성에게 전하지
아니하더냐?
19 나의 법전을 읽고 깨우치지 아니하면
아니 됨이니 너희들은 그를 거부하지
말며, 거기에 거부하고 치받는다 하여
도 받을 수 없다 하였음이니라.
20 태풍이 몰아침이니, 아무리 태풍이 몰
아친다 해도 너희들이 두 발로 버틸
수 있을 때는 버티고 견딜 수 있으나,
21 그 태풍의 강도가 심하여 너희들이 두
발로 버틸 수 없으며 끈을 잡고 있어
도 버틸 수 없을 만큼, 너희들이 나무

를 붙잡고 매달리니 그 나무가 뽑힐
만큼 강하게 부는 태풍 앞에 너희들이
과연 버티고 견딜 수 있다 생각하느냐?
22 나의 법전이 인간으로서는 버틸 수 없
는 무서운 태풍으로서 세상을 다 휩쓸
고 덮을 것이거늘, 거기에 거부하려는
자, 버티려는 자, 어리석은 생각을 하
지 말라.
23 거기에 순응하여 완벽한 대비를 하는
그와 같은 삶밖에는 너희들이 살아 날
수 있는 길이 없음이니라.
24 그러니 지금 너희들에게 완벽한 사람
이 되라 함은, 모두를 다 쓸어 낼 수
있는 힘이요, 모두를 감쌀 수 있는 힘
이요, 그리고 모두를 사랑할 수 있는
힘이요, 선이 악을 공격하지 않는 그
와 같은 마음의 자세로써 되어야 되기
때문이요,
25 참진리가 비진리를 탓하지 않는 참진
리의 길을 달려가며, 참진리가 되어
가는 백성이 되어야 되기 때문에 너희
들에게 무서우리만큼 강도 높은 훈련
을 나 여호와가 시키고 있음이니 그리
알라.
26 그러니 너희들이 빨리 변하는 그 길밖
에 없음이니라.
27 모두를 다 버리고, 모두를 다 날려 버
리고, 너 자신을 비워서 내가 원하는
참진리의 길이요, 선이 악을 탓하지
않는 선한 길로만 가는 네가 되어, 모
두를 가슴에 안는 그와 같은 변화를
빨리 하라.
28 너희들이 하지 아니하면 하지 아니하
는 만큼 고통스러운 훈련이 더할 것이
니 그리 알라.

8,981 번째 하나님 말씀

2003년 12월 30일 07시 02분

1 사랑하는 나의 아들아!
2 "네, 아버님! 말씀하옵소서."
3 지금 신앙의 길이요, 믿음의 길을 가
는 백성들이 과연 참진리요, 사랑을
베풀며 아름다움 속에서 살아가고 있
다 생각하는가?
4 그들이 가는 그 믿음은 무분별한 행동
으로써 지금 일관하고 있음이니라.
5 저희들이 생각하고 연구하여 변화되
는 그와 같은 믿음이 아니라, 그와 같
은 것은 관계없이 그저 무조건적이고
무분별하게 무차별적으로 저희 머릿
속에 입력되었으며 제 생각에 젖어 있
는 그것만 이루고자 그것만 역사하고
자 하며,
6 그것이 하늘에 오르는 길이요, 구원의
길이라 하여 그 생각을 바꾸지 못하며
좌우를 돌아보지 못하는 그와 같은 무
분별한 신앙생활을 하고 있는 것이 오
늘의 너희들의 현 위치이니라.
7 그러니 세상의 아름다움이요, 자연의
아름다움이요, 남들의 참진리의 가르
침이요, 그를 듣고 보지 아니하며, 그
저 머릿속에 듣고 배운 그것을 변화시
킬 줄 모르는 그와 같은 믿음 속에서
헤어나지 못하는 것이 너희들이니라.
8 그러니 너희들은 모두가 다 이루어질
것이라는 것, 그리고 너희들이 구원된
다는 것, 그리고 너희들이 지금의 그
형태로 가면 천국의 문을 들어설 수
있다는 것, 천국의 그 열쇠를 손에 쥔
것 같은 착각 속에서 지금 맹종 맹신

하고 달려가는 것이 너희들의 믿음이
니,
9 그것이 하늘에 오르는 길이 아니라 함
을 내가 수천수만 번 나의 법전에 기
록하는 그 의미를 너희들은 알아야 될
것이니라.
10 어찌하여 너희들은 객관적인 입장에
서 생각해 보고 분석해 보지 못하는
그와 같은 신앙으로 가는가?
11 자기 종교 집단과 교회에서 가르치는
것을 그대로 입력시켜 그대로 받아들
이는 대로 지키고 가는 것을 사수하기
위하여 너희들이 목숨을 바쳐 모두를
다 던지고 가는 것이 그것이 아니더냐?
12 부모 형제도 관계가 없으며 이웃도 관
계가 없으며, 어떠한 사람도 너희들과
같은 뜻이 아니라면 그 뜻을 지키기
위하여 너희들에게 들어오지 못하도
록 하며,
13 그리고 그들을 너희들에게 끌어들이
고 또 그들을 무너트리기 위하여 갖은
수단과 방법을 다하여 무차별적인 공
격을 하고, 경계할 자 경계하는 그와
같은 행위로써 가지 않느냐?
14 너희들보다 나은 자, 참진리의 길을
인도하는 자, 너희들을 위해 깨우침을
줄 수 있는 자, 그와 같은 자의 가르침
을 듣지 아니하며, 선생의 고귀한 가
르침을 받아들이지 아니하려는 것이
오늘의 너희들이니라.
15 그러니 제 뜻과 같지 아니한 것은 모
두 그저 무분별한 그 상태에서 흩트려
놓으며 다 끊어 놓으며 잘라 놓으며,
그리고 인간의 고리까지도 가지지 아
니하려 하는 것이 너희들이니,
16 이 무서운 것이 오늘의 믿음의 길을
가는 자들의 대표적인 것임을 너희들
은 알라.
17 그러니 사랑으로써 모두를 감싸라 하
였으며, 진리는 비진리를 공격하지 않
는다는 그 의미를 너희들은 다시 한
번 깊이 깨우쳐야 될 것이며,
18 악은 남을 공격하나 선은 남을 공격하
지 않는다는 나의 법전에 수없이 기록
하는 나의 깊은 뜻을 알라.
19 너희들은 과연 공격하는 악이 되었는
가, 받아들이고 기다리는 선으로써 행
동을 하는가?
20 오늘의 믿음의 길을 가는 모든 백성
너희들은 생각해 보고 또 생각해 보
며, 연구하고 또 연구해 보아야 될 과
제임을 알아야 될 것이니라.

8,982 번째 하나님 말씀

2003년 12월 30일 07시 06분

1 사랑하는 나의 아들아!
2 "네, 아버님! 말씀하옵소서."
3 나의 사랑하는 백성들이 이를 고치고
다스리지 아니하면 그들이 나에게 오
르는 길이요, 황금 열쇠를 받았다는
그 손에는 지옥 불에 가는 그 피가 묻
어 있는 손이라는 것을 너희들은 알아
야 됨이니, 내가 너희들에게 다시 한
번 강조하고 전함이니라.
4 지금의 믿음이요, 신앙의 길을 가는
모든 백성 너희들은 정녕 구원을 받았
다 하며 황금의 열쇠를 손에 쥐고 있
다는 너희들의 머릿속에 젖어 있는 그
것,

5 그 머릿속에 깊이 뿌리박힌 그 믿음
의 형태요, 생각을 근본부터 뽑아내지
아니하고 바꾸지 아니하면 절대 나에
게 오는 길을 볼 수도 없다는 것을 알
라.
6 지금 너희들이 그와 같은 생각을 버리
지 못하는 것이 인간으로서는 할 수
없는 고집불통이요, 고질병을 앓고 있
는 것이니라.
7 그러니 스스로 고집불통의 그 길에서
고질병을 앓고 있는 너희들이 하늘에
오르는 고질병이요, 그 고통을 이김으
로써 나에게 오를 수 있다 하면, 나는
너희들에게 그를 고치라 바로잡으라
하지 아니할 것이니라.
8 그러나 너희들의 고집불통이요, 고질
병은 죽음의 길로 달려가는 것이요,
지옥문으로 달려가는 그것이기에, 모
두를 너희들이 지금 앓고 살아간다는
것을 내가 나의 아들을 통하여 나의
법전에 기록하여 전하고 전하는 것이
니라.
9 나도 나의 아들을 통하여 이 160권의
대장정의 법전을 만들어 역사하지 아
니하기를 바라며, 그 속에 기록된 내
용들을 반복하고 또 반복하여 너희들
에게 주입시켜 하나라도 바로잡으려
는 이 어렵고 힘든 길을 가지 아니하
기를 바라느니라.
10 그러나 너희들이 그와 같은 고집불통
이요, 머릿속에 생각하는 것을 버리지
못하고, 오로지 그리 가고 있음이니,
11 그 병을 고칠 수 있는 것은 나의 법전
이요, 나의 아들을 따르는 제자들이
바르고 곧게 살아가는 그 모습의 본보
기를 보여야만 그나마 돌아설 수 있는
백성이 있기 때문이니라.
12 너희들은 배워서 깨닫는 데는 모두를
상실한 상태요, 너희들이 듣고 연구하
여 스스로 일어 설 수 있는 그 자체를,
세뇌가 되어 모두를 다 잃어버리고
상실한 자들이니라.
13 그러니 너희들은 끌려가는 동물과 같
은 그와 같은 형국에서 어떠한 지능이
있으며 어떠한 계발이 있겠는가?
14 짐승은 씻어서 먹을 수 있는 것, 그리
고 깎아서 먹을 수 있는 것, 음식을 해
서 먹을 수 있는 것, 그 지혜를 모름이
니라.
15 단순한 지혜는 있으며, 저희들에게 주
는 먹이를 먹는 것, 그리고 배를 채우
기 위하여 그 모두를 다하는 것, 그와
같은 것 외에는 변하여 그 상식을 넘
을 수 없는 것이 짐승이니,
16 오늘의 너희들은 깨달아 스스로 한계
를 넘을 수 있는 상식을 다 잃어버린
상태이니, 이를 보는 내 마음이 어떠
하겠는가?
17 자신밖에 다른 것을 전혀 모르는 어리
석은 백성 너희들이, 이제는 끌려가는
그 짐승들이 먹이를 주는 자의 명에
따라 움직이는 단순한 상태에서 벗어
나지 아니하면, 너희들은 나에게 절대
올 수 없다는 이 무서운 사실을 가슴
깊이 새겨 깨닫도록 그리 전하라.

8,983 번째 하나님 말씀

2003년 12월 30일 07시 15분

1 사랑하는 나의 아들아!

2 "네, 아버님! 말씀하옵소서."
3 나의 아들 예수가 세상에 나가 나 여
호와의 참진리를 역사하며 내 뜻을 전
하고자 그리하였음이니라.
4 그리하여 그는 또한 어떠한 길을 갔느
냐?
5 저 자신의 모두를 다 바쳐 그 고통을
이기면서도 나의 피조물 만백성을 구
원하고자 하는 그 역사를 했음이니라.
6 그러나 그 당시 2천 년 전의 그 백성
들은 어떠했느냐?
7 그들은 나의 아들이 세상에 내려감이
니, 그를 보는 관점이 사람마다 달라
시시비비했으며, 믿는 자와 믿지 않는
자들이 생각하고 보는 것이 또한 천태
만상이었음이니라.
8 차라리 이방인이라 하는 믿지 않는 그
백성들은 그 역사의 기적의 두려움을
느꼈으며, 그들은 거기에 대해 나의
아들 예수가 정녕 하늘로부터 명받은
자라 생각하는 자들이 믿음의 길을 가
는 사악한 자들보다 더 많았음을 너희
들은 알아야 될 것이니라.
9 정녕 나의 아들을 따라야 되는, 그 믿
음의 길을 가고 있던 그 백성은 나의
아들을 이방인들이 믿고 존경하는 것
만큼도 보지 아니하였음이니라.
10 그리하여 2천 년 전, 그들은 나의 아
들을 놓고 시시비비를 하며 그 모두가
분열되어, 그 뜻이 무엇이며 그가 누
구냐 하는 분열의 역사 속에서 그들은
결론을 무엇이라 내렸느냐?
11 이방인들은 그를 두려워하고 존경했
으나, 그를 믿고 따라야 하는 종교 집
단의 지도자 그들은 저희들의 추한 모
습이요, 저희들이 잘못 가는 것이 세
상에 드러나는 것이 두려워,
12 그를 보는 관점에서 위대한 나의 아들
이요, 내 뜻을 역사하여 명해진 아들
이라 생각하지 아니하며,
13 그는 인간의 왕이라 하여 그 모두를
거역하며 역적질을 하는 것이며, 그리
고 한 시대의 권력 앞에 거역하는 자
라 하여 나의 아들을 그와 같은 단순
한 것으로써 몰아 사형시키고 그를 죽
음의 십자가에 매달지 아니하였더냐?
14 그러니 그것이 그들이 역사한 것이니,
그들이 보는 관점도 지금 나의 법전을
보는 모든 백성처럼 그리 분열되었으
며, 보는 시선이 다 달랐음을 너는 알
아야 될 것이니라.
15 지금 믿음의 길을 가는 모든 백성들의
집단이요, 힘이요, 그들의 방대한 조
직이 어떠하던가?
16 그때보다도 더한 힘이요, 더한 자세를
굳혀 가지고 있는 것이 오늘의 믿음의
길을 가고 있는 자요, 종교 집단에 속
해 있는 백성들이니,
17 그들이 너를 놓고 인정하지 아니하려
하며, 나의 법전을 놓고 인정하지 아
니하려는 그와 같은 것은 당연한 것이
니라.
18 지금 또한 2천 년 전처럼 믿지 않는
백성이 나의 법전을 읽었을 때, 이것
은 진정한 하나님의 말씀이라 믿는 백
성이 있을 것이나,
19 지금 믿는 백성들은 2천 년 전처럼 무
어라 하느냐?
20 이를 절대 믿으려 하지 아니하며, 이
를 인정하지 아니하려 하며, 이를 시

시비비해 공박 거리로 내걸어 세상의
여론을 몰아 갈 것이니라.
21 이는 사탄이요, 이는 사악한 자요, 이
는 성서를 수없이 공부하고 깨달은 자
가 이 세상을 혼돈케 하기 위하여 내
려온 자라 그들은 그리 끝맺을 것이
며, 그와 같은 방법으로써 너희들을
미워할 것이니라.
22 그러니 2천 년 전에 나의 아들 예수가
고통스럽게 죽어 간 그 죽음의 고통보
다도 더 잔인한 방법으로써 너희들을
이 세상에서 끝장내려 할 것이니,
23 너의 제자들과 너는 그와 같이 법전이
없어지는 것, 태워지는 것, 그리고 너
자신이 쓰러지는 것을 준비하고 대비
하는 생각을 하지 아니하면 아니 된다
내가 너희들에게 일러 주었느니라.
24 나와 나의 법전을 놓고 이것은 사탄이
다, 진정한 하나님의 말이다,
25 그리고 이것은 성경이니 이 새로운 성
경을 보고 배우고 깨우쳐야 된다, 절
대 이는 사탄이기 때문에 현혹되어서
는 아니 된다 하는 그 공방이,
26 너희들이 사람을 죽이고 살리는, 국가
간에 이익을 위하여 하는 전쟁보다 더
무서운 전쟁이 발발할 수 있으며, 논
쟁의 대상이 될 수 있다는 것을 너희
들은 알아야 될 것이니라.
27 그러나 너희들은 이 시기요, 이 고비
를 넘지 아니하면 절대 아니 됨이니라.
28 지금 뿌리 깊이 젖어 있는 그 믿음이
요, 신앙이요, 돌이킬 수 없는 그들의
굳어져 있는 그것을 바로잡는 것은 국
가와 국가의 이익을 위하여 죽고 사는
전쟁을 치르는 것보다 더 무서운 전쟁
이요,
29 서로 죽이고 살리는 그 논쟁, 감히 인
간으로서는 생각할 수도 없는 무섭고
치열한 그 논쟁의 결과를 한 번은 거
치고 넘지 아니하면 이 세상을 바꾸어
놓을 수 없으며, 나의 뜻으로 이룰 수
없는 것이 오늘의 시점이니,
30 이것이 얼마나 가슴 아프며, 나 여호
와가 보기에 답답한 일인 줄 알겠느냐?
31 그와 같은 전쟁이요, 논쟁 속에 힘을
합치지 아니하고는 너희들이 내 뜻에
따라 이루고자 하는 것이 이루어질 수
없으며 이는 역사할 수 없는 것이니,
32 전쟁보다도 더 무서운 논쟁이 벌어지
고 너희들이 죽고 사는 그와 같은 형
상이 벌어진다 해도, 너희들은 이것을
한 번은 넘어야 할 당연한 것이니, 거
기에 대한 만반의 준비를 갖춰 슬기롭
게 넘어가야 될 것이라는 걸 잊지 말
라.
33 너희들이 2천 년 전 나의 아들을 보는
관점이요, 그를 생각하는 것이 다르며
시시비비하는 그 내용이 달라 나의 아
들을 죽음으로 몰아 갔듯이,
34 그와 같은 형국으로써 오늘의 나의 법
전을 태워 버리며 찢어 버리며 나의
아들의 가슴에 화살을 쏘는 그와 같은
것을 방관해서도 아니 되며, 그냥 보
고만 있어도 아니 되며, 그와 같은 전
철을 두 번 다시 밟아서는 절대 아니
됨이니라.
35 어떠한 소용돌이보다도 무서운 소용
돌이를 한번은 거치고 넘어야 되는 것
이 너희들의 운명이니라.
36 그리했을 때 이 세상은 바뀔 것이며,

바꾸이 놓는 결과가 될 것이며, 하늘에서 이루어진 것같이 이 세상에 이루어지는 것이 당연한 역사이며, 이것은 당연한 과제라는 것을 절대 잊지 말라, 사랑하는 나의 아들딸들아!

8,984 번째 하나님 말씀

2003년 12월 30일 07시 21분

1 사랑하는 나의 아들아!
2 "네, 아버님! 말씀하옵소서."
3 이 세상 모든 백성들이 나의 법전을
놓고 시시비비를 한다 하여도, 나의
아들을 따르는 제자들이요, 그리고 나
의 법전을 읽고 깨우쳐 눈을 뜬 백성,
너희들은 절대로 나의 법전을 놓고 시
시비비를 하지 말라.
4 진정한 나의 참진리요, 나 여호와의
뜻이라는 것을 너희들은 시시비비를
해서도 아니 되며, 또 시시비비를 할
수 없는 것이 하늘의 뜻이요, 나의 참
진리요, 만백성 너희들을 깨우치는 것
이니,
5 하늘의 참진리는 창조주 나 여호와의
뜻이요, 그는 법이요, 그는 너희들에
게 길이니라.
6 그러니 그를 놓고 시시비비한다는 것
은 너희들이 무너지는 것이요, 너희들
이 참진리를 보지 못하며 비진리에 현
혹되며 나에게 오르는 길에서 너희들
이 낙오자가 되는 것이기 때문이니,
7 절대 참진리요, 나 여호와의 뜻을 놓
고 너희들이 시시비비하는 것은 아니
됨을 전하라.
8 나의 아들을 따르는 제자, 그리고 법
전을 깨우쳐 눈을 뜬 너희들은 절대
시시비비하지 말라.
9 하늘의 뜻을 놓고 시시비비하는 것이
아니요, 참진리를 놓고 시시비비하는
것이 아니요, 하늘에 오르는 길을 놓
고 너희들이 옳고 그름을 논하지 말라.
10 이미 발을 들여놓은 자, 너희들은 그
길을 오게 됨이니, 거기에서 정도의
길을 가면서 시시비비하면 너희들이
무너지는 것은 당연한 것이니 그를 알
라.
11 정녕 너희들이 의심나거든, 그리고 직
접 이해할 수 없는 상황에 부닥치거
든, 나의 법전을 읽고 정독하고 또 깨
우치도록 그리하라.
12 그러면 그 속에 모든 답이 있음이니라.
13 이제 모든 백성들이 와서 너희들에게
나의 법전을 놓고 참진리요, 하늘의
뜻이 아니라며 시시비비하거든, 너희
들은 '모른다.' 답하면서, '다만 이를
정독하고 읽은 후에 나와 대화하라'
그리 말하라.
14 참진리는 너희들이 시시비비해서는
아니 된다는 것을 가슴 깊이 새겨 두
고 그리 가라.
15 그는 절대 시시비비할 수 있는, 가치
없는 것이 아니요, 시시비비의 대상이
될 수 없는 것이 나의 법전이요, 하늘
의 뜻이니라.
16 그대로 믿고 따르고 행하면 되는 것이
니라.
17 그러니 그들이 읽어 보고도 깨우치지
못하면 저희가 떠날 것이요, 깨우침을
얻었을 때는 그리 따라오면 되는 것이
니,

18 어떠한 것도 여기에 적합한 것이 없으
며, 여기에 대적할 것이 세상에 아무
것도 없는 것이니, 너희들은 당당한
모습으로써 살아가도록 그리하라.
19 너희들의 손에 들고 읽는 법전, 그리
고 깨우치는 법전, 나의 아들을 통하
여 듣는 강론이요, 그 모두는 세상의
어떠한 이치요, 진리라는 것도 거기에
대적할 수 없으며,
20 감히 거기에 와 시시비비할 수 있는
것이 아무것도 없음을 너희들은 알라.
21 이는 참진리요, 창조주 나 여호와의
뜻이기 때문이니 그리 알라.
22 참진리요, 나 여호와의 뜻은 무엇인
줄 알겠느냐?
23 보이지 않는 가운데 모두를 역사하는
것이며, 보이지 않는 곳에서 이루는
것이니라.
24 인간 세상에 시시비비하는 자는 보이
는 것, 만지는 것, 눈에 보이는 것, 현
실적인 것을 가지고 대화하고 그를 따
짐이니라.
25 그러나 참진리요, 창조주 나 여호와의
뜻은, 만질 수도 없고 보이지도 않는
그 속에서 모두 역사하며, 너희들을
변화시키며, 깨달음의 그 길로 인도하
는 것이니,
26 안 보이는 세상에서 역사하는 것이 나
여호와의 참진리요, 나의 뜻이니,
27 보이는 것만 가지고 시시비비하며 보
이는 것 가지고 갑론을박하는 자들은
보이지 않는 세상의 문제점을 가지고
시시비비할 수 없기 때문이니, 그를
깨우치라.
28 나 여호와는 나의 모두를 보이지 않는
곳에서 역사하고 이룬다는 것을 너희
들은 알라.
29 그러니 어리석은 그 백성들은 내가 보
이지 않는 곳에서 역사하는 것을 과연
알 수 있겠는가?
30 그들은 정녕 모르니, 나의 백성들이
이를 행하고 지키고 따르지 못함은 당
연함이니라.
31 보이지 아니하며 저희들이 알 수 없는
세상을 역사하는 나 여호와의 뜻을 어
찌 따르겠느냐?
32 그러니 그와 같은 한계를 넘어서 보이
지 않는 뜻에서 역사하는 나를 따를
수 있는 것은 너희들이 나의 법전을
정독하고 깨우쳐 그 속에 있는 것을
깨달았을 때만 모두를 알 수 있음이니
라.
33 나의 모두를 태워 내가 너희들에게 내
려보내고 깨우치는 나의 법전을 읽고
정독하고 깨닫는 자, 눈이 뜨이는 자,
귀가 열리는 자만 내가 이루는 역사함
을 따를 수 있으며, 나를 따라 모두를
이룰 수 있으며,
34 그렇지 아니하면 아무것도 이룰 수 없
음을 전하라.

8,985 번째 하나님 말씀

2003년 12월 30일 07시 27분

1 사랑하는 나의 아들아!
2 **"네, 아버님! 말씀하옵소서."**
3 나 여호와는 너희들에게 지킬 수 있고
행할 수 있는 것만 지키고 행하라 명
하였으며, 그리 따라오라 말함이니라.
4 그러나 너희들은 내가 지킬 수 없는

것, 행할 수 없는 것을 명했다 생각하
여 오늘의 이 험악한 세상이 되었음을
알아야 될 것이니라.
5 내가 너희들에게 지키고 살 수 있는
것만 지키고 살아 하늘에 오르라 명한
것이요, 지키지 못할 것을 내가 너희
들에게 명하고 지키고 따라오라 한 것
이 아님을 너희들은 알아야 될 것이니
라.
6 그러니 너희들이 지킬 수 있는 그 한
계를 지키지 아니하며, 인간이 지킬
수 없으며 넘을 수 없는 것이라 그리
말함이니,
7 그것이 나의 뜻을 거역하는 자요, 다
른 신을 너희 가슴에 두고 있는 것이
아니더냐?
8 너희들이 다른 신이요, 다른 미신이라
는 것은 무엇이더냐?
9 진정한 정도의 길이 아니요, 참진리의
길이 아닌 것은 모두가 다 너희들이
다른 신을 모시는 것이요, 잡신을 모
시는 것이요, 그를 따르고 섬기는 것
이라 내가 말하지 아니하였더냐?
10 그러니 내가 지킬 수 없는 것을 명했
다는 그 순간부터 너희들은 나를 경배
하고 따르는 것이 아니요,
11 우상을 섬기는 자요, 다른 신을 섬기
는 자라는 그 무서운 사실을 어찌하여
오늘의 종교 집단이요, 지도자 너희들
은 깨닫지 못하는가?
12 나 여호와가 너희들에게 지킬 수 있는
것만 명했음이니, 너희들이 지킬 수
있는 것을 명했기에 지키면 되는 것이
니라.
13 그러니 그를 행하려 하지 아니하고 지
키려 하지 아니하고 지킬 수 없다는
그 순간에, 너희들은 인간이기에 지킬
수 없다는 그 변명을 하여 무슨 짓을
하고 있느냐?
14 나 여호와를 경배하고 나를 따르는 것
이 아니요, 다른 신을 숭배하며 사탄
을 따라가는 사탄의 자식이 되어 있다
는 무섭고 엄연한 사실을 모르는 것이
너희들이니라.
15 내가 오늘 나의 아들을 통하여 너희들
에게 다시 한 번 명하나니, 나 여호와
는 너희들이 지킬 수 있는 것만 명했
음이니라.
16 나 여호와는 너희들이 지키고 살아갈
수 있는 것만 명했으며, 그리하여 내
가 명한 것은 너희들이 지키고 살아갈
수 있는 것이니라.
17 그러니 여기서 너희들은 깊은 깨달음
을 알라.
18 감히 나의 율법이요, 법전이요, 새로
내리는 나의 성경을 놓고 시시비비를
절대 하지 말라.
19 그와 같은 자 내가 용서할 수 없음을
알라.
20 참진리요, 감히 나 여호와의 뜻을 놓
고 너희들이 시시비비하는 그와 같은
어리석은 죄를 범하지 말도록 그리하
라.
21 나 여호와가 어찌하여 너희들이 지키
지 못할 것을 내렸다며 감히 이리 치
받는가?
22 나는 지킬 수 있는 것만 내렸으니 지
키고 살면 되는 것이니라.
23 이것이 하늘의 법도이니, 너희들은 만
백성에게 그리 전하라.

24 절대 나 여호와가 지키지 못할 것을
내린 것이 아니요, 지키고 살 수 있는
것만 내렸으니,
25 지키고 살면 너희들이 하늘에 오르는
길이 거기에 있다 함을 거부하는 자는
기초가 되지 아니한 자며,
26 어떠한 형태로든 그를 거부하는 자,
이를 인정하지 아니하는 자는 하늘에
오르는 빛을 볼 수 없으며, 반석 위에
설 수도 없는 백성이라는 것을 너희들
은 전하고, 그 가슴을 울려 심어 주도
록 그리하라.

8,986 번째 하나님 말씀

2003년 12월 30일 10시 08분

1 사랑하는 나의 아들아!
2 "네, 아버님! 말씀하옵소서."
3 나 여호와의 실체가 사랑이며, 하늘에
는 사랑을 행하는 자가 아니면 오를
수 없다 함이 무엇인 줄 알겠느냐?
4 그 사랑이라는 것은 모두를 다 포용함
이니라.
5 모두를 가슴에 안을 수 있는 것이기
때문에 모두를 다 녹일 수 있는 것이
니라.
6 그러니 너희들이 인간 세상에 살아가
면서 마을과 마을 단위로 서로 자리를
지키기 위한 그 파벌이요, 씨족은 씨
족대로 그 파벌을 지키고자 그와 같은
경쟁을 하고 살아가는 것이 아니더냐?
7 그러니 파벌 속에는 포용이 없으며 하
나가 될 수 없는 것이 너희들이니, 그
파벌의 근본이 바로 사랑이 없는 것임
을 알아야 될 것이니라.
8 그러니 오늘의 믿음의 길을 가는 백성
들이, 종교 집단이요, 지도자, 구원을
받으며 나의 뜻에 의해 역사한다는 그
모든 백성이 과연 어찌하여 담을 치며
성곽을 치며 파벌을 조성하는가?
9 그리하여 그들이 나와 관계없는 백성
이라 내가 그리함이니라.
10 너희들이 그 파벌로 인하여 모두가 작
고 큰 전쟁이요, 서로 죽이고 살리는
것까지 그리 이루어짐이니,
11 '우리의 씨족이요, 우리의 종족만 모
인 곳에는 누구도 들어올 수 없으며,
타인은 들어와서 더불어 할 수 없다.'
이와 같이 하는 것이니,
12 이와 같은 너희들의 파벌로 인하여 이
세상이 하나가 될 수 없는 것이니라.
13 너희들이 지금 바라다보도록 그리하
라.
14 세상의 전쟁이요, 너희들이 죽고 사는
그 큰 것이 무엇이던가?
15 믿음이요, 종교요, 거기에서 이루어짐
이니, 스스로 파벌을 만들어 너희들이
그와 같이 나의 피조물 만백성의 생명
을 처참하게 앗아 가는 지옥과 같은
전쟁을 만들고 있지 않으냐?
16 그러니 크게는 세계적인 파벌로 인하
여 전쟁을 하고 죽고 살며, 작은 것은
작은 것대로 종교 집단은 집단대로 제
것만 최고요, 제 것만 우선이라 하여
너희들은 제 것을 지키기 위한 그와
같은 자세로 살아감이니,
17 거기에서 결국 부닥치고 역사하는 것
은 무엇이냐?
18 포용이 없음이니, 바로 그것이 파벌로
연결됨이니,

19 그 파벌로 연결되는 것은 죽기 아니면
살기로 그리 가니, 하나가 될 수 없는
것이니라.
20 그러니 지금 나의 아들을 따르는 제자
들이요, 그리고 나의 법전을 읽고 깨
우친 백성 너희들은 모든 종파를 구분
하지 말며 다 가슴에 안으라 하였음이
니라.
21 너희들이 파벌을 조성을 하는 것은 무
엇이더냐?
22 하나의 생명으로써 세상에 나간 것이
나로부터 나갔으며 너희들이 나로부
터 영혼을 받아 나갔으니, 한 형제라
는 생각을 갖지 못하는 자들이니라.
23 인간은 육의 세상에 태어나 너희들의
그 종족의 뿌리에 따라서 파벌이 생기
며, 그와 같은 한계를 벗어나지 못하
기 때문에 너희들은 족벌 싸움을 하
며, 마을 단위로 한 동네 싸움을 하며,
24 그리고 나아가서는 국가적인 싸움을
하며, 오늘과 같이 크나큰 전쟁이 이
루어지는 것이 파벌이니,
25 오늘의 종교 집단의 지도자 너희들은,
큰 전쟁이 파벌이요, 포용이 없어서
이루어지는 것임을, 그것을 알라.
26 너희들은 지금 계속 아래는 아래대로
그리 자행하고 있음이니, 그것이 커지
고 커져서 결국은 큰 전쟁으로써 역사
하는 것이 아니더냐?
27 그러니 나의 아들을 따르는 제자들이
요, 나의 법전을 읽고 깨우친 백성, 그
들처럼 모두를 가슴에 끌어안고 가는
포용의 마음으로 가도록 하라.
28 그것이 사랑이니라.
29 지금의 모든 종교 집단이요, 너희들이
가는 그 길로써는 포용을 이룰 수 없
으며 하나로 이룰 수 없음이니라.
30 너희들이 나의 백성이라 하며 내 뜻을
거역함이니, 오늘의 너희들이 그 모두
를 파괴하며 그 모두를 다 태워 버리
며 그 모두를 헤쳐 버리지 아니하면
거듭나는 백성으로 살 수 없으며,
31 포용이 없음이니 사랑이 없으며, 사랑
이 없기에 포용을 할 수 없는 이와 같
은 오늘의 삶을 살다, 결국 그리 가서
는 아니 되는 곳, 가기 싫어 몸부림치
는 곳, 가지 아니하려 모두를 바치는
그 지옥문 앞에 가 몸부림치고 있는
것이 너희들의 모습이라는 것을 절대
잊지 말라.
32 포용이 없는 곳엔 사랑이 없으며, 사
랑이 없는 곳엔 포용이 이루어질 수
없음이니,
33 너희들은 종족과 파벌 싸움이 있어서
는 아니 되며, 어떠한 종파든 어떤 것
이든 다 나의 아들딸로서 생명을 받아
나간 것이 소중한 것이니, 나의 아들
을 따르는 제자들은 다 가슴에 안으라.
34 그리하여 오늘의 전쟁으로 사람이 죽
고 사는 그 원인을 분석해 보라.
35 그것도 종파요, 종교의 집단에서 파벌
을 조장한 데서 모두가 역사하여 비참
한 결과가 이루어지고 있음을 알라.
36 그러니 너희들의 작은 종교 집단이요,
그 미비한 자들이 보이지 않는 파벌
싸움이요, 종파 싸움을 지금 끊임없이
하고 있음이니,
37 그것이 좀 더 덩어리가 커지고 커졌을
땐 국가와 국가 간에 피비린내 나는
전쟁이 되는 것이니,

38 이와 같은 파벌을 조장하는 자, 그리
고 울타리를 치는 자, '너와 나'를 구
분하는 자는 나의 백성이 아님을 알라
그리 전하라.

8,987 번째 하나님 말씀

2003년 12월 30일 10시 15분

1 사랑하는 나의 아들아!
2 "네, 아버님! 말씀하옵소서."
3 너와 너의 제자들을 따르는 모든 백성
은 완벽한 삶이요, 모든 계명이요, 나
의 법전대로 지키고 살아가는 데 하나
도 어긋남이 없는 그와 같은 백성이
되라 내가 요구하고 너희들에게 강요
함이니,
4 그 길은 정녕 인간의 육을 가진 백성
으로서 지탱하기 어렵고 힘든 길이며
아무나 갈 수 없는 그 길이니라.
5 그러나 너희들이 그 길을 가지 아니하
고 넘지 아니하면 아니 되기 때문이
니, 나 여호와의 그 훈련에 가슴 아파
하지 말며, 괴롭다 생각하지 말며, 그
것에 모두를 행하라.
6 나의 계명대로 나의 법전대로 살아가
는 데 잠시도 한 치도 양보가 있어서
는 아니 될 것이니, 너희들이 목숨을
바쳐서라도 양보하는 일이 있어서는
아니 될 것이니 그리 알라.
7 만백성이 깨우치며 배워서 하늘에 오
르는 그 길을 올 수 있는 것이 오늘의
책으로써는 나의 법전이요, 행동으로
써 눈으로 보이는 것은 너희들이니라.
8 책으로 보이는 것은 나의 성령이요,
가르침이니, 보이지 않는 그것을 보고
깨닫기는 아직도 나의 백성이 어리고
어리석음이니,
9 너희들이 눈으로 보이는 것, 본보기로
서 보이는 그와 같은 삶이 소중함이니
라.
10 그러니 내면으로 나의 법전을 읽고 깨
우쳐 그들이 보이지 않는 세상에서 변
화되는 그 역사를 이루며, 너희들이
고쳐지고 변화된 그 모습을 보고 그들
은 보이는 곳에서 너희들을 보고 깨끗
하게 변해지는 그와 같은 삶을 살게
될 것이니라.
11 너희들이 아무리 깨우침이 높다 하여
전하고 전한다 해도, 너희들에게 배우
는 그 백성들은 너희들의 깨우침을 따
를 수 없는 것이 인간 세상의 삶이 아
니더냐?
12 그러니 너희들이 아무리 경지가 높고
높아 가르치고 가르친다 해도, 너희들
이 100이라는 경지에 올랐을 때 너희
들을 보고 따르는 제자들은 60이요,
70이요, 80이요, 많이 와도 그 이상은
더 올 수 없는 것이 그들의 관계이니,
13 너희들의 깨달음이 얼마나 높아야 되
는 것이며, 너희들이 본보기로서 얼마
나 아름답게 살아야 되는 것인가, 너
희들이 나의 뜻을 들었다면 알 수 있
는 것이니라.
14 오죽하면 인간 세상에 너희들이 살아
가면서 그런 말을 하겠느냐?
15 아무리 못나고 어리석다 해도, 형만
한 아우가 없다는 말이 있지 않더냐?
16 그러니 너희들이 세상에 살아가면서
스승만 한 제자가 세상에 존재하겠느
냐?

17 그보다 못하지 않던가?

18 그러니 너희들이 지금 깨우치고 깨달아 나의 피조물 만백성에게 아름다운 모습으로써 그 모두를 가르치고 지도한다 해도,

19 너희들이 깨달아 올라온 그 경지만큼 절대 그들은 바로 설 수 없으며 따라올 수 없는 것이 그들이니라.

20 그러니 너희들이 얼마만큼 변화되고 얼마만큼 높은 경지의 자리에 역사해야 되는지 이것을 너희들은 봐야 될 것이니라.

21 그러니 너희들이 바로 서지 못하며 그들을 바로 깨우치지 못한다면 나의 피조물 만백성을 구하는 그 역사가 없음이니라.

22 인간 세상에서 내가 너희들에게 내려준 그 한계는 60이요, 그 60이라는 것을 넘어서 70이라는 단계에 들어서야 한다 했음이니,

23 너희들이 진정한 스승이라면 그들이 60을 넘었을 때, 가르치는 본보기로서 너희들이 역사한다면 너희들은 당연히 60을 넘어 70이요, 80이요, 90이요, 100에 가까운 경지에 오르지 아니하면 그 제자들이 보고 60이라는 한계를 넘을 수 없는 것이 아니더냐?

24 그러니 60이라는 한계를 넘고 넘어서 너희들이 살아가지 못할 때, 나를 볼 수 없으며 나에게 오를 수 있는 길이 없으니, 너희들이 조금 가르치고 조금 깨우쳐 끌어올렸다 해도 그 공이 어디 있겠느냐?

25 공이 없음이니라.

26 이제 나의 아들을 따르는 제자들이요, 나의 법전을 읽고 깨우친 만백성 너희들에게 내가 왜 완벽해야 되며 경지가 높아야 된다 하며 그것을 강요하는지 그 뜻을 알겠느냐?

27 너희들이 60의 그 선을 넘어 70이요, 80이라는 그 경지에 올라 나의 백성이 60이 넘도록 너희들이 본보기로써 가르치고 깨우치지 못한다면, 너희들의 노고요, 수고로움이 아무것도 아니기 때문이니, 나 여호와의 마음을 알겠느냐?

28 그러니 너희들이 수고한 것이 헛되지 아니하기 위해서는 너희들의 경지가 좀 더 높아 너희들을 보고 배우는 그 제자들이 60이라는 선을 넘을 수 있는 그 한계를 너희들이 인도하고 깨우쳐야 하기 때문이니,

29 그리하여 내가 나의 아들과 너희들에게 완벽한 그 길을 갈 수 있고 완벽한 변화가 되어 참진리를 위해 살아가는 너희들을 만들고자 강도 높은 훈련을 시킴이니, 나를 원망하지 말며 나를 두려워하지 말라.

30 그렇지 아니하면 너희들을 바로 세울 수 없으며 역사할 수 없는 것이니,

31 너희들의 모든 공로 또한 나의 백성을 구하지 못할 때, 너희들이 60이 넘는 백성들을 인도하지 못했을 때, 나에게 와서 너희들이 받을 것이 없으며 받을 상이 없음이니라.

32 너희 자신이 만백성이 하늘에 오르는 그 길을 어렵고 힘들게 닦음이니라.

33 나의 법전을 쓰고 기록하여 만들고 너희들의 재물을 아끼지 아니하고 거기에 쏟아 부어 만백성에게 전하고 또

전했으며, 그리하여 너희들이 하늘에
오르는 길을 닦았으며, 만백성이 그를
보고 하늘에 오르는 길이 무엇인가를
알고 그 길을 오고자 하나,
34 인도하는 너희들은 그 길을 닦아 놓고
다시 오를 때 네 자리가 없다 하였으
니, 너를 잡아 주지 못하는 그와 같은
내 마음의 아픔은 얼마나 클 것이며,
35 모든 너의 제자들은 들어올 수 있으나
네가 마지막에 들어오지 못하며 낭떠
러지로 떨어지는 네 모습이요, 형국을
생각해 보라.
36 얼마나 참담하고 두렵고 무섭겠느냐?
37 두 번 다시 기회가 없는 그 곳에서 너
희들이 천국의 문에 들어서지 못하고
낙오자요, 떨어지는 자가 되어서는 아
니 됨이니라.
38 그러니 너희들이 70이요, 80이라는
그 경지를 넘어야 너희들을 보고 배우
는 그 백성들이 60의 경지를 넘어 하
늘에 오르는 그 이치를 알 수 있기 때
문에,
39 너희들에게 완벽하라, 완벽하라, 완벽
하게 변하라, 변하라 하며, 내가 너희
들에게 이 무서운 명령을 내리고 있음
을 알라, 사랑하는 나의 아들딸들아,
그리고 나로부터 선택된 나의 아들딸
들아!

8,988 번째 하나님 말씀

2003년 12월 30일 10시 21분

1 사랑하는 나의 아들아!
2 "네, 아버님! 말씀하옵소서."
3 수천 년 동안 역사 속에 그 셀 수 없는
많은 백성들이 나에게 오르고자 발버
둥치는 그와 같은 삶을 살았다 하나,
나에게 온 자 없다 내가 너에게 그리
말하였음이니라.
4 이제 너를 따르는 제자들이요, 나의
법전을 읽고 깨우친 백성 너희들은 하
늘에 오르는 길이 무엇인지 알며 반석
위에 올라서기 시작하였음이니,
5 너희들은 이제 뒤를 돌아보지 말며 오
로지 앞만 보고 깨우침을 향하여 달려
가는 그와 같은 삶을 살라 그리 말하
라.
6 너희들이 모두를 다 비워 버리고 모두
를 다 던져 버리고 참진리의 그 길을
따라 나의 십계명이요, 나의 법전대로
살아가는 그와 같은 삶을 살라 그리하
라.
7 그것 외에는 무엇도 들여다보지 말며
생각도 하지 말라 그리 전하라.
8 남들에게 하늘을 향하여 한 점의 부끄
럼 없는 삶을 위하여 너희들은 쉬지
말고 달리고 또 뛰어야 됨을 절대 잊
지 말라.
9 모든 백성들이 지금까지 구원을 받는
길이요, 하늘에 오르는 길이라 하여
그리 달려왔으나 그게 지옥으로 가는
그 길을 달려갔음이니,
10 그들이 젖어 있는 생각이요, 그들의
마음속에 굳어져 있는 그 모두를 다시
바꾸며 그들을 돌려놓는 그와 같은 역
사를 해야 됨이니,
11 그것은 너희들이 본보기로서 한 점의
부끄럼이 없는 삶을 사는 것, 그것밖
에는 그들을 깨우칠 길이 없음이니,
12 그리하여 내가 너희들에게 쉬지 말며

곧바로 앞만 보고 달리라 함이 여기
있음이니라.
13 그러나 너희들이 그와 같이 달리고 왔
다 해도, 나에게 왔을 때는 모두를 다
했으며 모두를 다 바쳐 일했다 그리
자신하지 못할 것이니라.
14 너희들이 '좀 더 열심히 달렸더라면,
좀 더 자신을 비웠더라면, 자신을 던
져 버리고 만백성을 구하는 일에 전념
했더라면' 그와 같이 한없이 후회하고
또 후회함이 남아 있음을 알라.
15 너희들이 나에게 왔을 때, 정녕 나 여
호와의 뜻에 의하여 최선을 다했으며
하나의 부끄럼 없이 모두를 다 바쳐
역사했다고 후회하지 않는 너희들이
될 수 없기 때문이니라.
16 너희들은 많은 것을 후회할 것이며 많
은 것을 깨달음이니,
17 너희들이 게으르며 열심히 하지 못한
것, 네 마음을 비우고 모두를 던져 버
리고 남을 위하여 기도하며 한 점의
부끄럼 없이 앞을 보아 깨끗한 자세로
달려가 만백성에게 빛이 되어,
18 너희들을 보고 깨우치는 그 백성들을
역사하는 것에 최선을 다하지 못한 것
을 나에게 와 후회할 것이니라.
19 후회하는 것이 많은 만큼 너희들이 나
에게 상을 받지 못하는 것이니, 이는
어쩔 수 없는 현실임을 너희들은 알아
야 될 것이니라.
20 너희들이 나에게 다했다 할 수 있는
그때까지 최선을 다하라 함이 내 뜻이
니라.
21 많은 백성들이 서로가 선택되었다, 그
리고 제가 명을 받은 자요, 구원을 받
은 자요, 수천수만의 셀 수 없이 많은
자들이 저희들이 왕이라며 지금 날뛰
고 있는 것이니,
22 그리하여 지금이 말세가 되었으며, 말
세의 시대가 되었으며, 너희들이 말하
는 종말의 시대가 도래했음이니라.
23 이 어렵고 힘든 속에서 너희들이 그를
지키고 바로 살아간다는 것이 얼마나
어렵고 힘든 길인지 나는 알고 있음이
니라.
24 그러나 모두가 제가 선택된 왕이요,
저희들이 하늘에 오르는 길에 명을 받
았다 말하고 설치나, 그들은 내가 무
어라 말하였느냐?
25 그들은 마르는 샘이요, 끝이 나는 샘
이라 하였음이니라.
26 오로지 나의 법전이요, 나의 아들을
따르며 깨우쳐 가는 그 백성 너희들이
야 말로 그 생수의 물줄기는 끝이 마
르지 아니하며 끝남이 없는 것이며,
영원히 흐르는 생수이니, 이것이 다르
다 하였음이니라.
27 모든 백성이 받았다, 나로부터 명받았
다 날뛰고 설치는 것, 그들은 다 그 우
물이 마르게 되어 있으며 끝나게 되어
있으며 끝이 있음이니라.
28 아무리 저희들이 나로부터 명을 받아
지금의 기적의 역사를 이루며 어떠한
행사를 이룬다 해도 그들은 마르고 끝
이 나게 되어 있음이니라.
29 다만 너희들이 쉬지 않고 태워도 태울
수도 없으며, 지워 버리고 찢어 버리
고 물속에 던져도 계속 생산되는 나의
참진리요, 나의 성경이요, 나의 법전
만 영원히 지속됨이니,

30 이는 마르지 않고 흐르는 샘이요, 마
를 수 없는 샘이라는 것을 알라.
31 그러니 그 앞에 모두가 고개를 숙일
것이며 그 앞에 모두가 다 경배할 날
이 머지않았으니,
32 그들이 너희들에게 경배하며 너희들
을 따를 때까지, 지금의 오만함이요,
그 방자함이 누그러질 때까지 너희들
이 인내하기에는 어렵고 힘든 것이라
나는 잘 알고 있음이니라.
33 그러나 너희들은 버티고 가야 될 것이
니라.
34 어렵고 힘든 그 길을 너희들이 마다하
지 아니하고 바르고 곱게 지켜 나가는
길밖에 없음이니 그리 알라.
35 서로 잘났다 하며 제가 왕이라 하는
시대에, 한 점의 부끄럼이 없는 삶이
지도자의 자세이며 만백성을 구할 수
있는 것이라는 것을 잊지 말라.
36 모두가 다 자기가 왕이요, 자기가 명
받은 자라 하나, 너희들과 그들과의
차이점은 무엇이더냐?
37 마르지 않는 샘은 영원히 참진리요,
한 점의 부끄럼이 없는 삶을 살아가는
그와 같은 자세로 역사하는 것이요,
마르고 끝이 있는 샘은 무엇인 줄 알
겠느냐?
38 말로써 명받았으며 말로써 왕이라 하
나, 그 행함이요, 실천함이 남들이 보
기에 추하며 바로 가지 못하기 때문에
그 씨가 마르게 됨이니, 그게 바로 흐
르는 샘물이 마르는 그와 같은 형국이
니,
39 이 세상에 마르지 않는 샘은 오로지
나의 법전이요, 새로운 성경밖에 없음
을 너희들은 알라 그리 전하라.

8,989 번째 하나님 말씀

2003년 12월 30일 10시 29분

1 사랑하는 나의 아들아!
2 "네, 아버님! 말씀하옵소서."
3 인간 너희들의 심리 상태가 무엇이더
냐?
4 이 세상에 살아가며 부모로부터 아무
런 유산이요, 유업도 받지 못하여 어
렵게 살아가도 불평불만 없이 살아가
는 자가 있음이니라.
5 그리고 제가 노력하여 무엇인가를 이
루고자 하며, 그와 같이 내려 주지 못
한 그 부모의 가슴 아픔을 생각하며,
그에게 보답하고자 하는 그 마음을 가
지고 살아가는 백성이 있다면,
6 그것이 인간을 사랑하는 것이며 내가
세상에 내려보낸 너희들의 본연의 마
음의 자세이니라.
7 그렇게만 살아간다면 이 세상에 나의
법전이 내려올 일도 없으며, 160권의
대장정을 기록하여 너희들에게 전할
일도 없음이니라.
8 그리하여 나의 법전을 사탄이요, 이단
이요, 말세에 오는 거짓 선지자라 하
며, 나의 참진리를 너희들이 시시비비
하며 너희 감정대로 평가하는 그 듣기
싫은 고역스러운 이야기를 나 여호와
가 하늘에서 들을 필요도 없으며,
9 고통스럽게 나의 성령을 받아 내리는
나의 아들이 그와 같은 말을 듣는 것
도 저 자신이 고통스러우며, 나 여호
와에게 죄송하여 부끄러운 마음으로

고개 들지 못하는 나의 아들의 오늘의
그 심정도 없었을 것이니라.
10 그러나 너희들은 여기서 하나를 깨우
쳐야 될 것이니라.
11 부모의 은혜에 보답하고자 하는 마음
으로 살아가는 것이 인간 본연의 자세
이거늘, 유업을 받지 못한 백성이 살
아가는 것도 그와 같은 것이거늘, 오
늘의 인간의 심성이 어떠하더냐?
12 유산을 받지 못한 자는 말없이 살아가
거늘, 정작 유산을 받은 백성 너희들
은 유산을 받지 못한 백성이 유산을
받은 백성을 부러워하는 것을 정녕 아
는지 모르는지,
13 너희들이 부모로부터 그 유산을 물려
받아 인간 세상의 삶에 육이 부끄럼이
없으며 힘들지 않게 살아갈 수 있는
그 모두를 받은 자가, 도리어 제 부모
에게 적게 주었으며 더 많은 것을 주
지 않았다 하여 부모를 원망하는 마음
을 가지고 사는 이것이 너희들이 가진
오늘의 마음의 자세니,
14 이렇게 인간이 추할 대로 추하게 타락
되고 타락된 오늘의 그 현실을 과연
누가 만들었다 말하느냐?
15 준 부모에게 감사할 줄 모르는 이 세
상의 나의 백성들, 그들의 인간성을
바로잡고자 하는 것이 나 여호와의 뜻
이며, 그 이상 그 이하의 바람도 없음
을 알라.
16 그러니 인간이 인간에게 진정으로 감
사함이 무엇인지 감사의 뜻을 전할 줄
도 모르는 자, 표현할 줄도 모르는 자,
경배할 줄도 모르는 자들이 너희들이
니,
17 그와 같은 백성들이 무슨 뜻으로, 무
슨 마음이요, 무슨 심성으로써 나를
경배하며 나를 따르며 나의 은혜에 감
사하는 마음을 가지고 산단 말이더냐?
18 너희들은 더 받기 위하여 더 이루기
위하여 그저 있을 뿐이지, 내려 준 나
에게 그 감사함을 알고 가는 백성이
전혀 없음이니라.
19 오죽하면 인간 세상에 살아가면서 너
희들이 이와 같은 말이 있느냐?
20 물에 빠져 허덕여 죽어 가는 자를 목
숨을 내걸고 건져 주니, '내 보따리 흘
러가는 것을 건져 주지 아니하였다.'
그리 말하며, '그 흘러가는 보따리가
보이지 아니함이니, 그 보따리를 어디
에 감추었느냐? 그 보따리를 내놓으
라.' 하는 것이 너희들의 인간성이요,
지금 가지고 있는 마음의 자세이니,
그를 어찌해야 된단 말이더냐?
21 남들도 그 어려운 상황에서 목숨을 내
걸고 다른 사람의 목숨을 건져 준 용
기 있는 그 사람에게 박수와 찬양을
하며 격려를 하거늘,
22 진정 목숨을 건져 구원받은 자, 제가
물속에 허덕일 때는 세상에 무엇을 다
주고도 살려만 주면 그 은혜를 잊지
않으며 감사할 것이라 하나,
23 살기 위해서만 몸부림친 자를 살려 주
니, 금방 나온 자가 제 보따리를 내놓
으라 하며, 그 감사함을 모르고 그 사
람에게 멱살을 잡고 대드는 것이 인간
너희들의 심리 상태이니, 너희들이 얼
마나 사악하며 잘못 갔단 말이더냐?
24 그를 본 사람도 격려의 박수를 하며
위로를 하거늘, 제 목숨을 건져준 당

사자에게 제 짐을 내놓으라며 달려들
고 시비한다면, 이것이 오늘의 너희들
의 인간성이라면,
25 나 여호와가 과연 너희들을 세상에 내
보낸 것, 인간으로서 너희들에게 높은
지혜를 주어 서로 의지하고 사랑하며
베풀고 살라는 내 뜻을 너희들이 과연
따라 오는 자들이냐?
26 정녕 너희들은 나를 인식하지 아니하
며 나를 생각하지 아니하며 내 뜻을
거역하며 살아가는 자들이니라.
27 그러니 상실된 너희들의 그 마음을 다
시 잡고자, 도로 이루고자 하는 것이
나 여호와의 뜻임이니라.
28 그러니 너희들이 그와 같은 마음으로
사는 백성이요, 너희들의 마음이 그럴
정도로 추락되어 떨어져 있으니,
29 너희들이 과연 나 여호와에게 감사하
는 것이 진심이며, 나 여호와에게 경
배하는 것이 진실이란 말이더냐?
30 내가 나의 법전에 이제 수없이 기록하
여 다시 한 번 너희들에게 전함이니,
31 인간으로부터 은혜를 받은 자, 인간에
게 도움을 받은 자, 진심으로 그에게
감사하는 마음을 갖는 것, 그리고 은
혜에 보답하는 마음을 갖는 것, 그와
같은 백성만 나에게 구원을 받을 수
있음이니라.
32 내가 법전에 기록하여 너희들에게 전
하듯이, 너희들이 죽어 가는 자를 살
려 줌이니, 목숨 바쳐 살려 준 자에게
감사의 인사를 표하지 않고,
33 무릎 꿇고 하늘을 향하여 '아버님! 감
사합니다.' 하며, 하나님의 은혜요, 하
나님을 믿어서 영광으로써 제가 구원
을 받았으며 죽음에서 목숨을 건졌다
며 그와 같은 것을 간증이라 하여 떠
들지 말며, 그와 같은 것을 가지고 남
들 앞에 자랑하지 말라.
34 그러면서 저는 하나님께서 기억해 주
는 백성이요, 축복받은 백성이니, 그
죽음 직전에 제가 구원을 받았으며 살
아났다 그리하지 말라.
35 거기에는 네 목숨을 건지기 위하여 자
기 자신의 목숨을 내던지고 너를 구원
한 자가 있으니,
36 그에게 감사하며, 그 공에 대한 대가
를 지불하며 그 은혜에 보답하는 마음
을 가지고 난 다음에,
37 너희들이 조용히 다락방에 앉아서 나
에게 감사하며 그날을 회상하며, '아
버님의 역사요, 아버님의 능력에 의하
여 그와 같은 것이 이루어진 것이다.'
하여 감사하는 마음을 갖고,
38 너도 또한 남을 위해 그와 같은 일이
있을 때 그 사람과 같이 그리하여 아
버님의 은혜에 보답하겠다는 그와 같
은 경건한 기도의 마음 자세로써 가는
것이 너희들이 나를 사랑하며 나를 경
배하는 자세를 가진 자식의 도리라는
것을 잊지 말라.

8,990 번째 하나님 말씀

2003년 12월 30일 10시 37분

1 사랑하는 나의 아들아!
2 "네, 아버님! 말씀하옵소서."
3 너희들이 평소에 물 한 모금을 마심이
니 눈을 감고 기도를 드림이니라.
4 '아버님 감사합니다. 이 모두는 아버

님의 은혜입니다.' 하여 너희들이 그
물을 마심이니라.
5 그러나 너희들은 사막에서 물 한 컵이
있을 때, 그를 열 사람이 마시고자 하
는 그와 같은 형국일 때, 남들은 물그
릇을 향하여 돌진하나 그때도 네가 과
연 '하나님 감사합니다.' 기도를 드리
고 그 물그릇을 잡을 것인가,
6 그렇지 않으면 남들이 다 마신 다음에
마실 것이 없다 해도 너는 기도를 하
고 그리 갈 것인가,
7 그렇지 않으면 남들처럼 너희들이 죽
기 아니면 살기로 물그릇으로 돌진하
여 물부터 마시고 난 다음에 나에게
감사 기도를 드릴 것인가?
8 오늘 나의 아들을 따르는 백성들이요,
그 제자 너희들이 이 문제의 답을 스
스로 찾아야 될 것이며, 어찌해야 될
것이며 어떠한 백성으로써 거듭나야
될 것인가를 너희들에게 과제로써 내
림이니 그리 알라.
9 사랑하는 나의 아들아, 네가 인간 세
상에서 살아가면서 네가 때로는 성업
을 이루었으며 때로는 실패를 했음이
니,
10 마지막 네가 실패의 그 길을 가게 되
었을 때, 네가 좌절할 때, 그리고 네가
일어서지 못할 때, 이제는 더 이상 재
기할 수 없다고 인식되었을 때, 그 주
변에 있는 사람들이 과연 어찌했던가?
11 네가 좌절하고 실패할 때 그것을 변제
받고 가로채기 위하여 온갖 수단과 방
법을 동원하여 너로부터 그 모두를 가
져가고자 하는 자들, 그리하여 네가
기도하는 것마저 방해하며 오늘의 그
길을 가는 것마저 너의 앞길을 막는
그와 같은 자들은 내가 어찌 처리하였
느냐?
12 몇십 억이라는 네가 이룰 수 없는 그
모든 부채를 나 여호와가 다 정리해
주고 다스리지 아니하였던가?
13 그러나 지금 너의 부채가 남아 있는
자, 내가 무어라 말하였느냐?
14 그들에게는 세 배로써 모두를 다 지불
하라 하였음이니, 나는 너에게 그리
명하였음이니,
15 네가 이제 그들에게 그를 지불할 때가
되었음이니, 너는 내가 명한 대로 그
서류를 내가 내리지 아니하였다 해도
너는 내가 내리는 세 배의 변제로써
그들에게 은혜를 내리도록 그리하라.
16 네가 기도할 수 있도록, 네가 어렵고
힘들 때 기다려 준 그 백성, 그들이 가
지고 있는 그 마음이 사랑이요, 그것
이 바로 그들이 나로부터 인정받을 수
있는 백성들이라는 것을 알라.
17 네가 어렵고 힘들 때, 모두를 다 동원
하여 그를 변제받고자 하는 자, 너희
들의 그 얄팍한 인간관계의 삶이 얼마
나 각박하고 네 가슴을 울렸던가?
18 그러나 그들은 다 서류로써 모두를 내
가 정리해 주었음이니, 오로지 지금
남겨 놓은 자는 사랑이 무엇인지 알며
인간미를 가지고 있는 자들이요,
19 그들에게 꼭 필요할 때 내가 그들을
도와주기 위하여 오늘까지 기다리게
하였으며,
20 지금 세 배로 내가 베풀어 주라 하였
으니, 너는 그 세 배로 베풀어 주는 데
주저해서는 아니 될 것이니라.

21 그와 같이 역사하는 것을 너의 제자들
또한 시기하고 질투하며 그를 마음 아
프다 생각해서는 아니 될 것이며,
22 그 길을 막는 자, 내가 결코 그를 용서
할 수 없음이니, 그는 사랑을 모르며
나눔을 모르는 자니,
23 작게는 저 자신이 사랑이 없는 자요,
크게는 내가 나의 아들을 통하여 역사
하는 것에 시시비비하는 자요, 내 뜻
을 거역하는 자이니, 그 또한 나로부
터 용서받지 못할 것이니라.
24 이제 사랑하는 나의 아들아, 너를 기
다려 주며 네가 기도할 수 있도록 네
가 이리 갈 수 있도록 그 모두를 인내
하며 참아 왔던 자들, 그리고 말없이
너를 도운 그들에게 세 배로써 그 모
든 사랑을 실천하여 내리도록 그리하
라.
25 그리하여 그들이 다 나를 따르며 너를
따르며, 내가 내린 그 법전을 읽고 깨
우쳐 구원을 받는 그 길을 갈 수 있도
록, 그 상까지 그들이 이제는 받게 될
것이니라.
26 네가 그리 행했을 때, 그들은 나의 법
전을 정독할 것이며, 세상에 이보다
위대한 말씀이 없으며, 세상에 이보다
위대한 사람이 없을 것이며, 세상에
사람이 이렇게 변하는 것은 있을 수
없을 것이라 감탄할 것이니,
27 그들이 법전을 읽고 깨우쳐 구원을 받
을 것이며, 사랑을 행함이 얼마나 위
대한 것인가를 알게 될 것이니라.
28 이를 막는 자, 이를 방해하는 자, 이를
시기하고 질투하며 음해하는 너의 제
자는 결코 내가 용서하지 아니할 것이
니 그리 알라.
29 어려울 때 기다리고 도와준 것이 인간
의 기본 도리이며, 도리를 지킨 자들
이기에 내가 세 배로써 그들에게 상을
내려 줌이니,
30 내 뜻을 행하도록 그리하라, 사랑하는
나의 아들아!

8,991 번째 하나님 말씀

2003년 12월 30일 10시 44분

1 사랑하는 나의 아들아!
2 "네, 아버님! 말씀하옵소서."
3 사랑하는 선택된 너의 제자들이요, 그
리고 나의 법전을 깨우친 사랑하는 백
성 너희들은 남에게 받은 만큼, 은혜
를 입은 것만큼 너희들이 그를 저버리
지 말며, 그 대가를 치르며 감사하는
마음으로 살아가라 하는 것이니,
4 받은 만큼만이라도 은혜를 잊지 않는
나의 백성으로서 거듭나 주기를 바라
는 것이 나 여호와의 뜻이라면, 내가
무엇을 그리 바라는 것이며, 너희들이
지키고 역사할 수 없는 것을 바라는
마음이더냐?
5 그리하여 내가 너희들에게 그리 전하
지 아니하였느냐?
6 십계명 속에, '네 부모를 공경하라.' 함
이니, 그것은 무엇이더냐?
7 그 은혜를 아는 자, 그와 같은 자가 나
를 경배할 수 있는 것이기 때문이며,
그리하여 그리 행하라 함이니라.
8 그리고 감사할 줄 알며 은혜에 보답할
수 있는 그와 같은 마음을 가지고 사
는 백성들이 나를 경배할 수 있으며

나를 따를 수 있는 백성이라 함이니라.
9 나에게 감사할 줄 아는 백성은 부모에게 효도하는 백성이요, 너희들이 받은 것만큼 은혜에 감사할 줄 아는 그와 같은 마음으로 살아가면 된다는 것이며, 그를 나는 너희들에게 바라는 것이니라.
10 그러나 지금의 모든 종교 집단이요, 수천 년 동안 흘러오면서 그들이 가르치고 배워 온 그 뿌리가 무엇이더냐?
11 나에게만 감사하면 되며, 창조주 아버지를 찾으며, 나의 아들 예수의 보혈을 찾으며, 예수의 이름 앞에 그리고 나 여호와의 이름 앞에 너희들이 매사에 감사하는 마음으로 살아가면 되며,
12 나 여호와에게 욕되지 않는 행위를 하며 욕되지 아니하는 것만 하면 된다 너희들이 그리 생각하고 살아감이니,
13 그리하여 만백성에게 욕되게 하는 자, 잔인한 짓, 험악한 짓을 해도 된다는 생각을 가지고 살아가는 것이요, 그것은 죄가 되지 아니한다 생각하니, 이를 어찌 다스린단 말이더냐?
14 이를 보는 나 여호와의 마음이 얼마나 아프겠는가?
15 그들이 나에게만 감사하고 나에게만 기도하며 나 여호와에게만 욕되지 아니하게 하고 살아간다는 그 마음의 열정과 정열을 가지고, 다른 백성이요, 이웃을 사랑하며, 인간으로부터 받은 은혜에 대해 감사할 줄 아는 마음으로 돌려 산다면,
16 그들은 두말할 것 없이 하늘에 오를 수 있으며 천국에 오르며 천사가 될 수 있는 백성들이니, 그것을 깨우쳐 주라.
17 그것을 깨우쳐 주는 것이 가장 소중함을 알라.
18 그들이 나에게 감사하며 나에게 매달리는 그 정열이요, 그 마음이요, 죄의 온상이요, 재물을 바치며 모든 헌금을 바치며 십일조를 바치며 저희들이 구원을 받고자 하는 그것이 욕심이요, 잘못된 것이라 말하나, 그 정열이요, 욕심이요, 그 마음이야 오죽하겠느냐?
19 그러니 나를 사랑하며 나를 욕되게 하지 않는 것, 그리고 구원을 받는다는 그것을 모든 네 주변이요, 이웃이요, 그 백성들에게 그렇게 베풀고 행하는 것이 나에게 오르는 길이요, 내가 기뻐하는 것이라는 것을 깨닫게 가르치기만 한다면, 너희들보다도 열배 백배 낫게 갈 수 있는 백성들이 그들이니,
20 그를 좀 깨우쳐 주라 함이니라, 사랑하는 나의 아들딸들아!
21 나를 기쁘게 하며 나를 영화롭게 하고자 한다면, 모든 백성들을 사랑하는 것, 그리고 백성들에게 받은 은혜에 감사하는 것, 이를 알고 행하는 것, 그리고 베푸는 것이니,
22 나에게 모두를 바치고 나만 위해 살아가는 그와 같은 마음이 아니요, 창조주 아버지 나를 찾으며 나를 위하여 나의 기쁨을 위하여 너희들이 살아가는 것이 아니라,
23 모든 너희 백성들에게 인간 세상에서 인간에게 감사하며 은혜를 베풀며 살아가는 그것이 너희들이 하늘에 오르는 길이요, 나에게 오를 수 있는 길이요, 하늘에 오르는 데 도움이 되는 길

이라는 그것을 가르쳐 주고 전하라.
24 그들이 그를 받아들이고 깨우치며 정
녕 그것이 하늘의 뜻이라 그리 믿을
때, 그들은 이루 말할 수 없이 선한 백
성으로 돌아설 수 있으며,
25 너희들보다 열배 백배 더 행하고 실천
하며 앞에 갈 수 있는 백성이라는 것
을 알아야 될 것이니라.
26 그와 같이 인간을 사랑하며 인간의 은
혜에 감사하지 아니하고 살아가는 백
성들은 이 세상에 사람이라 하여 존재
하나, 너희들 세상에 도움이 되지 않
는 자요, 해만 되는 백성이니라.
27 그러니 그들이 악한 마음으로써 살아
가는 것이요, 악함을 행하게 되는 것
이니,
28 악함을 행하는 마음을 가지고 나를 경
배하며 나를 찾는 그들이 기도하는 그
말이 어찌 들리는 줄 아느냐?
29 그것이 다 썩어서 그들의 몸이요, 그
들의 생각에서 나오니, 그 썩은 악취
가 나를 역겹게 하며 하늘까지 진동하
는 그와 같은 형국으로 지금 변해져
있음이니라.
30 그러니 창조주 아버지인 나를 기쁘게
하며 나를 찾으며 나만 위해 살아가
며, 나만 위하여 모두를 바치는 그와
같은 마음의 자세를 한 발짝 뒤로 물
러나, 모든 백성을 그리 사랑하라.
31 모든 백성이 나의 아들딸이니, 너희들
이 형제와 화목하며 형제를 사랑하며
살아가는 것이 부모의 기쁜 마음이요,
부모의 행복한 마음이요, 부모를 영화
롭게 해 주는 것이라는 것, 그것 하나
만 그들에게 깨우쳐 주고 심어 주라.
32 그러면 그들이야말로 이 세상을 바로
만드는 데, 그리고 내가 이루고자 하
는 역사의 앞에 서서 천 년이 가기 전
에 그 모두를 이룰 수 있는 자들이니
라.
33 너희들이 지금 가는 그 길이 아니요,
악을 행하는 마음이 아니요, 욕심을
내는 마음이 아니라, 모든 백성들에게
먼저 행하고 베푸는 것이 하늘에 오르
는 길이라 함을 깨달아 그들이 그리
베풀기만 한다면,
34 그 힘으로써 너희들은 두말할 것 없이
하늘에서 이루어진 것같이 이 세상에
서 천국이 바로 이루어지는 위대함이
여기 있을 것이니,
35 나의 아들과 나의 아들을 따르는 제자
들이요, 나의 법전을 읽고 깨우친 만
백성 너희들은 그를 그리 가르치도록
하라.

8,992 번째 하나님 말씀

2003년 12월 30일 10시 55분

1 사랑하는 나의 아들아!
2 "네, 아버님! 말씀하옵소서."
3 너를 따르는 제자들이요, 나의 법전을
읽고 깨우친 만백성 너희들은 들으라.
4 너희들이 살아가면서 어떠한 고통이
있다 해도, 누가 어떠한 피해를 입히
며 네 앞에 어떠한 악행을 한다 해도,
어떠한 것으로써 너희들에게 손해를
주었다 해도, 결코 그들을 미워하고
적대시해서는 아니 됨이니라.
5 그 모두를 사랑하는 마음으로 다스려
야 되며, 정녕 그들을 사랑하는 그와

같은 형국으로 너희들은 살아가야 되
며, 세상 이치를 그리 봐야 되느니라.
6 내가 법전에 기록하여 너희들에게 전
했듯이 그가 너희들에게 그렇게 하지
아니했을 때 너희들이 더 큰 불행으로
써 설 수 없으며 견딜 수 없으며 살아
갈 수 없는 일이라면 과연 어찌하겠는
가?
7 그들이 너의 가슴을 울렸으며 그리 아
프게 하여 너희들이 오늘에 존재할 수
있으며 오늘에 살아갈 수 있는 운명이
었다면, 과연 그를 감사하지 아니할
것인가?
8 너희들은 다만 알지 못하며, 과거를
모르며, 현재를 모르며, 미래를 모르
고 살아가기 때문에 그러하니라.
9 그러니 오늘에 만족하며 오늘에 감사
한 마음으로 살아가는 것이 너희들이
가질 수 있는 마음이니라.
10 그리고 나의 아들을 따르는 제자 너희
들이 가야 하는 길임을 알라.
11 사랑하는 나의 아들의 제자, '윤수' 너
는 들어야 될 것이니라.
12 네가 이 세상에 살아가면서 오늘의 네
삶이 어렵고 힘들다 하여 네가 나의
아들 앞에서 눈물을 흘리지 말라.
13 흐르는 네 눈물을 보는 나의 아들이
울지 못하는 그 마음의 아픔이 무엇이
던가?
14 네가 정녕 오늘의 이 길을 가지 아니
하며 이 길을 선택하지 아니할 때는
네 자식이요, 네 혈족을 오늘에 볼 수
도 없으며 들여다볼 수도 없으며, 그
들의 미래에 길을 열어 줄 수도 없으
며, 그들과 더불어 멀리서 바라볼 수
도 없는 네 운명이었다면, 과연 너는
그 길을 선택하겠는가?
15 오늘의 어렵고 힘든 한 고비요, 이 길
로 인하여 네 자식을 볼 수 있으며 네
혈족을 볼 수 있으며 네 형제를 볼 수
있으며 부모를 볼 수 있으며 자연의
아름다움을 볼 수 있으며,
16 또한 네가 나 여호와의 뜻에 따라 만
백성을 구하는 그 길을 역사하며 네가
구원을 받아 나에게 올 수 있는 그 영
광이 있다 해도,
17 네가 오늘의 이 삶이 그리도 고단하고
어렵고 힘들어 스스로 나의 아들 앞에
서 눈물을 흘려 그 모두를 말 못 하는
나의 아들의 가슴을 울리는 것이 네가
할 도리이며 네가 역사할 길이라 생각
하는가?
18 이제 나의 아들을 따르는 제자들이요,
나의 법전을 읽고 깨우친 백성 너희들
은 들으라.
19 나의 아들의 제자 '김윤수'를 들어 너
희들에게 이를 증명함이니, 너희는 이
와 같은 마음의 자세로 세상사를 보고
깨우쳐 가야 될 것이니라.
20 정녕 네가 그와 같이 마음이 아프고
내 아들 앞에 와 눈물 흘려 나의 아들
을 울린다면, 오늘의 그 길이 고달프
고 힘들며 네가 이 길을 갈 수 없다면,
스스로 조용히 떠나 네 인생을 한번
가 보도록 그리하라, 그러면 네가 알
것이니라.
21 영광된 오늘의 기쁨이요, 오늘의 행복
함을 네가 알 날이 있을 것이니라.
22 너는 네 운명이요, 오늘이요, 미래를
모름이니, 정녕 이 길을 선택하지 아

니하고 다른 사람이 이 길을 간다 했
을 때, 네가 모두를 다 잃어버린다면
너는 어찌하겠는가?
23 네가 이 자리에 와 있으며 오늘의 역
사함에 네가 얼마나 많은 것을 얻는가?
24 자신의 도리를 알며, 네 마음속에 있
는 것을 뽑어내고 있으며, 네 자식이
요, 네 형제들과 얼굴을 더불어 하며
이 세상에 같이 살아가며 그들의 미래
를 같이 의논하고 도와줄 수 있으며
같이 생각하고 살아갈 수 있는 그 미
래의 삶을 위하여 오늘 네가 이 길을
간다 해도 그를 믿지 아니하며,
25 네가 인간사의 모두를 생각하며 나의
아들 앞에 와 눈물 흘려 그를 울리는
그와 같은 마음으로 가겠는가?
26 내가 너의 제자들에게 무어라 말하였
느냐?
27 나의 아들이 지금 나약함이니, 그 버
팀목이라 하였음이니라.
28 내가 씨앗을 뿌려 그 씨앗이 크기 시
작함이니, 바람에 날리며 짐승에게 밟
히며, 그리고 그를 잘라 가는 날짐승
들로부터 그를 보호하기 위하여 너희
들이 버팀목이라 하였음이니라.
29 그리하여 그 버팀목으로서 충실히 하
기 위하여 너희들이 선택되었으며,
30 또한 나의 아들이 흔들리는 사다리를
타고 하늘을 향하여 지금 올라가고 있
음이니, 그에게 연필 하나, 종이 한 장
을 쥐여 주어서는 아니 되며,
31 그가 바로 기도하고 경배하며 그 길을
갈 수 있도록 하여 그가 길을 닦아 놓
았을 때 너희들이 올 수 있다 내가 그
리 말하였거늘,
32 과연 그 앞에서 눈물로써 그 마음을
울리는 것이 네가 할 도리인가?
33 그렇다면 네가 나로부터 받은 은혜요,
나로부터 받은 영광의 기쁨은 없다 함
이니, 네 스스로 어떠한 길을 선택할
것인가?
34 지금이라도 너 자신이 항상 그와 같은
행위를 할 수 있으며 눈물을 흘려 내
아들을 울릴 수 있다면, 너 스스로 가
라.
35 그것이 네가 원하는 길이면 네가 그리
가면 될 것이니라.
36 나는 다만 너를 사랑함이요, 너 자신
이 오늘의 가는 그 마음이요, 굳건한
그 심성 때문에 내가 너를 구원하고자
했으며, 너의 아픔을 내가 달래 주고
자 하여 네가 오늘의 이 길을 가고 있
는 것이거늘,
37 네가 정녕 후회하고 가슴 아파한다면
너 스스로 선택의 길을 가는 것을 나
는 나무라지 아니할 것이니 그리 알라.

8,993 번째 하나님 말씀

2003년 12월 30일 10시 59분

1 사랑하는 나의 아들아!
2 "네, 아버님! 말씀하옵소서."
3 너를 따르는 제자들이요, 나의 법전을
읽고 깨우친 만백성 너희들이 강론을
듣기 위하여 멀고 먼 길을 달려오며,
나의 법전을 만들기 위하여 온갖 정성
을 다함이니,
4 그것이 인간으로 살아가는 것에 손실
이요, 육의 삶에 대해서 잃는 것이 많
다 생각하며 얻어지는 것이 없다 생각

하면, 너희들이 그 연필을 놓아도 나
여호와는 말하지 아니할 것이니, 스스
로 너희들이 선택해 그 길을 가도록
그리하라.
5 너희들이 나의 아들을 통하여 내리는
강론을 들으며 나의 법전을 읽고 역사
하며, 너희들이 깨달으며 변하는 것이
모두 다 부질없는 것이요,
6 그로 하여금 너희들이 육의 세상의 삶
에 기쁨을 잃으며 행복을 잃으며 손해
보는 그와 같은 삶을 산다 생각하면,
너희들이 하시라도 떠난다 해도 나 여
호와는 너희들을 탓하지 아니할 것이
며, 스스로 제 길을 가고자 하는 백성
은 말리지 아니할 것이니라.
7 그러니 선택은 너희들에게 있음이니
라.
8 그러니 나의 법전을 만들어 가는 나의
아들의 마음에 파장을 이루지 말라.
9 너희들이 뜻이 안 맞으면 가면 될 것
이며, 너희들이 이루지 아니하고자 하
였을 때 가면 될 것이니라.
10 그러나 너희들이 나의 법전을 만들며
나의 법전을 만백성에게 전하기 위하
여 노력한 그 공만큼은 반드시 나 여
호와는 너희가 떠난다 해도 너희들에
게 상을 내릴 것이니라.
11 공의의 하나님이요, 진리의 하나님인
나 여호와가 너희들이 지금까지 이룬
역사의 그 수고로움을 헛되이 거둬들
이지 아니하며, 그 대가는 반드시 너
희들에게 있을 것이니,
12 지금이라도 주저하지 말고 떠나고 싶
거든 떠나가도록 그리하라.
13 다만 너희들은 알아야 될 것이니라.
14 이 모든 백성이 너희들의 형제요, 한
핏줄이요, 하나의 자손이라 하였음이
니라.
15 그러니 그 자손들 앞에 종교 집단이
요, 지도자라 하여 군림하는 자, 그리
고 그들을 이끌어 나에게 오르며 인도
한다는 자들이 그 은혜요, 감사함이
요, 그 길을 모르기에 내가 너희들을
통하여 그들을 다스리며,
16 그리고 그를 모르고 지옥 불로 달려가
는 만백성을 구하기 위하여 내가 너희
들을 선택하여 오늘의 이 훈련의 길을
감이니, 이것이 정녕 힘들고 어렵다면
떠나라.
17 나 여호와의 은혜를 모르는 자, 감사
함을 모르며 인간의 도리를 모르는 자
들이 나를 경배한다고 하며 지금 나의
백성들을 이끌어 가는 자들이 잘못 가
고 있기에 내가 그들을 바로잡고자 하
는 것이니라.
18 너희들은 들어야 될 것이니라.
19 지금의 모든 종교 집단이 잘못 가고
있는 것이 무엇이라 말하였느냐?
20 저희들이 나의 백성들을 10년이요, 5
년이요, 그리고 1, 2년을 가르쳤다 하
면, 저희들이 가르친 만큼 그 백성들
이 깨우쳐 경지에 올랐다면,
21 그들을 그 교회의 사슬에 묶어 놓지
말고 더 잡아 놓지 말며, 그들을 놓아
주어야 될 것이며, 밖으로 내보내 만
백성을 구하는 그와 같은 역사를 해야
될 것이거늘, 그들이 과연 그리하느냐?
22 한번 걸려든 자는 평생 올가미를 씌워
놓고 십일조요, 각종 헌금을 받아들이
며, 저희들의 종살이를 시키며 부려

먹으니,
23 그 불쌍한 백성들을 구원하고자 내가
너희들을 선택했으며, 그리하여 나의
성전에서 법전을 따라서 공부하는 너
희들이 나가 지도자가 되며, 또한 너
희들이 나가서 만백성을 구하는 그 변
화되는 것을 이루고자 함이니,
24 여기에 너희들이 가담하는 것이 축복
이요, 영광이요, 이 역사를 이루는 것
이 기쁨이라면, 너희들은 불평불만하
지 말며, 너희들 스스로 손해 본다 생
각하지 말며, 네 자리를 지켜 묵묵히
가는 그와 같은 삶을 살도록 그리하라.
25 그렇지 아니한 자는 마음과 속이 다르
니, 무엇인가를 이루고자 하여 이루어
지지 아니했을 때, 얻고자 하여 얻지
못했을 때, 불평불만을 하고 돌아서며
나의 아들의 가슴에 파장을 이룬다 하
면,
26 차라리 지금 너희들이 스스로 조용히
물러가도록 그리하라, 사랑하는 나의
아들딸들아!
27 그래도 너희들이 지금까지 역사한 상
은 내가 내릴 것이니라.

8,994 번째 하나님 말씀

2003년 12월 30일 11시 03분

1 사랑하는 나의 아들아!
2 모든 나의 백성들을 저희들이 깨우칠
만큼 깨우쳤으면서도 교회라는 그 끊
을 수 없는 쇠사슬로 그들을 묶어 놓
고 그들에게 거둬들이는 그와 같은 사
악한 자들을 내가 바로잡기 위하여 너
희들을 불렀다 하였음이니,
3 그러니 그들이 지금 하고 있는 그 행
위가 어떠한 줄 알겠느냐?
4 저희들이 그들을 깨우치고 가르칠 만
큼 가르쳤다면, 그들을 졸업시켜 세상
밖으로 나가 만백성을 구하는 일꾼으
로서 역사하도록 해야 될 것이며, 제
손에서 떠나도록 그리해야 되는 것이
그들이 가야 할 길이며 도리이니라.
5 그러나 그들은 그와 같은 역사를 하지
않느니라.
6 그를 절대 그들은 행하지 않느니라.
7 그저 저희들에게 한번 걸려든 그 백성
들은, 제 목구멍에 풀칠하기 위하여,
재물을 모으기 위하여, 제왕같은 대우
를 받기 위하여, 제가 역사하는 사업
의 도구로써 그들을 이용하며, 죽을
때까지 물고 늘어져 끌고 가는 것이
그들이 아니더냐?
8 그러니 그들을 붙들어 매 놓고 평생
죽을 때까지 다스리는 그 모습을 보는
너희들은 과연 그들이 바르고 옳은 종
교 집단이요, 믿음의 길을 가는 자라
생각하느냐?
9 너희들이 바르지 못한 것을 보고 다스
리지 못하며 바로잡지 아니한다면, 그
또한 너희들의 죄라 내가 그리하였느
니라.
10 선생이 가지고 있는 실력을 내일을 위
하여 오늘 최선을 다하여 가르치지 아
니하고 감춰 놓는 그것 또한 죄를 면
치 못한다 내가 말하였음이니,
11 저희들이 졸업을 시켜 세상에 내보내
만백성을 구해야 되는 그와 같은 종교
집단이요, 지도자들이 그들을 쇠사슬
로 묶어 놓고,

12 저와 저자식의 목구멍에 풀칠을 하기 위하여, 제가 제왕적인 대우를 받기 위하여, 제가 역사하는 것을 이루고자 하여 죽을 때까지 한 발짝도 나가지 못하도록 붙잡아 놓는 그들을 그대로 놔두는 것이 과연 도리라 생각하느냐?

13 그들이 얼마나 우매한 자들인 줄 알겠느냐?

14 나의 백성들을 깨우치고 깨우쳐 성년이 되어 세상에 내보내는 것이 아니요, 유치원생으로서 더 이상 벗어나지 못하도록, 그리고 거기서 절대로 깨어나지 못하도록 지금 하고 있는 자들이 그들이 아니더냐?

15 그러니 그와 같이 유치원 학생같은 아이들을 데리고 더 이상 놀고 장난치며 더 사악한 행위를 하지 말라 하는 것이며, 그를 중단하게 하고자 하는 것이며,

16 아무것도 모르는 유치원 학생에서 벗어나지 못하며 더 깨닫지 못하며, 그리하여 어리석은 백성으로 만들어 그들을 가지고 놀고 장난치는 그 사악한 자들의 행위를 중단하게 하기 위해 내가 너희들을 선택하여 나의 법전을 전하며 너희들에게 대명을 주었음이니,

17 그 대명으로 너희들의 어깨가 무거우며 그 짐이 무거우며 오늘의 그 일을 역사하는 것이 힘들고 어려우면, 너희들은 주저 없이 떠나라 함이니라.

18 그리해도 내가 너희들을 탓하지 아니하며, 너희가 이룬 상을 주어 내보낼 것이니,

19 그리하면 다음 사람이 또 와서 그다음의 역사를 할 것이니, 나의 법전은 중단함이 없으며 쉬이 없다는 것을 알라.

8,995 번째 하나님 말씀

2003년 12월 30일 11시 06분

1 사랑하는 나의 아들아!

2 "네, 아버님! 말씀하옵소서."

3 너희들이 살아가면서 짓는 죄악이요, 그 흉악한 모든 행동보다 더 무서운 범죄요, 더 무서운 것이 무엇인 줄 알겠느냐?

4 너희들이 살아가면서 육으로써 행하는 것보다 마음으로써 짓는 죄, 마음으로 기억하여 행하는 그 범죄가 더 무섭고 더 두려운 것이라는 걸 너희들은 알아야 될 것이니라.

5 어떠한 형태보다도 너희들이 마음으로 짓는 범죄요, 마음으로 짓는 그 죄가 무섭고 두려움이니라.

6 그러니 내가 너희들에게 가르쳐 전하지 않았느냐?

7 인간 세상에 살아가는 것도 너희들이 어떠한 병에 걸려서 허덕이는 것보다도, 마음으로 빚은 병이요, 정신적으로 얻은 병, 마음으로 든 그 병이 더 무섭고 치유할 수 없다 함을 내가 너희들에게 일찍이 깨우쳐 알고 있지 않더냐?

8 괴로움 또한 어떠하더냐?

9 너희들이 육신의 어떤 그 시련의 괴로움보다도 마음의 괴로움이 더 고통스러우며 더 견디기 어려운 것이 너희들 자신이지 않느냐?

10 그리하여 내가 너희들에게 바라고 원하는 것이 무엇이더냐?

11 너희들 자신의 마음을 다스리라 함이
니라.
12 너희들이 마음을 다스릴 수 있는 능력
을 가지고 그 마음을 다스리며 훈련하
는 자들은 어떠한 죄도 다 이길 수 있
으며, 어떠한 죄악도 이길 수 있으며,
어떠한 것도 너희들에게 두려움이 없
음이니라.
13 그러니 너희들이 고통과 괴로움 그 모
두도 벗어날 수 있는 것이 마음을 다
스림이니라.
14 그리하여 내가 너희들의 마음을 비우
고 다스리라 함이 여기에 있음이니라.
15 그러니 너희 자신이 마음을 다스리지
못한다면 세상의 어떤 것도 얻을 수
없는 것이요,
16 너희들이 마음을 다스리고 세상을 본
다면 못 이룰 것이 없으며 못 얻을 것
이 없으니,
17 그리하여 너희들이 마음을 다스리고
세상을 보는 것, 마음을 비우고 세상
을 보는 것처럼 귀하고 행복함이 없다
내가 수천 번 나의 법전에 기록하여
너희들에게 전함이니 그리 알라.
18 나의 피조물 만백성 너희들이 이를 알
면서도 행하지 못하고 지키지 못하며,
이 기준이 없으며 본보기의 선생이 없
음이니,
19 그리하여 내가 160권의 법전을 세상
에 내려보내 너희들에게 그 모든 본보
기의 책으로써 만들며,
20 나의 백성들을 바로 세워 너희들이 그
들을 보고 하늘에 오르는 그 길이요,
진정한 소중함이 무엇인가를 깨닫도
록 하고자 하여 오늘의 그 역사가 이
루어짐을 알라.
21 이 모두는 너희들을 사랑함이요, 너희
를 위해서 역사하는 것이요,
22 이것 또한 너희들에게 마지막 기회로
서, 두 번 다시 없다는 것을 명심하고
또 명심하도록 하라.

8,996 번째 하나님 말씀

2003년 12월 30일 11시 18분

1 사랑하는 나의 아들아!
2 "네, 아버님! 말씀하옵소서."
3 너희들이 정녕 탐욕스러운 마음이요,
욕심이 없다면 하늘을 향하여 한 점의
부끄러움이 없는 그와 같은 삶을 살아
갈 수 있음을 알아야 될 것이니라.
4 너희들이 탐욕이요, 욕심이요, 하늘을
향하여 한 점의 부끄러움이 있는 삶을
살며 그를 벗어나지 못한다면, 그 모
두는 잘못된 너희들의 마음에서 이루
어지고 있음을 알아야 될 것이니라.
5 너희들은 마음을 비웠으며 천사와 같
은 마음으로 살아간다 하나, 너희 마
음속에서 그 욕심이요, 탐욕스러움이
지금도 있기에 그 모두가 이루어지는
것을 너희들은 알아야 될 것이니라.
6 너희들이 바르지 못하고 곱게 생각하
지 못하며 바른 행동을 하지 못하는
그 모두도 다 어디서부터 근본이 되는
줄 아느냐?
7 너희들의 마음이 다스려지지 아니하
였기 때문에, 마음속에서부터 그 모두
가 역사함이니라.
8 바르지 못한 행동, 바르지 못한 생각,
남에게 추하고 더러운 생각, 그 모두

는 너희 마음속에 그와 같은 잔재가
남아 있기에 거기에서 그 모두가 발생
해서 나옴이니, 그 마음의 뿌리를 너
희들이 뽑아야 된다 함이니라.
9 너희들이 남을 험담하고 남을 미워하
는 그 마음 또한 네 마음에 도사리고
있으며 그 마음의 뿌리가 남아 있기
때문에, 유사시에 용수철같이 튀어나
오는 것이니,
10 그 마음의 뿌리가 있어서는 절대 다스
리지 못하는 것이 너희들임을 알아야
될 것이니라.
11 사랑하는 나의 아들딸들아, 너희들이
살아가면서 인간관계에 노여움이 폭
발하는 그 모두가 다 무엇인 줄 알겠
느냐?
12 너희들이 마음을 비우고 마음을 다스
렸다 하나, 그 나쁜 생각이요, 나쁜 마
음이 네 안에 있기 때문에, 그와 같은
노여움이 있을 때마다 그는 뛰쳐나오
며, 이때가 기회라 하여 너희들을 무
너트리는 것이 그와 같음을 알아야 될
것이니라.
13 그러니 너희들의 마음속에 있는 그 마
음을 다스리고 다스리며 그를 다듬으
라 하는 것이 나 여호와의 뜻임을 알
아야 될 것이니라.
14 너희들이 그 모든 생활함에 있어서
바르지 못하게 생각하고 행동하는 그
모두가 다 마음의 뿌리에서 이루어짐
이니, 이를 명심하고 또 명심하도록
그리하라.
15 그리하여 마음을 정녕 비운 자는 노
여움이 뛰쳐나올 수가 없으며, 그리고
바르지 못한 행동을 할 수 없으며, 남
을 음해하는 그와 같은 생각을 가질
수 없는 것이니라.
16 그러니 마음을 잘 다듬고 다스리라 하
는 것이 나 여호와의 뜻이니, 나의 아
들을 따르는 제자요, 백성 너희들은
그 마음을 다스리는 데 모두를 다하도
록 그리하라.
17 그래야만 너희들이 바로 설 수 있으며
바로 역사할 수 있는 것이기에, 그 길
을 가야 되며 넘어야 되는 것이 너희
들의 운명이니, 이를 피해 가려 하지
말며 두려워서 돌아가려 하지 말라.
18 정면으로 그 모두를 부딪치고 나가라.
19 그러면 내가 너희들에게 힘이 되어 줄
것이며, 나 여호와가 너희들이 변해지
고 역사할 때마다 그 힘과 용기를 줌
을 너희들은 알고 있지 않은가?
20 너희들이 역사하고자 할 때, 역사했을
때, 내가 그 마음에 힘과 용기를 줌이
니 그리 알라.
21 너희들 스스로 먼저 치고 나가도록 그
리하라, 그 용기가 필요함이니라.

8,997 번째 하나님 말씀

2003년 12월 30일 11시 25분

1 사랑하는 나의 아들아!
2 **"네, 아버님! 말씀하옵소서."**
3 내가 나의 아들을 통하여 만백성 너희
들에게 전하기를, 내가 나의 법진을
세상에 내려보내기 시작하여 천 년에
걸쳐서 이 지상에 천국의 낙원을 이루
려 하며 그리 가꾼다 하지 아니하였더
냐?
4 그러니 나의 백성 너희가 언제까지 변

하지 못하는 마음이요, 제자리에서 뭉
개며 벗어나지 못하는 그와 같은 삶을
살아갈 수 있다 생각하느냐?
5 너희는 알아야 될 것이니라, 나 여호
와는 천 년에 걸쳐 모두를 역사함이
니, 너희들이 천 년을 나와 더불어 같
이 살 수 있다면 너희들은 그 모두를
볼 수 있으며 서서히 역사해 가도 된
다 할 수 있을 것이니라.
6 그러나 너희들은 천 년을 살지 못하며
그 모두를 보지 못하고 너희 육은 죽
어 감이니, 그리하지 못하는 것을 어
찌하겠는가?
7 나 여호와는 천 년에 걸쳐서 지상의
낙원을 역사하고자 하나, 너희들은 인
생을 살아가면서 과연 철들어 50년을
사는가?
8 철들어 50년도 살지 못하고 가는 것
이 너희들의 운명이니, 너희들이 얼마
나 빠른 속도로 얼마나 많은 시간을
쉬지 말고 변화되는 삶을 살아야 되
며, 만백성에게 본보기의 자세로 서야
만 되겠는가 한번 생각해 보았느냐?
9 나 여호와는 천 년에 걸쳐 서서히 그
역사를 이루려 함이니 그 시간이 있으
나, 너희들은 여기서 이루고 쌓아 놓
고 가는 것이 몇십 년도 안 됨이니,
10 그 몇십 년 속에 지금도 변하지 못하
고 제자리를 맴도는 그와 같은 삶을
산다면, 너희들은 과연 나로부터 선택
된 은혜 입은 백성으로서 무엇을 남겨
놓고 무엇을 역사하고 가는 것이 되겠
느냐?
11 그러니 너희들은 이와 같은 의미요,
이치를 깨닫도록 그리하라.
12 나 여호와가 천 년에 걸쳐 역사하는
그 모두를 너희들은 10년이요, 20년
이요, 어느 세월까지 살는지 모르겠으
나, 그 사이에 모두를 이루어 놓고 너
희들이 바로 서고 가야 됨이니,
13 너희들의 마음을 다스리는 데 잠시라
도 게을리할 시간이 있겠느냐?
14 이를 너희들이 먼저 깨닫고 생각해 본
다면, 오늘의 삶을 어찌 살아야 될 것
이며 어찌 노력할 것인가를 알아야 될
것이니라.
15 너희들이 살다가 나에게 왔을 때 그
상이요, 은혜는 받음이니라.
16 그러니 너희들이 나에게 부름을 받아
나 여호와의 뜻에 의해 역사하는 데
과연 그 은혜를 받아 50년을 나에게
봉사하고 가던가, 30년을 너희들이 나
에게 봉사하고 역사하고 가던가?
17 너희들이 깨닫지 못하고 변하지 못한
백성이면 단 1초 1분도 나에게 역사
하지 못하며 내 뜻에 따라 이루지 못
하고 감이니,
18 그러한 너희들이 됐을 때, 하늘에 오
르는 길이요, 역사하는 것을 알며 내
뜻을 아는 너희들이 1분도 나 여호와
를 위해서 아름다운 삶이요, 진정 내
가 이루고자 하는 그 역사를 하나도
이루지 못하고 갔다면,
19 너희들이 그러고도 나에게 와 하늘에
오르는 그 길을 오고자 하며, '나는 아
버님의 말씀대로 살았으며, 아버님의
아들인 선지자의 뜻을 따라 그와 더불
어 살아왔음이니, 나는 천국에 가야
한다.' 하며 몸부림친들, 거기서 그것
이 통하며 역사할 수 있단 말이더냐?

20 나는 나의 아들을 따르는 제자 너희들을 사랑함이요, 나의 법전을 읽고 깨우친 너희들을 사랑하기 때문에, 내가 너희들에게 하늘의 이치를 알려 줌이니라.

21 너희들이 철이 들어 30년을 산다 해도 그 30년 동안 너희들이 변하는 그 변화가 급속도로 무섭게 변하지 아니하여 너희 자리를 지키지 아니한다면, 내가 말한 60점의 점수를 훨씬 넘지 못한다면,

22 너희들은 나에게 아무것도 역사한 것이 없으며 이루어 놓은 것이 없음이니, 내 앞에 와서 너희들이 무슨 상을 받으려 하느냐?

23 너희들이 천 년의 세월을 산다면 그 안에 쌓고 쌓을 수도 있을 것이니라.

24 그러나 너희들은 50년을 산다, 20년을 산다, 10년을 산다 해도, 그때 너희들이 얼마나 변해서 나 여호와의 뜻에 의하여 내가 이루고자 하는 그 뜻에 맞춰 역사했는가 그것이 너희들이 받을 수 있는 점수이니,

25 오늘의 변함이 너희들에게 얼마나 소중하며, 얼마나 시간이 없는지 알라.

26 내가 이루고자 하는 성대한 그 건축물을 짓는 데 너희들이 처음에 터를 닦았으며 부름을 받은 자라 하나,

27 그 기초에 네가 갖다 놓은 벽돌 하나가 없으며, 네가 갖다 놓은 자갈 하나도 없으며, 네가 갖다 놓은 것을 내가 아무것도 쓰지 못하며,

28 네가 갖다 놓은 것이 깨끗하지 아니하며 보석 같지 아니하여 내가 천사만이 사는 그 세상의 성전을 짓는 데 그를 놓을 수가 없어 내가 그를 받아들이지 아니하였다면,

29 너희들은 벽돌 하나도 갖다 놓지 못하고서 나에게 와 모두를 나를 위해 바치고 역사했다며 울고불고하는 그와 같은 삶을 이루고자 하는 것이 너희들의 운명이니, 알아서 깨달으며 알아서 행하도록 그리 가라.

30 지금의 종교 집단이요, 지도자요, 그 신도들, 광분하는 자들이 바로 그러하니라.

31 저희들이 나의 뜻에 따르며 나의 역사에 의하여 한 점의 부끄럼이 없이 다른 신을 두지 아니하고 산다 하나, 그들은 이미 진정한 참진리를 믿지 않는 것이 다른 신을 섬김이요, 나와는 관계없는 자들이니,

32 그들은 정녕 내가 건축하고 역사하는 곳에 주먹만 한 돌 하나라도 갖다 놓지 못하고 간 자들이니, 그들은 공이 없음이니라.

33 그러니 그들이 가는 것은 무엇이냐?

34 그들이 울고불고 몸부림치는 것은 지옥문에 가서 서 있다 함이니, 너희들도 그러한 전철을 밟지 말며 그와 같은 삶을 살지 말라.

35 그렇지 아니한다면 너희들이 진정 변한 모습이요, 참삶이요, 변화된 모습으로써 바르게 살며, 그리고 나의 법전이요, 내가 명하여 가르친 것을 기억하여 그대로 행하고 사는 삶을 살라.

36 너희들이 감정을 폭발하며 스스로 버리지 못하는 마음이요, 너희들을 다스리지 못하는 그와 같은 삶으로 산다면 너희들은 하나도 이루어진 것이 없다

함이니라.
37 내가 무어라 말하였느냐?
38 너희들의 잘못된 것이 네 몸에서 떠나
지 아니하며, 너희들이 잘한 것이 네
몸에서 떠나지 아니하며,
39 너희들이 이 지상에서 지옥과 천국의
삶을 하루에도 수십 번씩 왔다 갔다
한다 하였음이니, 너희들이 지옥에 가
는 빈도가 높아서는 아니 될 것이며,
40 또한 그중에 나에게 용서받지 못할 그
와 같은 자, 너희들이 회개하며 다스
렸다 하며 깨달았다 하면서, 그를 다
시 범한다면 나를 기만하는 죄가 있으
며 그 죄가 더 무서움이니,
41 너희들이 지키고자 나에게 약속한 것,
그리고 알고 깨달은 것은 그대로 행하
고 지키는 그 무서운 삶을 살도록 그
리하라.
42 그렇지 아니하면 너희들이 몇십 년을
살며 나의 법전을 읽고 깨우쳤다 해도
너희가 역사한 공이 하나도 없음이니,
나에게 왔을 때 내가 무엇으로써 상을
내린단 말이더냐?
43 상을 받지 못하는 너희 마음도 아프
나, 상을 주지 못하는 나 여호와의 가
슴이 더 미어지고 아픔을 너희들은 알
라.

8,998 번째 하나님 말씀

2003년 12월 30일 11시 31분

1 사랑하는 나의 아들아!
2 "네, 아버님! 말씀하옵소서."
3 너는 정녕 때와 장소에 따라서 네가
행동함이 다르며 생각하는 것이 다르
며 대화하는 것이 달라서는 절대 내가
용서하지 아니할 것이니 그리 알라.
4 지금의 종교 집단과 지도자, 그 신도
들이 어떠하던가?
5 저희들이 기도하며 나를 경배한다 하
나, 장소에 따라서 또는 분위기에 따
라서 저희들이 기도하고 나에게 경배
하는 것을 마음대로 첨가하여 말하며
그것도 그나마 다르다면 과연 그를 너
는 어찌 보겠느냐?
6 저희들이 권력 있는 자 앞에 가서 기
도하는 그 내용이 달라지며 재물을 많
이 쌓아 놓은 자 앞에서 기도하는 것
이 다른 그와 같은 기도라면 과연 어
찌 봐야 되겠느냐?
7 가난하고 불쌍한 자 앞에 가서 저희들
이 똑같은 시간에 똑같은 목적을 가지
고 기도를 한다 할 때, 그 기도가 다르
며 그 내용이요, 방법이 다르다면,
8 과연 이 세상을 너희들은 어찌 볼 것
이며, 하늘에 있는 천사와 모든 사탄
들은 과연 어찌 내려다보는지 생각해
보았느냐?
9 너희들이 똑같은 시간에 부잣집에 심
방을 가서 기도하는 내용이 다르며 그
기도하는 시간이 길며, 가난한 자의
집에 심방하며 기도하는 것이 다르고
그 시간이 짧다면, 과연 너희들은 또
어찌 보고 무어라 말하겠느냐?
10 더구나 너희들이 나의 복음을 전한다
며 모든 집단과 세상을 뒤지고 다니면
서 그 나라의 강대함과 그 나라의 힘
이요, 그 주변에 만나는 사람이요, 그
부족들을 만나 그들이 원하는 것에 따
라서 그 특성에 따라서 나의 복음을

전하는 내용이 다르다면, 그 형태를
과연 너희들은 무엇으로써 변명하고
나에게 말할 수 있겠더냐?
11 그러니 나의 아들을 따르는 제자들이
요, 그리고 나의 법전을 깨우쳐 선생
이요, 지도자라 하여 나가는 너희들은
권력이요, 재물이요, 또 나라의 특성
이요, 어떠한 곳에 가서도 어떠한 형
태든 나의 복음이 달라지면 아니 되
며, 내가 전하는 내용이 달라진다면
너희들은 절대 용서받지 못할 것이니,
12 어떠한 속에서도 내 뜻을 그대로 전하
는 것이 바로 너희들이 가야 하는 길
이라는 것을 절대 잊지 말라.
13 그것이 그들과 너희들의 차별화이니
라.
14 너희는 어찌 생각하느냐?
15 그 형태에 따라서 뒤범벅이 되는 것을
너희들은 무어라 하느냐?
16 너희들은 이것이 복음이요, 하늘에 오
르는 길로 역사한다 하나, 부잣집에
가서 다르며 권력 있는 자에게 가서
다르며 가난한 자에게 가서 다르며,
강대국에서 다르며 그 부족에 따라서
다르며 너희들을 이끌고 안내하는 자
에 따라서 복음이요, 행하는 것이 다
르다면, 너희들은 바로 무엇이더냐?
17 내가 내려다보는 너희들은 짬뽕이라
는 음식을 만든 것이며, 짬뽕 속에 뒤
범벅이 되어 만든 음식과 아무것도 다
름이 없는 것이 너희들의 오늘의 믿음
이요, 너희들이 가고 있는 것이니,
18 오늘의 너희들의 신앙이요, 믿음을 짬
뽕이라 내가 오늘 명칭을 붙여 주니
그리 알라.
19 이 수치스러움과 부끄러움을 너희들
이 벗어나려거든, 바른 자세로써 나의
참진리를 보고 깨우쳐, 하늘을 향하여
두려움과 무서움을 알고 거듭나는 역
사를 가지라.
20 너희가 지금 기도하고 소원하는 것,
복음을 전하는 것은 너희 마음대로 첨
가하여 생각나는 대로 전함이니라.
21 너희들이 기도하는 것도 마음에 내키
는 대로 분위기에 따라서 너희들이 빼
고 더하여 그저 말하는 것이요, 복음
도 그리 전하고 있음이니,
22 나는 너희들에게 그리 명칭을 전함이
니라, 짬뽕이나 비빔밥의 신앙이라고.
23 지금까지 수천 년 동안 믿음을 온 너
희들이 이제 짬뽕이요, 비빔밥을 정리
하고, 정상적인 상을 받도록 그리하라.
24 그것이 너희들이 오늘의 가야 할 길이
며 역사할 길이니,
25 나 여호와가 너희들이 수천 년 동안
흘러오는 그 믿음이요, 신앙이요, 그
역사한 것을 짬뽕이요, 비빔밥의 신앙
이요, 믿음이라 말하는 나의 아픈 마
음을 너희들은 알겠느냐?
26 이제 내가 그 모두를 다스려 만백성을
구하는 참진리요, 생수를 나의 아들을
통하여 세상에 내려보내니,
27 너희들이 그 그릇을 깨끗이 씻어 빈
그릇이 되었을 때, 하나의 오물도 없
을 때, 내 성령이 임할 것이며, 나의
법전의 뜻이 거기에 전해질 것임을 너
희들은 알라.
28 이제 나 여호와가 2천 년의 역사가 흐
른 지금, 너희들에게 짬뽕이요, 비빔
밥 같은 신앙이라 하는 것을 전하니,

이제 그 모두를 비우고 씻어 버리고자 하는 것이 나 여호와의 뜻임을 알라.

8,999 번째 하나님 말씀

2003년 12월 30일 11시 37분

1 사랑하는 나의 아들아!
2 "네, 아버님! 말씀하옵소서."
3 나의 아들을 따르는 제자 너희들은 알
아야 될 것이니라.
4 너희들이 나의 법전을 읽고 깨우쳐 가
며, 나의 강론을 직접 들으며, 만백성
중에 너희들만큼 깨달은 백성들이 없
음이니,
5 이제 나의 백성으로서 거듭나며, 정녕
만백성의 지도자로 너희들이 다시 태
어나는 그와 같은 역사에서 낙오자가
되지 아니하며, 내 뜻을 따라 천 년의
역사를 이루는 그 기틀을 받아 나에게
오를 수 있는 백성이 되려 한다면,
6 이제 너희들은 자신을 다스리는 백성
으로서 변해야 됨을 알라.
7 너희 자신을 다스리는 강도 높은 훈련
을 하여 자신을 통제할 수 있는 그와
같은 백성으로서 먼저 거듭나야 될 것
이니라.
8 그리고 너희들이 자신과의 싸움에서
너희 자신을 이길 수 있는 백성, 선함
을 택할 수 있으며 악을 버릴 수 있는,
자신의 마음의 싸움에서 이길 수 있는
그와 같은 백성으로서 너희들이 거듭
나야 되며,
9 자신의 마음을 제거할 수 있으며 인내
할 수 있는 백성으로서 너희들이 거듭
나야 될 것이며, 자신을 버릴 줄 아는
백성으로 변화되어야 됨을 절대 잊지
말라.
10 자신을 포기할 줄 아는 백성으로 되어
야 될 것이며, 자기의 존재 가치를 먼
저 생각하지 않는 백성으로서 되어야
될 것이니라.
11 그러니 자신의 존재 가치를 생각하지
아니하는 백성만 제가 왕이라는 생각
을 하지 아니하고 살 수 있음이니라.
12 자기의 존재 가치를 먼저 생각하는 종
교 집단이요, 지도자 그들은 제가 왕
이요, 제가 최고라는 그 생각을 버리
지 못하고 가르치고 있음이니라.
13 그러니 지금의 종교 집단과 지도자,
그리고 그 신도들에게 너희들은 깨우
쳐 주고 전하라.
14 너희들이 정녕 진정한 지도자요, 그리
고 진정한 믿음의 길을 가는 백성이
요, 하늘에 계신 아버지, 나 여호와의
두려움을 안다면, 너희들 자신이 먼저
복종하는 것부터 배우는 훈련을 하도
록 하라 전하라.
15 저희들 자신이 복종할 줄을 모르며 복
종만 시키는 것이 종교 집단의 지도자
들이니, 그들이 복종하는 것부터 배워
깨우치도록 그리하라.
16 지금의 모든 종교 집단이요, 광신도들
은 저 자신이 복종하는 훈련부터 배우
지 아니하면 절대 거듭날 수 없음이니
라.
17 복종을 모르는 자들이 하늘의 이치를
어찌 알며 하늘의 뜻을 어찌 알겠는가?
18 그러하기에 저 자신이 작은 신이 된
것처럼 착각하며 그 착각 속에서 헤어
나지 못하는 것이니라.

19 그러니 신이 아닌 자가 신과 같은 역
할을 하고자 하며 신이 된 것처럼 착
각 속에 사니, 그들이 하는 것이 모두
다 잘못된 것이며 내 뜻을 거역하는
것이니, 아무것도 이룰 수 없는 것이
그들의 오늘의 처지임을 너희들은 알
라.
20 그리하여 오늘의 믿음의 길이요, 신앙
의 길을 정통으로 간다고 몸부림치고
그리 소리치고 악을 쓰고 있으나,
21 그들은 진정한 믿음의 길을 모르는 것
이요, 나 여호와의 뜻을 거역하는 것
이요, 감히 나를 능멸하는 그와 같은
믿음으로 가는 자들이니라.
22 그들에게 가장 중요한 것은 무엇인 줄
알겠느냐?
23 그 길을 따라가면서도 자신이 어떠한
길로 가는 줄 모르고 있다는 것이니라.
24 도살장으로 가는 그 짐승이 가는 길을
모르듯이, 저희들이 지옥의 벼랑으로
떨어지는 그 길을 가면서도 저희가 어
찌 가는지를 모르고 있는 그 백성들이
니,
25 그들이 불쌍하여 내가 그들에게 기회
를 준다는 것을 너희들은 잊지 말며
그들에게 전하라.
26 너희들이 그 착각 속에서 깨어나야 되
며, 그리고 모든 종교 집단이요, 지도
자 그리고 목회자라 하는 자들, 너희
들이 만백성을 복종시키려는 그와 같
은 짓만 하지 말며, 나에게 복종하는
그 훈련을 받도록 그리하여 복종부터
배우도록 그리 전하라.
27 그렇지 아니하면 저희들은 정녕 하늘
의 진리를 알 수 없으며 내 뜻을 볼 수
없는 어리석고 우매한 백성들로 살다
지옥으로 그저 감이니라.

9,000 번째 하나님 말씀

2003년 12월 30일 11시 40분

1 사랑하는 나의 아들아!
2 "네, 아버님! 말씀하옵소서."
3 나 여호와가 너의 제자들에게 명을 내
렸음이니라.
4 이제 너희들이 나의 성전을 사람으로
그득히 채워 인간의 꽃을 피우라 그리
명하였으며, 너희들에게 그 훈련에 돌
입하도록 하였음이니라.
5 그러니 내가 너희들에게 명하며 역사
를 하기 전에, 나 여호와가 너희들이
역사할 수 있는 그 길을 오늘 깨우쳐
전하고자 함이니, 그리 듣고 행하도록
하라.
6 너희들이 성전에 사람의 꽃을 피우라
는 그 뜻을 이루고자 한다면 너희 자
신을 포기하는 삶을 살라 그리하라.
7 자신의 이론을 펴려 하지 말며, 너희
가 가지고 있는 그 이론을 남에게 들
려주어 그를 깨우쳐 인도하려 하지 말
라 하라.
8 너희가 가지고 있는 믿음의 상식을 가
지고 설명하며 너희가 인도하고자 하
지 말라 그리 말하라.
9 다만 '이와 같은 역사가 있으니, 내가
가서 듣고 보고 스스로 모두를 판단할
수 있도록 나는 인도만 할 것이다.' 너
희들이 그리 낮은 자세로 설명을 하라.
10 너희들이 나에게 배운 것이요, 너희들
이 깨달은 것을 가지고 그 이론을 펴

려 하며 그를 가지고 설명하고 이해시
키려 해서는 아무도 너희들을 따를 자
가 없음이니, 그리 알도록 전하라.
11 그러니 스스로 판단할 수 있는 기회를
주는 것만으로써 너희들의 임무를 다
마치는 것처럼 그리해야 될 것이니라.
12 그러면서 너희 자신이 가장 낮은 자세
가 되지 아니하고 네 이론이나 상식으
로써 그를 인도하고자 한다면, 절대
너희들은 아무것도 이룰 수 없으며 역
사할 수 없다는 것을 알라.
13 그러니 너희 자신을 포기하고 자신을
버렸을 때, 너희가 가장 낮은 자가 되
었을 때, 나의 성전에 사람의 꽃을 피
울 것이며, 너희들이 이루는 그 역사
는 이루어질 것이니 그리 알라.
14 다시 한 번 내가 전함이니, 너희들의
모두를 가지고, 너희들이 가지고 있는
상식을 가지고 그를 이해시키고 너희
가 피력하며 강론을 하여 그 뜻을 설
명하며 그를 이끌려 하지 말라.
15 다만, '가서 보고 듣고 하는 것은 네
자유이며 네 임의로 이룰 수 있는 것
이니 선택권은 너에게 있다.' 하여 거
기까지만 전하면 될 것이되, 다만 낮
은 자세요, 겸손한 자세로써 인도함을
저버리지 말라.
16 그것이 너희들이 나의 성전에 사람의
꽃을 피울 수 있는 길임이니 그리 알
라.

9,001 번째 하나님 말씀

2003년 12월 30일 11시 49분

1 사랑하는 나의 아들아!
2 "네, 아버님! 말씀하옵소서."
3 너희들이 만백성을 구하는 길이요, 지
금의 지옥으로 가는 그 백성을 구하는
길은 간단하며 쉬운 길임을 너희들은
알라.
4 물론 인간으로서 역사하고 지켜 가기
는 힘드나, 내가 너희들에게 바로 모
두를 역사할 수 있는 그 길을 전함이
니 그리 들으라.
5 지금의 믿음의 길을 가는 그 백성들은
어떠한 믿음으로 가느냐?
6 나 여호와에게 모두를 잘 보이며 나에
게만 역사하면 모든 것이 이루어지며
끝난다 그리 생각하는 자들의 그 믿음
이요, 그 신앙의 마음이 어떠하던가?
7 지금 나의 법전을 따르는 너희들보다
열배 백배 더 강하고 무서운 자들이
그들이라 하였음이니라.
8 다만 그들이 잘못 가고 잘못 이해하고
있음이니라.
9 작은 사랑을 베푸는 것이 큰 상을 이
루며, 인간을 사랑하며 인간의 감사함
을 아는 그것이 하늘에 오르는 길이
요, 나에게 역사하는 길이라는 걸 내
가 일찍이 기록하였으니,
10 그것만 그들에게 심어 주라 함을 내가
다시 한 번 너희들에게 전함이니라.
11 지금의 종교 집단이요, 그 모두를 문
을 닫으며 그들이 무너질 수 있는 것
은, 그들이 하늘에 있는 나 여호와에
게만 기쁨을 주며 나 여호와를 위하여
기도하고 경배하는 것만 하늘에 오르
는 길이라는 그 믿음은 그 누구도 따
라갈 수 없으며 너희들의 상상을 초월
하는 자들이니라.

12 그러니 그들에게 무엇을 깨우쳐 주느냐?

13 너희들이 하늘에 있는 나 여호와를 찾으며 나 여호와에게 기쁨을 주고 영광을 주는 것만 구원을 받는 것이 아니요,

14 나 여호와에게 너희들이 기쁨이요, 영광을 주는 것처럼 네 이웃에게 만백성에게 사랑을 베푸는 것이 나 여호와에게 주는 그 기쁨의 영광보다 열배 백배 더 위대한 것이며 그것이 하늘에 오르는 길이라는 그것만 그들에게 깨우쳐서 그들이 거기서 깨어난다면 그들은 그 길을 실천할 것이니,

15 그들이 그와 같은 길을 실천하고 앞으로 밀고 나갈 때, 너희들은 감히 상상할 수 없는 너희들보다 수천 배 앞에 나가는 강한 믿음이니라.

16 그들이 정녕 나의 법전이 하늘에 오르는 길이요, 참진리라는 것을 너희들처럼 깨달았으며 알고 있다면, 그들은 오늘과 같은 너희들의 그 형태로써 절대 가지 아니할 것이니라.

17 그들에 의해 나의 성전이 미어져 자리가 없을 것이며, 나의 법전이 세상에 전해져 너희들이 지금같이 전할 생각을 할 필요도 없으며, 모두 다 덮었을 것이니, 그것이 또한 믿음의 차이이니라.

18 그들은 잘못 가는 믿음이요, 잘못 깨달은 믿음일 뿐이요, 나 여호와의 진리의 뜻을 모르는 것뿐이지,

19 믿음이라는 것, 구원이라는 것, 그 욕심이 앞서 있는 그들의 마음을 보면 너희들보다 열배 백배 천배 더한 것이 그들의 강한 믿음이니, 이를 어찌한단 말이더냐?

20 정녕 그들에게 만백성을 위해서 사는 것, 사랑을 베푸는 것, 이웃을 도와주는 것, 그들에게 헌금을 나누어 주는 것, 그리고 십일조를 나누어 주는 것이 나에게 오르는 길이라는 그것만 심어 주라.

21 그리고 남이 모르게 써 주는 것, 남이 모르게 도와주는 그것이 하늘에 오르는 길이라는 그것만 깨우쳐 주면, 그들이 그것을 행하는 것은 너희들보다 열배 백배 더 강하고 힘차게 갈 것이니라.

22 그러면 그들이 모든 문을 닫으며 모두 쓰러지게 될 것이니라.

23 그러니 너희들은 그것을 가르쳐 주라.

24 그것을 그들이 모르기에 지금 그와 같이 허덕이고 있으며 지옥으로 가는 것이니, 간단한 길이 아니더냐?

25 그들이 지옥으로 가는 것이 무엇이더냐?

26 그저 인간에게 베푸는 인간의 행동은 중요치 아니하니, 나 여호와를 기쁘게 하며 나에게 영광을 돌리며,

27 그리고 나의 아들 예수의 보혈로써 구원받으니, 그를 찬양하고 경배한다는 그들이 찬양과 경배하는 그 자세와 경외의 그 마음이 얼마나 강하더냐?

28 돌보다도 더 강함이니, 무엇도 그를 깰 수 없는 것이 그들의 마음 자세가 아니더냐?

29 참진리요, 하늘에 오르는 길을 아는 너희들이 그보다 못함이니, 이를 어찌하겠는가?

30 너희들이 그와 같은 자세로 된다면 나
의 법전이 세상을 덮는 것은 걱정할
것도 없으며, 내가 나의 성전에 인간
의 꽃을 피우라 너희들에게 전할 이유
도 없음이니라.
31 그러나 너희들이 그들만 못함이니, 그
들을 내가 쓰고자 함이니, 너희들은
그 마음을 그리 전하라.
32 하늘에서 베풀고 하늘을 위해 살아가
는 것이 아니요, 지상에 있는 만백성
을 위하여 전하고 전하는 것이 너희들
이 나 여호와를 기쁘게 하는 길이라
너희들이 그리 가르치며,
33 너희들이 시간이 날 때, 그들과 대화
할 때, 나의 법전이 무엇인지 그들에
게 전하여,
34 그들이 그를 읽고 가슴에 와 닿을 때,
그들이 법전을 만들어 이고 지고 전하
는 것은 너희들이 감히 그를 따라갈
수 없으며, 너희들은 지상에서 걸어감
이요, 그들은 비행기를 타고 날아가는
그와 같은 차이로써 나의 법전이 세상
을 덮을 것이니,
35 너희들이 지금 제정신을 차리고 있는
것인가, 정신을 잃고 있는 자들인가?
36 이것이 하늘의 뜻이요, 나 여호와의
뜻이요, 창조주의 명이라는 것을 알고
있는 너희들이 가는 모습이 그러하니
라.
37 지금 너희들을 핍박하는 자, 그리고
절대 문을 열지 않는 자, 그들이 믿음
을 바로잡고 바로 섰을 때, 나의 법전
이 하늘에 오르는 길이라 하면 그들은
비행기라는 기계를 타고 세상에 전할
것이요, 너희들은 줿어지고 가는 그
형국이 될 것이니, 그만큼 차이가 있
음이니 그리 알라.
38 너희들은 그와 같은 이치를 그들에게
깨우쳐 주고 심어 주는 데만 최선을
다하라.
39 열쇠를 열어 주는 것이요, 그 안에 있
는 보석을 보고 만지는 것은 그들에게
주라.
40 너희들 것이 아님이니라.

9,002 번째 하나님 말씀

2003년 12월 30일 11시 53분

1 사랑하는 나의 아들아!
2 "네, 아버님! 말씀하옵소서."
3 너의 제자들이 만백성의 종이요, 섬김
을 받는 자가 아니라 너희들이 섬기는
자로 주저앉아 역사할 때, 그리고 너
희들이 섬기는 자로서 가장 낮은 자가
되었을 때,
4 내가 나의 성전에 인간의 꽃을 활짝
피우라 했던 그 역사는 정녕 시작될
것이며, 이루어질 수 있음을 너희들은
알아야 될 것이니라.
5 그와 같이 너희들이 가장 낮은 자요,
섬기는 자로서 살아가는 것이 육을 가
지고 있는 인간으로서는 참기 어려우
며 인내하기 어렵고 힘든 길인 줄 알
고 있음이니라.
6 그러나 너희들은 그 길을 웃음으로써
받아들이며 웃음으로써 넘기고 가야
하는 것이 너희들의 운명이 아니더냐?
7 그러니 그와 같은 마음으로 너희들이
나의 피조물 만백성을 접하고 그들을
인도할 때 그들이 너희들의 그 마음을

알게 될 것이니라.
8 그리고 너희들은 그들이 원하는 것이
무엇이며 그들이 쓰고자 하는 도구가
무엇인가 하여 너희들이 그들이 원하
는 도구가 되어 주었을 때, 너희들은
나의 명을 충분히 수행하고도 남을 수
있을 것이며,
9 나 여호와가 보는 이 성전이 웃음 꽃
으로 만발할 것이며, 그들이 와 또한
나의 법전을 전하는 데 너희들이 감히
따라갈 수 없는 그와 같은 역사의 바
람이 불 것이니라.
10 나의 아들을 통하여 들은 강론, 나의
법전에 대한 그 가르침 그대로 너희들
이 행하며 살아가면 되는 것이니라.
11 거기에서 너희들은 인간의 생각과 인
간의 어떠한 말을 섞어서 전달하고 또
너희들이 이루고자 했을 때는 아무것
도 이루어지는 것이 없으며 거기에 답
이 없을 것이니, 또한 이를 너희들이
명심해야 될 것이니라.
12 섬기는 자가 될 것이며, 그리고 그들
의 도구가 될 것이며, 그들의 원하는
것이 되되,
13 나의 법전에 기록하여 전한 그 내용을
가지고 대화할 것이지, 너희들의 생각
이요, 말을 거기에 섞어서 전하는 그
순간에 모두 다 무너짐이니, 그를 잊
지 말도록 그리하라, 사랑하는 나의
아들딸들아!
14 그리하여 나의 성전에 인간의 웃음 꽃
을 피울 수 있도록 너희들이 최선을
다하라.
15 지금 믿음의 길을 가는 그 백성들이
너희들이 보기에는 잔인하며 어리석
고 불쌍하나,
16 그들이 구원을 받겠다는 것, 나를 경
배하는 것, 예수의 보혈로써 구원을
받았다는 그 믿는 마음은 무엇으로도
무너트릴 수도 없고 자를 수도 없음이
니,
17 참진리요, 나 여호와의 뜻이요, 나의
성령을 직접 듣고 하늘에 오르는 길을
오는 너희들이 그들보다 무르고 약하
며 강도가 약해서야 되겠느냐?
18 그들보다 열배 백배 더 강하고 진한
마음으로써 나의 법전을 역사해야 하
는 것이 너희들이니,
19 지금 잠을 자고 있으며 꿈을 꾸고 있
으며 꿈속에서 헤매는 것이 나의 선택
된 백성들이요, 너희들이 역사하고 나
의 법전을 전하는 데 만백성을 구하기
위하여 움직이는 백성들이 하나도 없
는 것이 오늘 나의 아들을 따르는 제
자요, 나의 법전을 읽는 백성이니, 그
들이 꿈에서 깨도록 그리하는 것이 너
희들이 먼저 행할 일이니 그리하라.
20 너희들이 꿈에서 깨어나 그들에게 '인
간에게 베푸는 것이 하늘에 오르는
길'이라 전하라.
21 꿈속에서 너희들이 아무리 그를 전하
고 몸부림친다 해도 그들이 꿈에서 너
희들이 말하는 걸 들을 수 없으며 역
사할 수 없지 않더냐?
22 그들이 꿈을 꾸는 걸 너희들이 알 수
없듯이, 너희들이 꿈속에서 헤맴이니
그들이 너희 것을 알지 못하니, 나의
성전에 인간의 꽃을 피울 수 없는 것
은 당연한 것이니, 그리 전하라.

9,003 번째 하나님 말씀

2003년 12월 30일 11시 59분

1 사랑하는 나의 아들아!
2 "네, 아버님! 말씀하옵소서."
3 사랑은 실천이요, 또한 사랑의 행함이
무엇이더냐? 사랑은 모두를 다 포용
하는 너그러운 마음이니라.
4 인간이 인간을 포용하지 못하면서 너
희가 어찌 나 여호와의 뜻에 의해 역
사하여 사랑을 행하며 하늘에 오르는
백성이라 그리 말할 수 있단 말이던가?
5 지금의 모든 종교 집단이요, 그들이
가며 지금까지 역사한 것이 무엇이더
냐? 사랑은 포용이요, 포용은 곧 사랑
의 근본이 되느니라.
6 그러나 너희들은 종교요, 믿음이 다르
다 하여 파벌을 조성하며, 파벌을 만
들어 서로 제 것을 주장하며,
7 그와 같이 하여 오늘의 종교 집단이
요, 그들이 지금과 같이 수천수만 가
지로 벌어지고 또 찢어지는 그와 같은
형태가 이루어졌음이니,
8 이와 같은 속에서 너희들이 나의 뜻을
전하며 사랑을 실천한다고 아무리 부
르짖는다 해도 그 근본이요, 뿌리가
잘못되었음이니, 그것은 나의 뜻이 아
니요, 내가 역사하는 것이 아님을 알
라.
9 그리하여 내가 나의 아들을 통하여 법
전을 내림이니, 이는 무엇이라 했더냐?
10 나 여호와 자체가 사랑이요, 너희들이
행할 것은 사랑이라 했음이니, 사랑은
포용이니라.
11 그러니 너희들이 모두를 감싸는 그와
같은 마음으로 모두를 역사하도록 그
리하라, 사랑하는 나의 아들딸들아!
12 지금의 인간 세상에 살아가는 것도 무
엇이더냐?
13 인간인 너희들이 만든 파벌로써 모두
다 이와 같이 험악해졌음이니라.
14 소수의 집단이요, 그 민족이요, 그 혈
통을 가지고 저희들 것만 지키려는 그
와 같은 자, 그리고 다른 것을 받아들
이지 아니하는 자,
15 또 색깔이 다르다 하여서 너희들은 파
벌을 만들며, 삶의 지역이 다르다 하
여 또 파벌을 만들며, 제 것을 주장하
며,
16 이와 같이 파벌이요, 그 모두를 갈라
놓는 행위를 하는 이것이 바로 나 여
호와의 뜻이며 사랑이며 포용이라 할
수 있느냐?
17 그러니 그와 같은 이치 속에서, 그것
도 모르며 그것을 하나로 다스리지 못
하며 하나로 역사하는 그 길을 가지
못하고,
18 지금같이 모든 색깔이요, 저희들이 생
각하는 것에 따라 믿음 자체도 수천수
만 개의 파벌로써 갈라 놓고 쪼개 놓
은 것이 오늘의 너희들의 믿음의 현실
이며 신앙의 현주소라면, 너희들은 과
연 믿겠느냐?
19 그러니 이 모두를 다 하나로 만들기
위하여, 종파가 없으며 교리가 없는
나의 법전을 세상에 내려보내어 '하늘
에 오르는 길'이요, '하나님! 말씀하옵
소서.'라는 이 새로운 성경을 세상에
내려보내는 오늘의 그 역사가 이루어
짐이니라.

20 너희들은 들어다보라, 인간 세상에서
민족의 혈통이요, 색깔을 가지고 파벌
이라 하여 그리함이니,
21 지금의 종교 집단이요, 지도자들이 어
떠하더냐?
22 너희들은 수천수만 가지로 갈라졌음
이니, 그 파벌이 조금 더 성장하며 또
힘이 세졌을 때, 서로 물고 늘어지는
그와 같은 전쟁을 함이니, 피비린내
나는 이와 같은 전쟁의 역사가 지금
이 세상에 존재하는 것이 아니더냐?
23 너희들이 지금의 전쟁이요, 모든 백성
들의 생명을 그저 앗아 가는 그것도
무엇이더냐?
24 그 피비린내 나는 전쟁도 그것이 이루
어지는 원천적인 근본은 종교의 뿌리
요, 종교의 믿음의 파벌에 있음이니라.
25 그러니 파벌을 조성하는 것이 오늘의
종교 집단 너희들이 아니더냐?
26 서로 문을 닫으며, 같은 길을 가지 아
니하면 거래하지 아니하며, 상대치 못
하게 하며, 그 말을 들으려 하지 아니
하며, 인간으로 생각하지 아니하는 그
무서운 파벌이 조장되는 한, 나의 천
국은 이루어질 수 없음이니라.
27 그리하여 그 모두를 다 뽑아 버리고
태워 버려 하나로 만드는 것을 천 년
의 역사에 이루고자 하는 것이 나 여
호와의 뜻이니,
28 그 기초를 다지는 나의 아들을 따르는
제자 너희들은 이와 같은 의미를 알
아, 너희들이 역사를 이루는 데 잠시
도 게을리해서는 아니 될 것이며,
29 또한 너희들이 그와 같은 역사를 이루
기 위해서는 사랑과 포용으로써 모두
를 다 다스려 나가야 됨이니 그리 알
라.
30 인간의 육을 가지고 인간 세상의 세속
의 삶에서 가기 힘들고 어려운 길이니
라.
31 아무나 넘을 수 없는 그 길이니, 사랑
과 포용으로써 너희들은 그걸 넘으며,
모든 파벌을 다스리고 덮어 나가는 것
이 나의 법전이 세상에서 이루고자 하
는 역사이니, 그리 가도록 하라.
32 그 길 외에는 너희들이 갈 길이 없으
며, 생각해서도 아니 되며, 좌우를 돌
아봐서도 아니 되는 것이 너희들의 운
명임을 알라.
33 너희들이 20년, 30년, 50년 동안 살아
오면서 과연 나 여호와의 뜻이요, 진
실된 삶으로써 내가 역사하는 것을 얼
마만큼 이루고 왔느냐 하는 그것이 너
희들이 나에게 와 나를 볼 수 있는 것
이며,
34 그것이 너희들의 상이요, 보상이라 하
는 것은 말이 안 되겠으나, 너희들이
받을 수 있는 것을 역사하는 것이니라.
35 그것이 하늘에 쌓아 놓는 것이요, 하
늘의 보배요, 귀한 것을 쌓아 놓는 것
이니라.
36 나에게 와서 너희들이 내놓을 수 있는
세상에서 아름다운 삶이며, 내 뜻대로
사는 것이 너희들이 보물 창고에 쌓아
놓는 것이요, 그것으로써 너희들이 모
두의 심판을 받는 것임을 알라.
37 재물을 쌓아 놓는 것이 아니니, 이 이
치도 모르고 가르치는 것이 오늘의 종
교 집단이니, 그리하여 쌓아 놓을 수
없는 재물을 쌓아 놓는다면서 온갖 부

정이요, 부패요, 사악한 인간관계로
무너지니,
38 가정이 파괴되며 인간관계가 끊어지
며 이웃과 단절되며 형제지간에 원수
가 되는 그와 같은 형국으로 만들면서
도, 재물만 거둬들이는 것이 종교 집
단이요, 지도자라면, 과연 이것이 나
여호와의 뜻이라 너희들이 말할 수 있
겠느냐?
39 수치스럽고 더러워 더 이상 내가 기록
할 마음도 없음이니 그리 알라.

부 록

【하나님께서 가르쳐 주신 운동】

천재지변이 일어날 때, 동물이나 미물들은 미리 알고 대피하지만, 인간은 알지 못하고 큰 화를 당합니다. 하나님께서 인간에게 가장 높은 지혜를 주시고 완벽하게 창조해 주셨기에 동물들보다 더 잘 알 수 있지만, 욕심으로 마음이 혼탁해져서 한 치 앞을 보지 못하는 것입니다.

마찬가지로, 인간은 누구나 스스로 필요한 운동을 해서 건강을 지킬 수 있도록 하나님께서 만들어 주셨습니다. 우리의 머리에서 우리 몸에 필요한 동작을 해 달라고 끊임없이 신호를 보내지만, 인간이 혼탁하게 살아서 그 신호를 알아채지 못합니다. 그러니 자연스럽게 자기 몸이 원하는 그 신호를 따라서 운동하는 것이 하나님께서 가르쳐 주신 운동 방법입니다. 바로, 우리의 영이 육을 이끄는 운동입니다.

▶ 하나님 운동법

1. 눈을 감고, 발을 어깨너비로 벌리고 바르게 선다.
2. 몸에 힘을 풀고, 허리를 숙이면서 손과 머리를 아래로 내린다.
3. 허리를 펴고 싶을 때, 천천히 펴면서 하고 싶은 동작을 하면 운동이 시작된다. (사람마다 다르다.)
4. 멈추지 말고, 어떤 동작이든지 자기 몸의 느낌대로 계속 이어서 한다.

▶ 참고 사항

① 눈을 감은 상태로 아무 생각 하지 않고, 자기 몸의 느낌대로 움직입니다.

② 마음을 비우고, 욕심을 버리고, 지난날의 잘못을 반성하면서 몇 차례 시도하다 보면, 자기도 모르게 하고 싶은 동작이 끊임없이 생깁니다.

③ 운동 장소는 방 안이든 운동장이든 관계없으며, 걷거나 달리고 싶을 때는 눈을 떠도 됩니다.

④ 매일 40분 이상, 주 4회 이상, 3개월 이상 하면 음식 조절에 들어갑니다.
- 음식으로 생긴 병은 음식으로 치료하게 되며, 어떤 음식을 먹어야 하는지 스스로 알게 됩니다.
(자기 몸에 필요한 음식만 먹고 싶어집니다.)

⑤ 사랑하는 사람과 함께 운동하면 서로 치료해 주기도 합니다.

⑥ 운동을 하다가 몸의 어느 한 부분을 계속 손으로 자극한다면 그쪽에 이상이 있는 것이니, 의사에게 상담을 받고 적절한 치료를 받으면 됩니다.

⑦ 다이어트 및 기타 건강관리에 효과적입니다.

⑧ 꾸준히 운동하여 영이 맑아지면, 자신의 과거와 미래를 스스로 보게 됩니다.

누구나 스스로 하실 수 있습니다.

간행사

《새로운 성경》은:

· 새로운 성경은, 하나님께서 선량하고 선한 자를 선택하여 십계명을 암송하도록 하시고, 십계명을 암송한 다음에 음성으로써 들려주시는 말씀을 듣고 그대로 카세트테이프에 녹음해서 받아쓴 책입니다.

· 90분짜리 녹음테이프 700여 개에 달하는 말씀으로, 1999년 8월부터 2004년 7월까지 총 160권(권당 288쪽)을 완성하였으며, 그 이후에도 현재까지 계속 말씀을 내려 주고 계십니다.

· 새로운 성경은 "하늘을 두루마리 삼고 바닷물을 먹물 삼아 쓰고 써도 다 못 쓴다"는, 끝없이 방대한 하나님의 말씀이 두루마리로 직접 내려오는 것입니다. 이러한 새로운 성경은 구약과 신약을 폐하려는 것이 아니라 "인봉된 성서의 비유의 뜻"을 상세히 설명하여 완성하고자 하나님께서 직접 내려 주신 말씀입니다.

《새로운 성경》의 구성:

· 제 목: 2013년, 160권 모음집을 발간하면서, 본 도서의 제목을 "하나님! 말씀하옵소서"에서 《새로운 성경》 으로 명해 주셨습니다.

· 단행본: 각 권당 288쪽(신국판) 책이 160권까지 시리즈로 출판됩니다.
(모음집은 단행본을 16권씩 묶어서, 총 10부로 구성됩니다.)

《새로운 성경》의 성경적 근거:

· 신약 성경 [요한복음] 16장 13절에 "진리의 성령이 오시면 그가 너희를 모든 진리 가운데로 인도하시리니 그가 자의로 말하지 않고, 오직 듣는 것만을 말하며" 하신 말씀처럼 하나님의 음성을 들은 것만 기록하였으며,

· "장래 일을 너희에게 알리시리라" 하신 말씀과 같이 개인, 나라, 인류의 "장래"일을 하나님께서 알려 주시는 것만 기록하여 책으로 만들었습니다.

《새로운 성경》의 기록 방법:

· 1999년 8월부터 하나님께서 저에게 들려주시는 음성을 기록하였습니다. 처음에는 제가 들은 말씀을 불러 주면 저의 아내가 기록하여, 2000년 1월 29일에 1권 초판이 세상에 나왔습니다. 2000년 4월부터는 주시는 말씀을 받아 녹음기에 기록하기 시작하였습니다.

· 녹음을 시작하면서 하나님의 말씀을 받는 데 가속도가 붙었고, 2001년 5월 3일에 1부(1~16권까지)를 인쇄하여 출판하였으며, 2004년 7월까지 총 160권 분량의 말씀을 받아 기록하였습니다.

하나님께서 저에게 주신 것은:

· 첫째, 만백성을 상대로 내려 주시는 "기도", 둘째, 수시로 내려 주시는 "묵상", 셋째, 개인의 과거, 현재, 미래를 알려 주시는 "개인 기도", 넷째, 개인의 건강을 위해서 내려 주시는 "음식 처방", 다섯째, 하나님께서 가르쳐 주신 "운동"등이 있습니다. 이 중에 첫 번째, "기도"를 책으로 편찬하였습니다. 사람의 생사, 개인의 미래에 관한 천기는 수록하지 말라 하셨습니다.

강론 안내:

· 하나님께서는 지금도 매일 저에게 새로운 하늘의 비밀의 말씀을 내려 주고 계십니다. 수시로 내려 주시는 말씀을 정리해서 제자를 육성하라는 말씀에 따라 매주 강론을 하고 있습니다. 누구나 무료로 들으실 수 있습니다. (book160.com)

《새로운 성경》을 읽는 분들에게 드리는 선물:

· 개인 기도: 개인의 과거, 현재, 미래에 관하여 말씀을 내려 주십니다.

· 음식 처방: 사람은 음식을 먹고살다가 건강을 잃으니, 음식과 운동으로 건강을 되찾는 방법을 알려 드립니다. 단, 하나님이 계심을 믿고, 십계명을 지키겠다고 진실로 서약하는 분들께 일러드립니다.

《새로운 성경》의 은혜와 기적:

· 새로운 성경 전160권은 16권씩 묶어서 총 10부의 모음집으로 구성됩니다. 모음집 한 부를 읽고 깨우치는 자에게 하나님께서 다음과 같은 기적이 있다고 하셨습니다.

· "첫째, 그가 죽어 하늘에 갔을 때 그의 죄를 묻지 아니하며, 구원을 받는 위대한 은혜가 있으며, 둘째, 그의 소원과 소망이 이루어지고, 셋째, 죽은 자(부모, 형제, 자식, 사랑하고 은혜 입은 분)의 이름으로 구입한 책을 읽고 누군가 한 사람이 깨우칠 때, 그 죽은 자가 지옥에서 천국으로 구원을 받게 되며, 넷째, 유산, 중절 수술 등으로 태어나지 못한 아이를 위하여 구입한 책을 보고 한 명이 깨우쳤을 때, 그 아이가 사람으로 다시 한 번 태어나는 은혜를 받는다."

· "새로운 성경"을 3회 이상 정성을 다해 정독하는 자, 성서의 비밀을 알게 되고, 세상의 이치를 알게 되며, 세상을 지배하고 통제할 수 있는 지혜를 다 얻게 된다고 하셨습니다. 이 책은 만백성이 정독하고 이웃에게 전하여, 평생 가슴에 묻은 슬픔과 고통의 짐을 벗고 미래를 위한 힘찬 삶을 살아가도록 하는 책입니다.

끝으로

· 하나님께서는 흰 눈이 세상을 덮듯이 새로운 성경을 온 세상에 전하라고 하셨습니다. 《새로운 성경》 을 각국어로 번역해서 온 인류에게 구원의 길을 깨우쳐 주고, 그 수익으로 가난하고 어려운 백성을 구제하여, 만백성의 영과 육을 함께 구원하는 선지자의 임무를 수행하라고 저에게 명하셨습니다.

· 하늘에서 내려 주신 말씀의 보화를 만백성에게 나누어 주는 것이 선지자의 임무라고 하셨습니다. 새로운 성경을 통해서 얻는 재물을 사용할 곳도 하나님께서 일일이 명해 주십니다. 모든 재물은 저의 자의로 쓸 수 없고, 하나님께서 명하시는 대로만 쓰여집니다.

· 어떤 명분으로든 십일조나 각종 헌금을 거두어들이지 말라 하셨으며, 국내뿐 아니라 각국에 성전과 단독 서점을 운영하며, 한국의 많은 젊은이들을 전 세계에 지도자로 내보내라고 하셨습니다.

· 우리는 세계적으로 새로운 성경을 보급하며 어려운 이들을 돕는 역사를 해 나갈 것입니다. 지금까지 비록 몇 명 안 되는 제자들과 함께 이러한 일을 역사했지만, 앞으로도 계속 하나님께서 기뻐하시는 일들을 해 나갈 것입니다. 부족한 저희에게 여러분들의 지혜와 성원을 보내 주시기를 바랍니다. 많은 분들의 참여와 도움을 간절히 기다립니다. 감사합니다.

한국어로 내려온 《새로운 성경》 단행본을 출간하며
2016년 4월 10일
발행인 **김 용 철**

한국어로 내려온

새로운 **성 경** · 8부 · 제121권

지은이 하나님 말씀
대역자 김용철

초판인쇄 1쇄 2017년 4월 3일

펴낸 곳 도서출판 하얀마음
등록번호 제 10-2107호 (2001년 2월 14일)
주소 서울시 노원구 덕릉로86길 5, 2층
전화번호 02) 313-1114
팩스 02) 393-5554
전자우편 book160@hanmail.net
편집위원 조나영 김미향 이석교
제작지원 조형구 백영숙 이석교 이수희

도서상담 1600-7527
ISBN 978-89-5875-221-9 (04230)
978-89-5875-100-7 (세 트)

값 10,000원
잘못된 책은 구입하신 곳에서 바꾸어 드립니다.

※이 책은 10부로 제작되며, 각 부 16권씩 총160권으로 구성됩니다.※

1부	2부	3부	4부	5부	6부	7부	**8부**	9부	10부
1권	17권	33권	49권	65권	81권	97권	113권	129권	145권
2권	18권	34권	50권	66권	82권	98권	114권	130권	146권
3권	19권	35권	51권	67권	83권	99권	115권	131권	147권
4권	20권	36권	52권	68권	84권	100권	116권	132권	148권
5권	21권	37권	53권	69권	85권	101권	117권	133권	149권
6권	22권	38권	54권	70권	86권	102권	118권	134권	150권
7권	23권	39권	55권	71권	87권	103권	119권	135권	151권
8권	24권	40권	56권	72권	88권	104권	120권	136권	152권
9권	25권	41권	57권	73권	89권	105권	121권	137권	153권
10권	26권	42권	58권	74권	90권	106권	122권	138권	154권
11권	27권	43권	59권	75권	91권	107권	123권	139권	155권
12권	28권	44권	60권	76권	92권	108권	124권	140권	156권
13권	29권	45권	61권	77권	93권	109권	125권	141권	157권
14권	30권	46권	62권	78권	94권	110권	126권	142권	158권
15권	31권	47권	63권	79권	95권	111권	127권	143권	159권
16권	32권	48권	64권	80권	96권	112권	128권	144권	160권